Über dieses Buch

»Ich bin jetzt 42. Vor drei Jahren bin ich ausgestiegen, in meiner Ehe war ich ein Nichts. Mein Mann selbst hat immer wieder gesagt: ›Du bist ein Nichts und Niemand. Du wirst in deinem Leben keine Spur hinterlassen. Alles, was du bist, bist du nur durch mich.‹ – Ich bin ein Nichts *geworden*. Mit 22 war ich kreativ und eigenständig. Aber dann habe ich geheiratet und bin in einem unheimlich schleichenden Prozeß die Frau geworden von..., das Zubehör von..., das Anhängsel von... Noch heute werde ich als die ›Exgattin des Abgeordneten Professor Dr. Manmann‹ gehandelt. Als wir heirateten, war ich die aktivere. Er ist durch meine Blutspenden zu Kräften gekommen. Er hat Karriere gemacht, ich hatte den Haushalt, und ich hatte die drei Kinder.«

Dieses Buch ist die schonungslose offene Lebensbilanz einer jungen Frau, die nach einem langen, schmerzhaften Ablösungsprozeß den Sprung aus der Ehe gewagt hat, um ein neues Leben in Unabhängigkeit zu versuchen. Judith Jannbergs Selbstfindung könnte vielen Frauen Mut machen, ihre Lage zu erkennen und zu handeln.

Die Autorin

Judith Jannberg (Pseudonym), drei Kinder, hat sich nach 17jähriger Ehe von ihrem ›Karrieremann‹ getrennt. In einem Kinderheim aufgewachsen, hat sie zehn Jahre als Heimerzieherin gearbeitet. Heute ist Judith Jannberg als freie Mitarbeiterin beim Fernsehen und als Leiterin von Frauenbildungskursen an einer Volkshochschule tätig.

Elisabeth Dessai, verheiratet, zwei Kinder, hat den Tonbandbericht aufgezeichnet. Publikationen: ›Hat der Mann versagt?‹ (1970), ›Kinderfreundliche Erziehung in der Stadtwohnung‹ (1972), ›Auf dem Weg in die kinderlose Gesellschaft‹ (1979) u. a.

Judith Jannberg

Ich bin ich

Aufgezeichnet von
Elisabeth Dessai

Fischer Taschenbuch Verlag

Die Frau in der Gesellschaft
Lektorat: Ingeborg Mues

491.–520. Tausend: Juli 1988

Veröffentlicht im Fischer Taschenbuch Verlag GmbH,
Frankfurt am Main, Dezember 1982

Lizenzausgabe mit freundlicher Genehmigung
des Kindler Verlages GmbH, München
© 1980 by Kindler Verlag GmbH, München
Umschlaggestaltung: Susanne Berner
Druck und Bindung: Clausen & Bosse, Leck
Printed in Germany
ISBN 3-596-23735-1

Inhalt

Ich bin eine einzige Wunde 9
Betäubung 35
Vernichtung 40
Belebung 59
Aufbruch 72
Kampf 117
Ich bin ich 166
Nachwort von Judith Jannberg 186
Nachwort von Elisabeth Dessai 189

Auch heute noch empfinde ich meine Kinder manchmal als Vampire. Sie kleben an mir, sie saugen mich aus, sie fordern und zeigen mir durch ihr Verhalten, daß ich nicht genug leiste an ihnen.

Ich weiß, daß sie stolz sind auf mich. Aber wenn Sarah sich meinen Mutterkomplex zunutze macht und zum Beispiel anmerkt, mir seien Männerbeziehungen wichtiger als meine Töchter, fange ich sofort an, mich zu verteidigen.

Ich bin jetzt zweiundvierzig. Vor drei Jahren bin ich ausgestiegen. In meiner Ehe war ich ein Nichts. Mein Mann selbst hat es mir immer wieder gesagt: »Du bist ein Nichts und Niemand. Du wirst in deinem Leben keine Spur hinterlassen. Alles, was du bist, bist du nur aus mir.«

Ich bin ein Nichts *geworden*. Mit zweiundzwanzig war ich kreativ und eigenständig. Aber dann habe ich geheiratet und bin in einem unheimlich schleichenden Prozeß die Frau von... geworden, das Zubehör von... das Anhängsel von... das Eigentum von... Noch heute werde ich als die *Ex-Gattin* des Abgeordneten Professor Dr. Manmann gehandelt.

Als wir heirateten, war ich die Aktivere, die Lebendigere. Er ist durch meine Blutspenden zu Kräften gekommen. Ich habe den Haushalt und er hat Karriere gemacht.

Als Aufbrechende habe ich mir immer wieder die »alte« Judith vor Augen führen müssen; denn nur aus der Erinnerung an meine frühere Stärke habe ich nach siebzehnjähriger Ehe den Mut schöpfen können für ein neues volles Leben in Freiheit.

Ich bin eine einzige Wunde

Mein Elend begann mit der Schwangerschaft.

Ohne Not habe ich mit zweiundzwanzig einem Mann beigeschlafen. Ich erinnere mich noch genau an die Vorsätzlichkeit dieses Akts: Du mußt das einmal erfahren. Irgendwann muß jede Frau das einmal tun.

Bis zu meinem zweiundzwanzigsten Lebensjahr war ich der asexuelle Kamerad gewesen. Ich war in Sportvereinen aktiv, als Leistungsschwimmerin und bei den Bergsteigern als Spezialistin für gefährliches Klettern geschätzt. Ich fühlte mich so wie ich war akzeptiert: Alle mochten mich im Handpuppenlehrgang, niemand fragte im Theaterkurs nach meiner Herkunft, in den Volkstanzgruppen war das Heimkind Judith die begehrteste Partnerin.

Ich stand in dem Ruf, eine zu sein, die auf jeden Fall jeden abblitzen läßt. Die Judith ist ein Inselweib, hieß es, mit der kannst du ungefährdet allein sein, die ist erotisch absolut unansprechbar. Ich galt als unnahbar und fühlte mich als Mädchen, dem man nicht zu nahe treten darf, respektiert.

Das Kumpelimage gab mir Sicherheit. Ich hatte keine Angst, wenn ich nachts, von der Oper heimkommend, die Abkürzung durch den Stadtpark nahm: Niemand würde mich belästigen. Jeder würde sofort spüren, daß er eine Unangreifbare vor sich hat.

Als ich zwanzig, einundzwanzig wurde, begannen meine Freundinnen, sich sorgenvolle Gedanken über meine »Spätzündernatur« zu machen. Das Ansehen der Unnahbaren, das ich als »würdig« genossen hatte, wurde immer deutlicher zu einer Last. Man ließ an Gruppenabenden durchblicken, daß man allmählich an meiner »Normalität« zweifelte. Meine Freundinnen erzählten mir bei jeder Gelegenheit von ihren »Erfahrungen« und ermahnten mich, die Rolle des Neutrums abzulegen. Sie sprachen mit mir über meine »Zukunft als Frau«, fragten mich, ob ich etwa eine »alte Jungfer« werden wolle: »Sieh zu, daß du bald mal mit einem Mann was zu tun hast!«

Von meinen Verehrern gefiel mir Wolfgang am besten. Wir hatten uns im Schwimmbad kennengelernt. Er hat zugeschaut, wie ich den mir anvertrauten schwer erziehbaren Jungen Salto vorwärts und rückwärts vorgeführt und mit ihnen Fangen unter Wasser gespielt habe. Er hat mein »pädagogisches Geschick« gelobt: Es sei mir gelungen, aus den gefürchteten Bengeln *die* jugendliche Prestigegruppe im Schwimmbad zu machen. Er hat mit mir von Kamerad zu Kamerad gesprochen und sich an den Schwimmspielen meiner Gruppe von Heimkindern beteiligt. Ich sei eine einmalig gute Erzieherin, hat er mir immer wieder versichert. Und es hat mir gefallen, daß seine Anerkennung meinen beruflichen Fähigkeiten und nicht etwa, wie die der meisten anderen Verehrer, meiner »tollen Figur« galt.

Wir sind manchmal miteinander ins Theater gegangen, wir haben uns öfter für einen Spaziergang verabredet. Er hat sich über sein langweiliges, abgestecktes Leben beklagt und sich von mir erzählen lassen, wie man sich fühlt, wenn man einen Dreitausender bezwungen hat, und was für ein Erlebnis es ist, auf einer Anhaltertour allein in einem Heuschober zu übernachten. Wir haben gemeinsame Radtouren beschlossen, und ich habe ihm versprochen, ihn in das extreme Klettern einzuweisen.

Wolfgang war wie ich Leistungsschwimmer. Wir sind um die Wette geschwommen. Ich habe gesehen, wie die Mädchen hinter ihm her waren, und es hat mir geschmeichelt, die Erwählte des »schönsten Jungen im Schwimmbad« zu sein.

Wolfgang hat mir von seiner Familie erzählt. Er sei immer wieder zu noch besseren Noten angestachelt worden. Die Mutter habe ihr einziges Kind verhätschelt und von jeder Arbeit ferngehalten: »Du mußt dich ganz auf das Abitur konzentrieren.« Statt Jura hätte er auch Medizin oder Ökonomie studieren dürfen: »Ganz nach deinen Neigungen, Wolfgang, aber etwas Ordentliches muß es sein!«

Immer wieder hat Wolfgang nach *meinen* Eltern gefragt: »Meine hätten mir nie und nimmer eine Autostopp-Reise erlaubt. Erzähl mir, wie du deine rumgekriegt hast!«

Wolfgang hat mich abends zur Gesangstunde begleitet. Er fand es gut, daß ich meine Stimme ausbilden ließ. Wer eine besondere Begabung habe, sei zu beneiden und müsse sie auch pflegen. Er selbst hatte keine speziellen Neigungen. Er war in allen Schulfächern gut gewesen, aber in keiner Disziplin überragend. Probleme schien er nie gehabt zu haben. Er war eine blendende Erscheinung, sonnengebräunt, sportlich, *gesund*. Seine intelligente Witzigkeit hat mir imponiert. Seine Unkompliziertheit und seine positive Normalität gaben mir Sicherheit.

»Sag mal, Judith, warum bist du eigentlich nicht aufs Gymnasium gekommen?« Immer wieder hat er das Gespräch auf meine Familie gebracht: »Was haben sich deine Eltern eigentlich dabei gedacht, ein so begabtes Mädchen wie dich in die Hauptschule zu tun?«

Ich habe allmählich den Eindruck gewonnen, daß er mir nicht auf billige Weise schmeicheln wollte, wenn er mir etwas Gutes über mich sagte. »Wolfgang schätzt mich wirklich«, habe ich in mein Tagebuch geschrieben, »ihm kann ich vertrauen.« Eines Abends habe ich mir ein Herz gefaßt und ihn über meine Herkunft informiert: »Ich komme wohl deswegen mit meinen Heimzöglingen so gut zurecht, weil ich selbst ein Heimkind war.«

»Warum hast du mir das so lange verheimlicht?« Wolfgang hat sich rührend empört gezeigt über meinen Mangel an Vertrauen zu ihm. Meine Sorge, er könne Vorurteile haben, beleidige ihn: Erstens liebe er nicht meinen Stammbaum, sondern mich, und zweitens sei auch gar nichts dabei, ein Heimkind zu sein.

Natürlich war etwas dabei. Ich hatte da meine Erfahrungen gesammelt: Sobald jemand erfuhr, daß ich in einem Heim aufgewachsen war, fing er an, mich zu beobachten und nach Deprivationsschäden zu suchen.

Ich habe Vertrauen gefaßt zu meinem Freund und ihm von meiner Kindheit erzählt: »Meine Mutter hat als Kellnerin und Unterhaltungssängerin gearbeitet. Sie hat uns immer allein gelassen. Auch tagsüber. Ich mußte schon mit fünf Jahren meinen kleinen Bruder allein versorgen und wußte nie, wo ich sie notfalls hätte erreichen können. In der Schule und in der Nachbarschaft galten wir als ›verwahrlost‹. Ich war nie sauber und ordentlich genug für die anderen, und ich hatte nur selten meine Hefte und Bücher zusammen. Ich war eine miserable Schülerin und mußte die dritte Grundschulklasse wiederholen.«

Mein trockener Bericht hat ihn angerührt. Ich habe gesehen, daß er mit den Tränen zu kämpfen hatte. »Er liebt mich wirklich«, habe ich in mein Tagebuch geschrieben, »er *empfindet* für mich, er will mir wohl.«

Ich habe Wolfgang von meinem Vater erzählt, der sich uns nie gewidmet und die Abende damit verbracht hat, über unsere Mutter zu schimpfen, über »dieses verdammte Luder, das sich in Nachtbars herumtreibt!«

Wolfgangs echte Betroffenheit hat mir gutgetan. Außer

Tante Alberta hatte ich noch nie jemandem Einzelheiten aus meiner Vergangenheit anvertraut. Ich fühlte mich geliebt und geachtet von dem blendenden jungen Mann, der so ganz und gar *nicht* kaputt war, der aus rundum geordneten Verhältnissen stammte und allen als lustiger und sportlicher Typ gefiel.

»Wolfgang ist ein aufrichtiger und guter Mensch«, habe ich in mein Tagebuch geschrieben, »mit ihm kannst du es tun.«

»*Es*« habe ich geschrieben, und ich habe mich nicht darauf gefreut. Ich war verliebt in Wolfgang, und ich wollte *es* lieber mit ihm als mit einem anderen tun, aber am liebsten hätte ich *es* unterlassen und ihn weiterhin als meinen besten Freund getroffen. Obwohl ich mir immer wieder gesagt habe, daß es notwendig sei in meinem Alter, bin ich das Gefühl, mich auf etwas Schmutziges einzulassen, nicht losgeworden.

Meine Mutter ist nicht nur von meinem Vater als »Luder« und »Hure« beschimpft worden, sondern man tuschelte über sie auch in der Nachbarschaft als »lockere Person«. Man hat ihren »Tingeltangelstil« bemäkelt, sich negativ über ihre »grelle Kriegsbemalung« geäußert und sich darüber mokiert, daß sie ihre Zahnlücke mit einem wachsähnlichen Präparat zu vertuschen suchte. Schon als kleines Kind habe ich begriffen, daß mit »Männern was haben« etwas Unanständiges ist.

Der Leitfaden meiner Kindheit war die Scham. Ich habe mich meiner Mutter geschämt, ich habe mich unserer Armut geschämt, ich habe mich meines rissigen Rockes geschämt, ich habe mich meiner schlechten Zensuren wegen schämt. Ich habe mich geschämt, geschämt, geschämt, und ich habe mich schuldig gefühlt.

Als wir *es* begannen, habe ich mich entsetzlich meiner Nacktheit geschämt. Noch nie hatte ich jemandem erlaubt, mich anzufassen, immer hatte ich das Herumschmusen als meiner unwürdig abgelehnt. Ich war vollkommen unberührt, und mein Körper hat sich wahnsinnig verkrampft. *Es* ist uns nicht gelungen.

Nach diesem Mißerfolg, den ich selbstverständlich mir angelastet habe, habe ich zum ersten Mal in meinem Leben einen Frauenarzt aufgesucht. Noch nie war ich auf dem Stuhl gewesen. Ich habe mich furchtbar geschämt und von unseren Schwierigkeiten mit geschlossenen Augen berichtet. Der Arzt hat mir väterlich zugeredet. Das sei ganz normal, hat er beruhigend gemeint, beim nächsten Mal werde es schon klappen. Er werde mir eine Gleitflüssigkeit verschreiben: »Was mir schon eher Sorgen macht, das ist Ihre unterentwickelte Gebärmutter. Wenn Sie mal ein Kind haben wollen, kommen Sie bitte vorher zu einer kleinen Voruntersuchung.«

Aus dieser Empfehlung habe ich in meiner Naivität die Schlußfolgerung gezogen, daß ich ohne »Vorbehandlung« nicht schwanger werden könne und daß deswegen keine Vorsichtsmaßnahmen zu treffen seien. Zwei Monate später blieb meine Regel aus.

Meine Schwangerschaft war ein Irrtum.

Ich hatte mir Wolfgang nicht als *Ehe*mann ausgesucht, sondern als Partner, der mir die Erfahrung, die eine Frau mit zweiundzwanzig gemacht zu haben hat, vermitteln sollte. Ich wollte nicht heiraten, und vor allem wollte ich nicht Mutter werden. Ich hatte gerade erst angefangen zu leben. Was sollte ich als Schwimmerin mit dem Bauch? Die Sportvereine, die Volkstanz- und Theatergruppen waren meine Familie geworden. Wie sollte ich mit einem Kind am Hals bergsteigen gehen?

Alles in mir hat gegen diese Schwangerschaft, für die ich mich noch viel zu jung fühlte, rebelliert. Ich habe mit Gott gehadert: Was für eine grausame Ungerechtigkeit, ausgerechnet mich, die Enthaltsame, mit einer Schwangerschaft zu strafen! Ich habe die Freundinnen, die mir mit der »alten Jungfer« Angst gemacht hatten, verflucht und mich selbst als unsäglich dumm verachtet.

Mit aller Macht hat sich mein Körper gegen dieses wachsende Etwas gewehrt. Ich habe mich nicht nur pausenlos erbrechen müssen, ich habe nicht nur Wasser in den Beinen gehabt und innerhalb kurzer Zeit zwölf Kilo zugenommen, ich habe auch ständig gefiebert.

Wegen der permanent überhöhten Temperatur bin ich in ein Krankenhaus eingewiesen worden. Man hat mich von Kopf bis Fuß untersucht und nichts gefunden. Ich litt nicht an einer geheimnisvollen Krankheit: Die Schwangerschaft selbst war meine Krankheit.

Ich habe Pickel gekriegt, die Haare sind mir büschelweise ausgefallen, ich habe ständig Herzschmerzen und immer wieder Zwischenblutungen gehabt. Bei jeder Blutung habe ich auf eine Fehlgeburt gehofft. Ich habe mich dieser »vererbten« Spekulation entsetzlich geschämt und sie doch nicht verdrängen können.

Von Woche zu Woche habe ich mich schuldiger gefühlt: Es ist deine Pflicht, dieses Kind zu lieben! Jede normale Frau liebt ihr Kind! Eine normale Frau empfindet Glück über das in ihr wachsende Leben!

Mein Kopf hat beharrlich Mutterglück gehämmert: Jede Frau muß einmal ein Kind bekommen. Es ist schön, ein Kind zu bekommen. Ein Kind ist etwas Liebes! Warum solltest du dir jetzt *nicht* ein Kind wünschen? Der Vater deines Kindes liebt und verehrt dich. Was willst du mehr? Es ist schön, ein Kind zu bekommen. Freu dich drauf! Freu dich drauf!

Nein, an Abtreibung habe ich nie gedacht. Die Abtreibung war in meinen Augen ein verbrecherischer Akt, der für mich unter keinen Umständen in Frage kam. Erwogen habe ich, das Kind ledig auszutragen. Da mein Stolz es nicht zuließ, aus Mitleid geheiratet zu werden, habe ich Wolfgang erklärt, daß er sich vollkommen frei fühlen dürfe: Wegen des Kindes bräuchten wir nicht zu heiraten. Mit meinem festen Gehalt als Heimerzieherin sei es für mich kein Problem, mein Kind allein durchzubringen.

Dieses Heldentum, das ich hervorgekehrt habe, war unehrlich. Ich habe Wolfgangs Antwort – »Ich liebe dich und wollte dich sowieso heiraten!« – vorher gewußt, es hat mir sehr viel daran gelegen, geheiratet zu werden. Mein Kind, das hatte ich mir schon mit zehn Jahren geschworen, sollte in einer »ordentlichen Familie« aufwachsen.

Meine Eltern haben sich scheiden lassen, als ich zehn Jahre alt war. Nie werde ich den Abend vergessen, an dem unser Vater uns mitteilte, daß er es nun leid sei mit dieser »Schlampe«. Meine Brüder erfuhren, daß sie zu Bauern in Pflege gegeben werden sollten: »Arbeit schändet nicht. Hauptsache, ihr kriegt ordentlich zu essen.« Für mich hatte er einen Platz im Städtischen Kinderheim besorgt: »Die Tanten werden aufpassen, daß du nicht unter die Räder kommst.«

Nach der Scheidung meiner Eltern ließ es sich nicht länger vertuschen: Ich *bin* ein verwahrlostes Kind. Meine Familie ist eine zerrüttete. Ich habe mich vor Scham gekrümmt, und ich habe mich schuldig gefühlt: Irgend etwas muß mit dir nicht stimmen, daß du jetzt in ein Heim getan wirst.

Die Mitschüler hatten mir beigebracht, daß es eine Schande sei, ein Heimkind zu sein. Gemeinsam mit ihnen hatte ich die drei Heimkinder in meiner Klasse als »Kinder, die keiner haben will«, gehänselt. Für mich stand fest: Ins Heim wird man gesteckt, weil man etwas angestellt hat. Ich habe die Einweisung als eine Art Sühne aufgefaßt, als Sühne für eine Familienschuld.

Obwohl es mir im Heim sehr gut gegangen ist, habe ich es nie verwinden können, ein Heimkind zu sein. Immer wieder habe ich in mein Tagebuch geschrieben: »Man hat mich *abgegeben*, man hat mich in ein Heim *abgeschoben*, man hat mich nicht haben wollen. Ich habe keine Eltern.« In der Schule habe ich die Erfahrung gemacht, daß wir Heimkinder selbst von den Kindern, die täglich von ihren Eltern verprügelt wurden, als »arm dran« bedauert und verachtet wurden. Dieses Image hat mich dazu veranlaßt, im Schwimmklub und in den anderen Sportvereinen meine Vergangenheit als Heimkind zu verheimlichen.

Im Städtischen Kinderheim ist mir zum ersten Mal in meinem Leben gezeigt worden, daß ich einen Wert habe. Die Erzieherinnen haben mich unermüdlich als sehr intelligent und kreativ gelobt und sich die größte Mühe gegeben, meine Scham über meine Familie abzubauen. Innerhalb weniger Monate ist aus der Schulversagerin die »Freude aller Lehrer« geworden. Mir flogen die guten Noten nur so zu, ich war in der Klasse anerkannt. Wenn es darum ging, ein Spiel vorzuschlagen oder zu erfinden, wenn ein Streit geschlichtet werden mußte, wenn eine Bitte an die Lehrer zu richten war – die Mitschüler kamen zu mir.

Meine Lieblingstante war Tante Alberta. Sie hat mir die Hand gehalten, wenn ich mit meiner kranken Lunge daniederlag, sie hat sich alle paar Tage nach meinen Lehrern und meinen Mitschülern erkundigt und sich wie eine Mutter gefreut, als ich mit den Stimmen der »Kinder von draußen« Klassensprecherin wurde. Sie hat meine Träume wichtig genommen: »Komm, setz dich zu mir, erzähl mir!«

Objektiv ist es mir im Heim besser gegangen als vielen Familienkindern, aber wem hätte ich das plausibel machen können? Unser Image war hoffnungslos miserabel. Wenn im Schwimmklub irgend jemandem Geld weggekommen ist, habe ich immer zitternd gebetet: Hoffentlich weiß niemand, daß ich ein Heimkind bin! Der Lehrer im Volkstanzkurs hat mir einmal gesagt, daß man mir überhaupt nicht anmerken könne, daß ich ein Heimkind sei. Und ich habe begriffen, daß er mir damit ein großes Kompliment machen wollte.

Am Scheidungstag meiner Eltern habe ich mich gegenüber meinen Brüdern benachteiligt gefühlt: Für die hat der Vater Ersatzfamilien gefunden, für mich nicht. Ich habe mir eingebildet, daß man mich ins Heim tun mußte, weil sich keine Familie gefunden hatte, die mich nehmen mochte. Als mein Vater zwei Jahre später bei Tante Alberta vorstellig wurde, um mich mit der Begründung, daß das Heim unbezahlbar sei, abzuholen, habe ich begriffen, daß er für mich die teuerste Lösung gewählt hatte. Willig bin ich ihm in den Haushalt seiner Freundin gefolgt.

Es ist mir nicht gutgegangen in der neuen Familie meines Vaters. Ich habe mich mißachtet und fremd gefühlt. Meine Gedanken waren bei Tante Alberta und den Kindern meines Schlafraums. Ich habe eine Tuberkulose bekommen und bin in eine Lungenheilstätte eingewiesen worden.

In dem Sanatorium war ich weder das Kind aus einer zerrütteten Familie noch der bedauernswerte Heimzögling, sondern eine gleichberechtigte Patientin. Wir waren alle gleich – nämlich behandlungsbedürftig. Wenn differenziert wurde, dann nach dem Untersuchungsbefund. Ich hatte Zugang zu der Erwachsenenbibliothek und habe gelesen und gelesen. Ich habe mich in philosophische Bücher hineingekniet und einen siebzigjährigen Herrn gefunden, der bereit war, mit mir Hegel durchzunehmen und sich ohne Ironie mit meinen mystischen Anwandlungen auseinanderzusetzen. Ihm habe ich verraten, daß ich Karmeliterin werden wollte, »weil die so ein asketisches und sauberes Leben führen«.

Das Jahr, das ich in der Lungenheilstätte verloren habe, habe ich durch Überspringen einer Klasse aufgeholt. Ich war froh, daß mein Vater nach meiner Tuberkulose den Plan, mich in seine neue Familie aufzunehmen, aufgegeben hatte. Tante Alberta hat mich in ihre großen Arme geschlossen: »Wie froh ich bin, daß du wieder bei uns bist.«

Als ich mich gerade wieder eingelebt hatte, erschien meine Mutter am Heimtor, um mich in ein Eiscafé einzuladen. Die Heimleiterin hat nur genickt: Der Sonntagsspaziergang mit den Eltern stand uns zu. Aber ich habe meine Mutter abgewiesen: »Du hast dich nie um mich gekümmert, laß mich jetzt in Ruhe!« Ich habe ihr erklärt, daß meine Familie das Heim sei und daß ich sie nie wieder sehen wolle.

Meine Mutter hat geweint, aber sie hat mir nicht leid getan. Ihre Klagen über den unerträglichen Ehemann haben mich nicht beeindruckt: »Warum warst du denn auch tagsüber weg, wenn er in der Arbeit war?!« Ich wollte ein »sauberes« Leben führen und mit dieser »lockeren« Person nichts mehr zu tun haben. »Scher dich zum Teufel!« habe ich geschrien, als sie mich unterhaken und mitziehen wollte, »ich habe keine Zeit für Barsängerinnen!«

Als Jugendliche habe ich jeden zutiefst verachtet, der mit mir zu einem »Wochenendtanz« gehen wollte. Dieses »Gehopse« zu modernen Klängen war für mich der Inbegriff eines schmutzigen Geschäfts: Von Anfang an ist die Tanzfläche nicht ordentlich beleuchtet. Mit der Zeit wird das Licht immer schummriger, die Musik immer schmalziger. Dein Tanzpartner nutzt die Dunkelheit, um dich unzüchtig zu kneifen. Gegen Mitternacht beginnt das ekelige Geknutsche im großen Stil. Um zwei Uhr bist du dann benebelt genug, um mit dem Schwein ins Bett zu gehen...

Ich bin volkstanzen gegangen. Der Volkstanz war für mich eine Form des »sauberen Tanzens«. In der Volkstanzgruppe konnte ich meine Musikalität und meine Bewegungslust ausleben, ohne in eine »schwüle« Atmosphäre zu geraten. Der Saal war stets hell erleuchtet, der Tanzlehrer immer gegenwärtig, es ging um das Tanzen als solches, ich brauchte keine Angst zu haben, sexuell belästigt zu werden.

Fast jeden Nachmittag bin ich geschwommen. Oft wie eine Besessene bis an den Rand der physischen Erschöpfung. Das ausdauernde Schwimmen hat mir über meine düsteren Gedanken hinweggeholfen. Ich habe es auch nach der Rückkehr aus dem Lungensanatorium nicht aufgegeben. Da die Ärzte mir das Leistungsschwimmen verboten hatten, bin ich mit dem Versprechen, das Kunst- und Turmspringen zu üben, ins Schwimmbad gegangen. Tante Alberta hat beide Augen zugedrückt und mich mit ihrer unausgesprochenen Meinung, daß der Patient selbst am besten wisse, was seinem Körper bekommt, unterstützt. Ich habe mich nach jedem Training kräftiger gefühlt, ich bin Jugendmeisterin im Rückenschwimmen geworden und habe meine kranke Lunge vergessen.

Ich war kerngesund und sichtbar ein kräftiges Mädchen, als ich mit sehr gutem Zeugnis aus der Hauptschule entlassen wurde. »Du solltest das Abitur machen und studieren«, hat Tante Alberta gemeint. Die Heimleiterin hat meinen Vater als den Zahlenden zu sich zitiert: »Soll Ihre Tochter weiter zur Schule gehen, oder soll sie eine Lehre machen?«

»Judith ist groß und stark«, hat mein Vater gesagt, »Judith kann arbeiten gehen.« Ich war bei dem Gespräch dabei.

Die Heimleiterin hat ihn mit einem rügenden Blick durchbohrt: »Bei unseren Schülerinnen bemühen wir uns um eine Lehrstelle. Ihre Tochter, die so intelligent ist, sollte wenigstens Erzieherin werden!«

Das war dann der Kompromiß. Mein Vater hat sich nicht getraut, der strengen Heimleiterin zu widersprechen: kein Abitur, aber eine ordentliche Ausbildung. Also habe ich Erzieherin gelernt.

Nach meinem Praktikum als gehobenes Dienstmädchen in Privatfamilien habe ich mich, da ich mich für Kindergartenarbeit weniger interessierte, um eine Stelle als Heimerzieherin bemüht. Man hat mir als eine Art Bewährungsprobe die Gruppe der verhaltensgestörten Jungen gegeben: »Wenn Sie die schaffen, eignen Sie sich für den schwierigen Job, den Sie sich ausgesucht haben!«

Ich wußte aus eigener Erfahrung, was auf mich zukommen würde. Du mußt das Vertrauen dieser Kinder gewinnen, habe ich mir gesagt, du mußt einfach ehrlich sein, es hat keinen Zweck, Überlegenheit und Angstfreiheit vorzutäuschen. Deswegen bin ich an dem Wochenende vor meinem Dienstantritt in das Heim gegangen, um die Gruppe zu beobachten und mir die »Rädelsführer« einzuprägen. Ich habe mich an die Praktikantinnen erinnert, die in meinem Heim die Flucht ergreifen mußten, weil sie es versäumt hatten, mich, die Anführerin, für sie einzunehmen. An dem Abend vor meinem Dienstantritt bin ich in den Schlafraum der Jungen gegangen und habe mich an das Bett der beiden Oberrowdys gesetzt. »Ich bin eure neue Erzieherin«, habe ich ihnen erklärt, »ich habe schreckliche Angst vor euch. Ich weiß, daß ihr mich leicht kaputtmachen könnt, deswegen bin ich gekommen, um euch um Mitarbeit zu bitten. Meine Aufgabe ist es, wie ihr wißt, eine disziplinierte Gruppe vorzuführen. Wenn ich versage, werde ich nicht angestellt. Ich brauche diese Stelle aber; denn ich habe niemanden, der für mich sorgen könnte. Ich war nämlich selbst ein Heimkind.«

»Geht in Ordnung.« Die beiden Anführer haben mir meine Offenheit honoriert. Statt Blödsinn anzuzetteln, haben sie dafür gesorgt, daß die »Harmlosen« mit gewaschenen Händen bei Tisch erschienen. Um mich bei meiner Gruppe für das gute Benehmen zu revanchieren, habe ich pausenlos auch in meiner Freizeit für sie etwas organisiert. Ich habe Schachgruppen gegründet, ich habe mit den Wildesten Fußball gespielt, ich habe Theaterfreikarten besorgt, ich bin mit meinen Jungen ins Museum und in die Oper gegangen. Ich habe durchgesetzt, daß wir das öffentliche Schwimmbad benutzen durften, obwohl wir ein eigenes hatten.

Natürlich habe ich auch ihre Schulaufgaben beaufsichtigt – was strengste Arbeitsvorschrift für uns Erzieher war –, aber meine Hauptaufgabe habe ich darin gesehen, ihren Tatendrang in konstruktive Aktivitäten zu lenken und ihnen ein gesundes Selbstvertrauen einzuimpfen. Deswegen war es mein Ehrgeiz, sie im öffentlichen Schwimmbad brillieren zu lassen. Ich wollte die Jugendlichen »von draußen« dazu bringen, höflich und

bescheiden »meine« Jungen zu bitten, mitmachen zu dürfen.
Mit der Erklärung, wir seien *die* Prestigegruppe im Schwimmbad, hat Wolfgang mir das größtmögliche Kompliment gemacht.

Wolfgang und ich haben geheiratet. Nach der Standesamtszeremonie habe ich aufgeatmet: Mein Kind wird nie ein Heimkind sein. Mein Kind wird in einer normalen Familie aufwachsen.
 Mit der Geburt des Kindes war ich von einem Tag auf den anderen zu Hause angebunden. Ich mußte meine vielen außerberuflichen Aktivitäten aufgeben: Ich mußte mein Gesangstudium abbrechen, ich konnte mich nicht mehr mit den Bergsteigern treffen, ich konnte nicht mehr volkstanzen gehen, keine Handpuppenlehrgänge und keine Volkskunstkurse mehr besuchen. Ich hatte meine »Familien« verloren. Ich war total an dieses Kind, das ich nicht gewollt hatte, gefesselt.
 Nein, von Wolfgang habe ich keine Entlastung gehabt. Wolfgang hat sich befreit gefühlt von der Bevormundung durch seine Familie. Er hat ein interessantes Studentenleben geführt. Er war ungebunden wie ein Kinderloser. Während meiner berufsbedingten Abwesenheit hat seine Mutter das Kind versorgt, dann war ich dran. Wolfgang hat sein Kind total ignoriert und im Haushalt keinen Finger gekrümmt. »Schläft Pia schon?« Er hat sich allmählich angewöhnt, erst nach Hause zu kommen, nachdem ich Pia gefüttert und ins Bett gelegt hatte. Heute frage ich mich manchmal, ob er seine politische Karriere nicht in erster Linie dem Bestreben, die Begegnung mit dem schreienden Bündel zu vermeiden, verdankt.
 Pia war ein schreckliches Baby. Sie hat fast ein ganzes Jahr lang nachts geschrien. Ich habe gewußt, daß ich sie nur aufnehmen mußte, aber ich habe sie neben mir in ihrem Gitterbett brüllen lassen und ihr Schreien als Bestrafung hingenommen: Das Kind spürt, daß du es nicht liebst. Deswegen schreit es. Weil es schreit, kannst du nicht schlafen. Das geschieht dir recht. Schlaf nicht, laß dich quälen!
 Wolfgang hat angefangen, sich dem schreienden Säugling zu entziehen, indem er nachts einfach weggeblieben ist. Ich wußte nie, wo ich ihn notfalls hätte erreichen können. Er hat mich allein gelassen mit dem Baby, so wie meine Mutter mich mit dem kleinen Bruder allein gelassen hatte.
 Ich habe mir von dem Mann, der die tüchtige Schwimmerin und die begabte Gesangsschülerin so verehrt hatte, erhofft, daß er mir an zwei oder drei Abenden in der Woche das Baby

abnehmen würde, um mir wenigstens die Fortsetzung meines Gesangstudiums und ein gelegentliches Treffen mit den Sportkameraden zu ermöglichen. Hatte er nicht selbst gesagt, daß man eine besondere Begabung pflegen müsse? Ich war bitter enttäuscht.

Ich habe das Baby, das mich von den Gruppen, in denen ich mich zu Hause gefühlt hatte, abhielt, gehaßt. Und ich habe mich dieser Haßgefühle geschämt. Ich habe mich schuldig gefühlt, weil ich die Empfindung, die meiner Ansicht nach normal war für normale Frauen, nicht hatte: Wo war der überwältigende Muttertrieb, den wir im Deutschunterricht behandelt hatten? Wo war der unbezähmbare Drang, den Säugling an die Brust zu nehmen, wie es mir im Psychologiekurs immer wieder beschrieben worden war?

Mir war das Stillen nur zuwider. Ich hatte das Gefühl, angefressen zu werden, ausgesogen. Ich hatte die Vision, das Baby könnte an mich anwachsen und mich nie wieder freigeben, wenn ich nicht bald Schluß machte. Obwohl ich mehr als genug Milch hatte, habe ich schon nach ein paar Wochen abgestillt. Entsetzlich geekelt habe ich mich vor dem Kot des Babys. Nach dem Wickeln hatte ich regelmäßig Brechanfälle. Und während ich das Kind mechanisch versorgt habe, habe ich neben mir gestanden und mich kommentiert: Du bist eine schlechte Mutter.

Jeden Tag habe ich mich aufs neue gezwungen, mich dem Baby zuzuwenden. Immer und immer wieder hat mein Kopf gehämmert: Man *muß* sein Kind lieben. Du mußt Pia liebkosen, sie kann ja nichts dafür. Soll sie dasselbe Schicksal erleiden wie du?

Ich erinnere mich noch genau, wie ich mich bemüht habe, wie ich mir vorgenommen habe: So, und jetzt gehe ich zum Gitterbett und küsse mein Kind. Und während ich Pia geküßt habe, habe ich neben mir gestanden und bitter meine Künstlichkeit beobachtet. Ich habe mich meiner Unfähigkeit, das Kind spontan zu lieben, geschämt. Hauptsache, es hat Zuwendung, habe ich mich vor mir selbst gerechtfertigt, ob spontan oder aus Verantwortungsbewußtsein: Du gehst jetzt hin und hast Pia lieb. Sie muß liebkost werden, Kinder brauchen das.

Nein, *verlangt* habe ich von Wolfgang nicht, daß er sich um das Baby kümmert, um mich zu entlasten. Ich habe mir das nur von ihm *erhofft*. Es war für mich eine Selbstverständlichkeit, daß man als Ehefrau nicht *fordert*. Vom ersten Ehetag an habe ich mich ihm untergeordnet.

Wären wir zwei Frauen oder zwei Männer gewesen, dann wäre mir als der objektiv Selbständigeren die Führungsrolle in der Wohngemeinschaft zugefallen. Aber wir waren ein Mann und eine Frau. Und mir war klar, wie die Rollen zu spielen waren.

Ich erinnere mich, wie ich einmal beim Bergsteigen mein Leben aufs Spiel gesetzt habe, nur um der Rollennorm zu genügen. Nachdem ich Wolfgang technisch halbwegs eingewiesen hatte, nachdem er ein bißchen wußte, wie man mit Haken und Pickel umgeht, habe ich ihm – unaufgefordert, er hat gar nicht darauf gedrängt – die Rolle des Ersten gegeben. Ich, die ausgebildete Wanderführerin, die legitimiert war, Seilschaften anzuführen, bin freiwillig hinter ihm, dem Anfänger, gegangen, weil es mir peinlich war, vor aller Augen als die Anleiterin meines Ehemanns aufzutreten. Ich habe ihn vorangehen lassen und gewußt, daß ich im Fall eines Sturzes keine Chance hätte. Er hätte mich mitgerissen; denn er war noch nicht erfahren genug, um mich ausreichend zu sichern.

Wir haben uns gegenseitig in die Eherollen gedrängt. Wolfgang, der als mein Verehrer »fasziniert«, »hingerissen« und »total begeistert« gewesen war von der Schwimmturnerin, von der kumpelhaften Erzieherin, von der durchtrainierten sportlichen jungen Frau, fing als Ehemann an, sich über die Frauen des Bergsteigerteams zu mokieren. Diese Mannweiber seien ihm ein Greuel. Sie hätten überhaupt nichts Feminines an sich mit ihren derben Schuhen, ihrer groben Sportlichkeit und ihren wetterfesten Gesichtszügen. Sein Zauberwort wurde »feminin«. Mit seinen Spitzen gegen die Kletterinnen und seinem Lob über »feminine« Frauen hat er mir immer deutlicher zu verstehen gegeben, wie er mich haben wollte: demütig und anschmiegsam.

Seitdem wir verheiratet waren, galten ihm meine Kontakte nicht mehr als meine Privatsache. Wolfgang fing an zu bestimmen, welche Personen sich als Umgang für mich, »*seine* Frau«, eigneten. Am unpassendsten fand er die Leute aus den Volkstanzkursen. Diese dem »Volksbrauch« verbundenen Menschen waren ihm als »reaktionär« suspekt. In seinen Studentenkreisen galten die Kreise, in denen ich Geborgenheit und persönliche Anerkennung gefunden hatte, bestenfalls als »unpolitisch«, meistens aber als »faschistoid«. Mein Mann fing an, mir zu verbieten, Besuche von Mitgliedern der Volkstanzgruppen zu empfangen.

Die den Volkstänzern unterstellte politisch reaktionäre Haltung war wahrscheinlich mehr Vorwand als Grund. Die Leute waren ihm vor allem wohl als *meine* Freunde unangenehm. Seine Mutter hatte ihm vorgelebt, daß eine Ehefrau keinen *eigenen* Freundeskreis hat. Wolfgang fing an, seine Leute zu uns einzuladen. Ganz selbstverständlich erwartete er von mir, daß ich die von ihm ausgewählten Personen als meine »guten Bekannten« betrachtete. Diese gelegentlichen Versuche, mich in seine – »besseren« – Akademikerkreise einzuführen, entsprangen sicher auch einem (unbewußten) Streben, mich fester an ihn zu ketten, mich zu einer »richtigen Ehefrau« zu machen.

Die einzigen mir verbliebenen eigenen Kontakte waren die Berufskollegen. Als Erzieherin genoß ich Ansehen, im Heim wurde ich nicht als die Ehefrau von..., sondern als Tante Judith geachtet. Die Zuneigung der Jungen hat mich innerlich gestärkt. Viele haben mich noch lange, nachdem ich in eine Mädchengruppe eingewiesen worden war, privat besucht.

Auch bei den Mädchen habe ich Anerkennung und Zuneigung genossen. Aber obwohl die Arbeit in der Mädchengruppe objektiv viel einfacher war als in der Sondergruppe des Jungenheims, habe ich sie zunehmend als anstrengend empfunden. Mir fehlte der Ausgleich für die angespannte Tätigkeit. Vor meiner Heirat konnte ich mich abends entspannen, Fehlschläge austanzen, Ärger beim Theaterspiel abbauen, Freude aus den Gesangstunden mit nach Hause nehmen. Seitdem ich an das Kind angebunden war, empfand ich meine Berufstätigkeit immer stärker als Strapaze. Ich war meistens schon vor der Mittagspause erschöpft. Während ich mich früher über die kleinen Erfolge gefreut hatte, sah ich jetzt die großen Mißerfolge schneidend vor mir: Mit was für einem enormen Engagement hast du mal wieder nichts bewirkt!

In dem Maße, wie ich sie vermißte, habe ich die Gruppen und Vereine, die meine Familien gewesen waren, zu Horten ungetrübter Glückseligkeit stilisiert. Wenn ich von der Arbeit im Heim nach Hause hastete, hallten meine Schritte: Volkstanz, Volkstanz, einmal nur wieder Volkstanz. Schwarz vor den Augen wurde mir, wenn ich an dem Haus meiner ehemaligen Gesanglehrerin vorbeikam. Eine ungeheure Wut erfaßte mich, eine Wut auf dieses Kind, das mir alles genommen hatte, eine unbändige Wut auf diesen Mann, der sich ein so interessantes Studentenleben gönnte und sich nicht den Dreck um meine Nöte scherte.

Warum kann er nicht zu Hause lesen und Seminararbeiten

schreiben? Warum kann er nicht, während er arbeitet, ein Auge auf sein Kind werfen? Dann könnte ich zu meiner Gesanglehrerin gehen, die so große Hoffnungen in meine Stimme gesetzt hat. Warum müssen wir seine Mutter täglich für acht Stunden als Babysitter einstellen? begann ich mich zu fragen. Warum kann er mich nicht wenigstens verteidigen vor seiner Mutter, die ständig etwas auszusetzen hat an mir und meiner Haushaltführung?

Für seine Mutter war meine Schwangerschaft ein Schock gewesen. Man heiratet nicht als Student. Erst macht man Examen, und dann wird man Vater. Mir hat sie unterstellt, ich hätte die Schwangerschaft bewußt, »hinterlistig«, herbeigeführt, um über das Kind zu einem angehenden Akademiker zu kommen. Diese Vermutung hat mich auch deswegen so tief verletzt, weil sie zeigte, wie gering sie meinen Beruf als Heimerzieherin schätzte. Immer wieder hat sie mir erklärt, was für ein Glück ich doch gehabt hätte: Ich, das Kind aus asozialem Milieu, hatte mir einen Mann gekapert, der nicht nur aus einer ordentlichen Familie stammte, der nicht nur gebildet war und mindestens Rechtsanwalt werden würde, sondern außerdem noch blendend aussah – im Gegensatz zu mir. Mit ihrer ausdauernden Schwärmerei über Wolfgangs schöne große Augen ist es ihr peu à peu gelungen, mir Minderwertigkeitskomplexe wegen meines Aussehens einzuimpfen. Ich, die ich mich nie um meine »Schönheit« gekümmert hatte, aber immer als »fesch« und »sehr gut aussehend« gelobt worden war, stand eines Tages vor dem Spiegel des Kleiderschrankes, um die negativen Auswirkungen meiner kleinen Schlitzaugen auf den Gesamtausdruck meines Gesichts zu studieren.

In mir hat sich allmählich die Meinung verfestigt, daß meine Häßlichkeit mein Hauptfehler sei. Die vielen Romane, Geschichten und Volksmärchen, in denen der feine Herr ein armes, aber *schönes* Mädchen heiratet, sind mir durch den Kopf gegangen. Ich habe angefangen, mich schuldig zu fühlen: Wolfgang sieht wirklich blendend aus. Muß es nicht schrecklich für ihn sein, seinen klugen Freunden eine so häßliche Person wie mich als Ehefrau vorzuführen?

In den ersten Wochen unserer Bekanntschaft hatten Wolfgang und ich uns an der Bushaltestelle manchmal die Zeit vertrieben mit dem Spiel: »Wer kann die meisten Fremdwörter definieren?« Und jedesmal war ich aus diesem Wettkampf als Siegerin hervorgegangen. Er hatte das Gymnasium besucht, aber ich hatte neben der Schule – und im Lungensanatorium ein ganzes Jahr lang – philosophische Bücher in riesigen Mengen verschlungen: nicht für den Unterricht, sondern aus Interesse. Ich hatte nur Hauptschulabschluß, aber ich hatte vor unserer Heirat nie das Gefühl gehabt, dümmer zu sein als er. Dieses zerstörerische Gefühl begann sich meiner zu bemächtigen, als ich in seine Studentenkreise eingeführt wurde. Seine Leute redeten nicht nur eine Sprache, die ich kaum verstand, sie beschäftigten sich auch mit Fragen, die meiner Meinung nach gar keine waren. Ich hatte den Eindruck, daß sie »nur so« redeten, nur zum Spaß, nur um des Redens willen. »Haben die alle gar keine echten Probleme?«, habe ich mich in meinem Tagebuch gefragt. Ich hätte so unendlich viel konkreten Gesprächsstoff liefern können, aber ich habe mich nur gelegentlich getraut, die klugen Menschen, die in unserem Wohlzimmer die großen Weltfragen regelten, mit meinen Banalitäten zu behelligen. Wenn ich einmal einen Diskussionsbeitrag geleistet habe, haben sie sich nachsichtig gezeigt: »Die Judith ist so süß emotional!« Ich habe begriffen, daß sie mich nicht für voll nahmen, und immer häufiger den ganzen Abend lang geschwiegen.

Von Monat zu Monat bin ich depressiver geworden. »Du hast nichts mehr«, habe ich in mein Tagebuch geschrieben, »du schuftest nur noch.« Heimarbeit ist auch dann, wenn nichts Besonderes vorfällt, eine äußerst anstrengende Tätigkeit. Ich habe sie geschafft, aber ich war abends kaputt. Ich hätte mich in den Sessel fallen lassen und »ein Glas Bier, bitte!« ordern mögen. Aber ich kam kaum dazu, mein verheultes Gesicht zu waschen. Meistens wurde mir das Baby von der Großmutter schon an der Wohnungstür überreicht. Wie eine Maschine habe ich meine Mutterpflichten erfüllt. Wie ein Roboter bin ich hingegangen, um das Kind zu streicheln und zu umarmen – Kleinkinder brauchen Hautkontakt –, und immer wieder hat mich die Furcht, das Kind könne meinen Widerwillen spüren, in Angst und Schrecken versetzt.

»Wenn ich doch nur *einmal* allein ausgehen könnte!« habe ich innerlich geschrien. Aber wenn mich eine alte Freundin anrief, um mich zu einem Treffen der Handpuppentheatergruppe einzuladen, dann habe ich aus Angst vor Wolfgangs Kritik mit der Ausrede »Baby« abgesagt. Abends ausgehen hieß für die Ehefrau: ein- oder zweimal im Monat gemeinsam mit dem Ehemann eine von ihm für wichtig gehaltene Veranstaltung oder einige von ihm für geeignet gehaltene Personen zu besuchen. Mich interessierten diese Kontakte nicht, aber ich war natürlich froh, überhaupt einmal unter Erwachsene zu kommen. An diesen Abenden hat mir mein schlechtes Gewissen besonders zu schaffen gemacht: Darf eine Mutter ihr Kind nachts allein lassen?

Als wir einmal gegen Mitternacht heimkamen, war das Kind verschwunden. Es lag nicht in seinem Bett, es lag nicht auf dem Wohnzimmerteppich, es war nicht in der Küche. Benommen habe ich die üblichen Stellen abgesucht – Pia konnte kaum gehen! –, schließlich habe ich es in unserem Bett gefunden. Es hatte sich unter der Decke vergraben, das Kopfkissen war vollgebrochen. Ich habe mir sofort ausgemalt, wie es herumgeirrt sein mußte auf der Suche nach mir, und entsetzliche Gewissensbisse gehabt: Eine gute Mutter setzt ihr Kind keinen Angstsituationen aus!

An diesem Abend ist mir bewußt geworden, wie frei Wolfgang sich fühlte. Es ist ihm überhaupt nicht in den Sinn gekommen, sich ebenfalls schuldig zu fühlen, sich Vorwürfe zu machen, ein schlechtes Gewissen zu haben, weil er zu einer Party gegangen war. Er hat mich das Kopfkissen auswechseln lassen und im Einschlafen gemeint: »Na ja, wir haben ja jetzt gesehen, was passiert, wenn du ausgehst. Das nächste Mal mußt du dir eben überlegen, ob du mitkommen kannst!«

Mir ist zunehmend bewußt geworden, daß mein Mann sich *auf meine Kosten* entwickelte: Ich bin angebunden, weil er frei ist. Ich verdiene den Lebensunterhalt, und er bildet sich. Ich hüte das Kind, und er amüsiert sich. Ich mache den Haushalt, und er macht Karriere!

Warum studiere *ich* eigentlich nicht? Mir ist Tante Albertas »Satz mit auf den Lebensweg« eingefallen: »Vergiß nie, daß du ein hochintelligentes Mädchen bist und nur Pech gehabt hast. Glaub mir, das Begabtenabitur wäre für dich ein Klacks!«

Wolfgang hat über meine Idee, »eventuell noch zu studieren«, nur gelacht: »Wozu braucht ein moderner progressiver Mensch Diplome?« Offenbar hat er gemeint, daß ich – wenn schon – nur zu meinem Pläsier studieren würde und nicht etwa, um die Befähigung für einen weniger anstrengenden und besser bezahlten Beruf zu erlangen.

Manchmal hat er mich bedauert, weil ich als Mutter noch »arbeiten gehen« mußte. Dieses Bedauern hat mich verbittert, zeigte es doch, wie wenig er mich kannte: Kann oder will er nicht begreifen, daß meine Berufsarbeit das einzige ist, was mich noch aufrechterhält?

Ganz selbstverständlich hat er erwartet, daß ich ihm zulächelte, wenn er spät abends nach Hause kam. Ich sollte mich darüber freuen, daß er so einen schönen Tag gehabt, daß er interessante Leute getroffen hatte, daß er eingeladen worden war, einen kleinen Vortrag im Studentenklub zu halten, aufgefordert, den Juristenball zu organisieren, daß er aufregende Gespräche geführt und Gelegenheit gehabt hatte, sich im Jargon der Frankfurter Schule zu üben, während ich unser Kind zum Sandkasten geführt und mit ihm Tatata geredet hatte.

Dieses deutliche Gefühl: Was der alles darf und kann! Nicht zu vergleichen: sein Tag und mein Tag! Und jetzt verlangt er auch noch, daß ich mich *für ihn* freue, daß ich ihm liebevoll zulächle, während er mir – von sich berichtend – die Stumpfsinnigkeit meines »Feierabends« als angebundene Kuh vor Augen führt.

Einmal bin ich wütend losgeplatzt: »Ich will mir das nicht anhören! Ich will von deinem interessanten Studentenleben nichts wissen! Ich möchte lieber selbst ein interessantes Leben führen!« Mein Ehemann hat das Licht über unserem Bett angeknipst und mich anhaltend gemustert. Er hat eine erstaunte Miene aufgesetzt und mich gefragt, ob ich etwa neidisch sei: »Du mißgönnst mir das? Du liebst mich gar nicht wirklich?« Durch seinen halb ironischen, halb angewiderten Tonfall hat er mir zu verstehen gegeben, was er von Personen hält, die einer so niedrigen Empfindung wie Neid fähig sind.

Auf dem Heimweg von der Arbeit ist mir manchmal der Gedanke gekommen, einfach wegzugehen: Was wäre, wenn ich einfach mein Kind nähme und die Wohnung verließe? Jede Litfaßsäule hat mich an die Judith vor der Eheschließung erinnert: Premiere *La Traviata*, Beginn von Kurs II Wanderführerlehrgang, Volkstanzturnier ... Was bist du doch für ein unternehmungslustiges Mädchen gewesen! Was für einen großen Freundeskreis du gehabt hast! Wie anerkannt du warst in den Kursen und Vereinen! Alles hast du für Wolfgang aufgegeben! Was gibt er dir zuliebe auf? Welche Opfer bringt *er* für das Kind? Keine. Studieren muß er – aber muß er sich als Vater obendrein noch in der Parteipolitik betätigen? Muß er sich in juristischen Vereinigungen als Organisator hervortun? Muß er abends in Kneipen herumsitzen und seine Frau, die den ganzen Tag über gearbeitet hat und die ihn ernährt, allein lassen mit dem Kind?

Ich vermute, daß auch Wolfgang manchmal an Trennung gedacht hat. Ich war nicht mehr die, in die er sich verliebt hatte.

Ich war nicht mehr übersprudelnd, ich war deprimiert und grantig. Ich war nicht mehr initiativ und ansteckend, ich war lähmend. Durch meine Aktivitäten hatte ich ihn dazu animiert, auszubrechen aus der Enge seiner kleinbürgerlichen Familie, und nun war ich darauf aus, daß er seine Aktivitäten einschränkte zugunsten seiner Frau und seines Kindes. Mit meiner sichtbaren Unzufriedenheit bin ich ihm zunehmend lästig geworden. Er ist immer später nach Hause gekommen und wäre vielleicht – wenn er schon eigenes Geld verdient hätte – eines Tages ganz weggeblieben.

Was mich letztlich gehalten hat? Ökonomische Gründe, wie andere junge Ehefrauen, hatte ich nicht. Im Gegenteil, es wäre sogar billiger gekommen, ohne ihn zu leben. Meine Abhängigkeit war eine tiefere. Auf mir lastete die Erinnerung an die zerrüttete Familie. Meine Kinder werden in geordneten Verhältnissen aufwachsen! Dieser Schwur der Zehnjährigen war in mein Fleisch eingedrungen. Ich *hatte* nicht den Wunsch, ich war *besessen* von dem Wunsch, dem Kind eine »richtige Familie« zu bieten. Gerade weil mir die Gefühle abgingen, die gute Mütter, nach allem, was ich gehört und gelesen hatte, zu haben haben, fühlte ich mich verpflichtet, den anerkannten Rahmen zu sichern. Es lag außerhalb meiner Macht, »natürliche Muttergefühle« zu entwickeln, aber es lag im Bereich meiner Möglichkeiten, das Kind gut zu versorgen: Ich füttere es ordentlich, ich prüfe die Gewichtszunahme, ich stelle regelmäßig Blick- und Hautkontakt her, ich lasse es nachts nicht mehr allein, ich messe Fieber, ich halte die Impftermine ein, ich gehe nicht bergsteigen, ich führe eine Ehe, ich tue für das Kind alles, was ich tun *kann*.

Wenn ich in Wolfgang auch nicht »unsterblich verliebt« gewesen war, so hatte ich doch mehr als nur freundschaftliche Zuneigung für ihn empfunden. Mir hatte seine Neugier gefallen, seine Bereitschaft, sich von mir zu Per-Anhalter-Touren und anderen »Waghalsigkeiten« animieren zu lassen, mich hatte seine Vorurteilslosigkeit gegenüber meiner Herkunft imponiert, seine »Sauberkeit« im Umgang mit mir als Frau hatte mich angenehm berührt. Ich war in dem Bewußtsein zum Standesamt gegangen, mit einem Mann, der mich liebt und den ich schätze, eine ordentliche Familie zu gründen.

Ich habe es lange nicht wahrhaben wollen, daß er mich sexuell betrog. Ich habe mich entsetzlich geschämt, und ich habe mich schuldig gefühlt. Schuldig wie damals, als meine Eltern sich scheiden ließen und mich in ein Heim taten. Warum hat er eine Freundin? Weil du unmöglich bist! Schau dich doch an, wie unattraktiv du bist, wie ungepflegt! Und wie grantig du in der letzten Zeit warst. Du zwingst ihn ja geradezu, sich eine Freundin zu suchen!

Seine Untreue war für mich eine grausame Demütigung: Ich bin wertlos für ihn. Er wird mich verlassen und eine Bessere nehmen. Er selbst wird die Familie auflösen. Ich werde übrigbleiben. Pia wird in ungeordneten Verhältnissen aufwachsen, weil ich nicht gut genug für ihn war.

Einige Tage bevor ich von seiner Freundin erfuhr, hatte ich mir noch Forderungen ausgedacht, von deren Berücksichtigung ich mein Bleiben abhängig machen wollte. Jetzt beschäftigte mich die Sorge, seinen Erwartungen nicht gerecht zu werden: Hatte er nicht oft genug mein grantiges Gesicht bemängelt? Hatte er nicht an einem Abend erklärt, daß er, wenn ich mich über sein Kommen nicht freuen könne, eben wieder gehen müsse?

Ich habe angefangen, mich zu verstellen, meine innere Wut zu verbergen und mich sexuell aufgeschlossener zu zeigen. Die stolze Judith, die mit der »Würde«, die, der man nicht zu nahe treten durfte, hat sich aus Angst, ihn zu verlieren, gegenüber ihrem sexuell immer bedürftigen Ehemann »lieb« gegeben.

Beherrscht von der Zwangsvorstellung, von meinem Kind die zerrüttete Familie abwenden zu müssen, habe ich Wolfgang ein Verhalten gezeigt, das mit meinen Gefühlen überhaupt nicht in Einklang stand. Manchmal war die Depression stärker als der Vorsatz – aber meistens war ich »lieb«. Und »lieb« geriet ich in immer schärfere Konflikte mit der alten Judith, mit der, die ich vor meiner Ehe gewesen war, mit der, die sich nicht hatte erniedrigen lassen.

Dieser Widerspruch zwischen Wesen und Rolle hat mich manchmal an den Rand des Wahnsinns getrieben. Ich habe Erstickungsanfälle gekriegt, wenn ich nachts wach lag, wartend auf ihn, ich habe kreisende Ringe gesehen, die sich immer enger schlossen und mir die Luft wegdrückten.

Ich habe gewartet und gewartet. Abend für Abend habe ich nur noch gewartet. Ich habe wartend gestrickt, und mit dem Pullover ist auch meine Angst gewachsen: Kommt er noch? Wann kommt er? Warum kommt er nicht? Verflucht noch mal, jag ihn doch zum Teufel! Warum läßt er mich warten? Ist er wieder bei seiner Freundin? *Er* wollte doch heiraten! Warum zerrüttet er die Familie! Hat er etwas Besseres gefunden? Gibt er mich jetzt weg, so wie meine Eltern mich weggegeben haben? Was habe ich mir zuschulden kommen lassen, daß man mich jetzt einfach wegtut? Ich bin schuldig; denn wenn ich gut wäre, bliebe er ja nicht weg. – Du erniedrigst dich! Warum läßt du dich von einem Mann demütigen? Hast du das nötig?! Brauchst du ihn etwa?! – Mein Kind soll nicht in einer zerrütteten Familie aufwachsen...

Ich war außer mir, als meine Regel plötzlich ausblieb. Noch eine Schwangerschaft, noch ein Kind – ich war wie von Sinnen. Zum ersten Mal ist es mir passiert, daß ich vor den Kindern im Heim die Beherrschung verloren habe.

Ich war auf dem Heimweg von der Arbeit vor Litfaßsäulen in Tränen ausgebrochen, ich hatte vor dem Haus meiner ehemaligen Gesanglehrerin einen Schreikrampf – aber im Heim, vor den Kindern, hatte ich mich immer in der Gewalt gehabt. Die Kinder haben sich, als ich am Mittagstisch zusammengesackt war, rührend um mich gekümmert. Sie haben Tante Judith ins Krankenzimmer geführt, und ich habe die Symptome – Herzflattern, Atemnot – als meine Krankheit ausgegeben. Wie hätte ich mit den Mädchen über Abtreibung sprechen können! Mit niemandem durfte ich mich darüber beraten. Abtreibung stand unter Strafe, Abtreibung war ein Verbrechen – ich mußte meinen Vorsatz geheimhalten. Aber ich war fest entschlossen.

Obwohl ich wußte, daß mein Frauenarzt ein tief religiöser Mensch war, bin ich zu ihm gegangen. Er hatte meine erste elendige Schwangerschaft miterlebt, er hatte meine komplizierte Entbindung beaufsichtigt, wir hatten uns oft privat unterhalten und eine Art Tochter-Vater-Beziehung entwickelt. Ich bin in dem Gefühl, der läßt dich nicht im Stich, zu ihm gegangen. »Ich will kein zweites Kind!« habe ich ihm erklärt, »ich will eine Abtreibung!«

Er hat mich verwundert angeschaut. Ob mir seine Einstellung denn nicht bekannt sei? Er werde nie einen Schwangerschaftsabbruch aus »sogenannten sozialen Gründen« vornehmen, und er werde auch nie einen empfehlen.

»Sie werden mir helfen, weil Sie mir helfen *müssen*!« habe ich ihn beschworen, »ich werde schon mit dem ersten bereits existierenden Kind nicht fertig. Ich muß mich auf Alleinleben einstellen, mein Mann hat Freundinnen. Ich bin am Ende. Ich werde mich eher umbringen, als noch ein Kind in die Welt zu setzen!« Ich habe ihm meine Angstzustände geschildert, meine Schuldgefühle gegenüber Pia, mein Unvermögen, diesem ungewollten Kind die nötige Liebe zu geben. Ich habe ihm von den kreisenden Ringen erzählt, die sich mir nachts wartend ins Fleisch schnitten, von meiner Angst, wirklich wahnsinnig zu werden. Ich habe ihn aufgefordert, mir als *Christ* zu einem Abbruch zu verhelfen.

Er kannte mich lange genug, um zu spüren, daß ich meine Verzweiflung nicht spielte. Er hat den Telefonhörer abgehoben und bei einem Kollegen angerufen: »Ich möchte Sie in einem speziellen Fall um Ihre Mitarbeit bitten.«

Nach dem Anruf hat er sich und mir einen Cognac bringen lassen: »Ich trinke tagsüber nie, aber ich habe auch noch nie eine Abtreibung vermittelt.« Er hat nicht zu mir gesprochen, er hat zu sich selbst gesprochen: »Psychische Indikation muß man das in diesem Fall wohl nennen. Ich beginne, mir Selbstgerechtigkeit vorzuwerfen...«

Da er meine Meinung wissen wollte, habe ich sie ihm gesagt: »Ich glaube nicht, daß es bei der Kriminalisierung der Abtreibung um die Erhaltung von Leben geht. Ich glaube, daß es darum geht, die Frauen zu demütigen, sie in Hilflosigkeit zu halten.«

Er hat mir versprochen, über meine These gründlich nachzudenken, und sich mit einer Umarmung von mir verabschiedet: »Apropos Demütigung: Ich kenne viele Mütter, die alleinstehend sind und ihr Leben sehr gut meistern.«

Mein Arzt muß wohl bei dem Gynäkologen, der illegal Abbrüche durchführte, noch einmal angerufen haben, um mich wie eine Tochter zu empfehlen: Ich bin äußerst zuvorkommend behandelt worden und habe für den Eingriff fast nichts bezahlt.

Auf der Straße bin ich in einen Freudenschrei ausgebrochen: Erlöst! Aber nachdem ich mein Gefühl der Befreiung ausgekostet hatte, habe ich mich umgesehen: Wolfgang war nicht gekommen, um mich abzuholen. Mit dicken Tampons zwischen den Beinen stand ich da und wartete.

Ich habe zehn Minuten gewartet, ich habe blutend zwanzig Minuten gewartet, ich habe mit nervösem Flimmern vor den Augen dreißig Minuten gewartet. Schließlich habe ich mir ein Taxi genommen.

Taxifahren war für mich immer der Inbegriff des leichten, luxuriösen Lebens gewesen. Ich habe vor Wut ein Taxi genommen, und ich war tief enttäuscht über den niedrigen Preis, der unsere Haushaltskasse gar nicht belasten würde.

Ich habe mich zu Hause hingelegt und gewartet.

Als Kind bin ich oft allein durch die Wälder gestrolcht, ich hatte meine bestimmten Plätze zum Ausruhen, meine Lieblingsbäume, denen ich phantastische Namen gegeben hatte. An warmen Tagen pflegte ich mich unter »meine« alte Rotbuche zu legen und mit ausgebreiteten Armen träumend zu warten – auf *irgend etwas*. Dieses unbestimmte Warten meiner Kindheit war ein hoffnungsvolles Gefühl gewesen: Irgendwann wird irgend etwas geschehen, das dich erlöst. Du mußt nur Geduld haben. Eines Tages wird sich alles aufklären. Die, die dich jetzt verachten, werden deinen wahren Wert erkennen. Wie Schuppen wird es ihnen von den Augen fallen, wenn sie sehen, was für eine die verwahrloste Judith in Wahrheit ist...

Nach meiner Einweisung in das Städtische Kinderheim habe ich angefangen, Tagebuch zu schreiben. Ich habe meine Eintragungen mit dem Satz »Ich muß dem Geheimnis des Lebens auf die Spur kommen« eröffnet und mich immer wieder ermahnt, geduldig zu sein: Warte nur, irgendwann wird es sich ereignen, und es wird etwas ganz Zauberhaftes sein, warte nur noch ein wenig.

Dieses hoffnungsvolle Warten meiner Kindheit hat sich nach meiner Heirat in ein Warten auf die Angst verkehrt. Abend für Abend hat sich dasselbe abgespielt: Ich liege in Dunkelheit, halte die Augen fest geschlossen, bemühe mich, einzuschlafen. Aber ich kann meine Gedanken nicht verscheuchen, ich warte, warte auf die Angstanfälle, die unweigerlich kommen werden, auf die Ringe, die sich um meinen Körper legen und kreisend immer enger werden. Ich springe auf, schnappe nach Luft, irre in der Wohnung herum, lege mich wieder hin und warte.

Ich habe mich selbst verachtet. Ich habe am Bett meines Kindes gesessen und Märchen erzählt. *Deinetwegen* muß ich mich so erniedrigen lassen! Ich habe von Hänsel und Gretels böser Mutter erzählt und die Angst in den Augen meiner Tochter gesehen: Bist du nicht auch so eine? Nein, nein, nein! Ich liebe dich, Pia! Ich liebe dich und werde dich nie weggeben. Ich habe mein Kind wild an mich gepreßt und seine Liebkosungen als tröstend empfunden.

»Ich kenne viele alleinstehende Mütter, die ihr Leben gut meistern«, hatte mein Arzt mir mit auf den Weg gegeben. Ich habe abends manchmal mein Kind auf den Schoß genommen und mich in Gedanken mit ihm beraten: Es ist wahr, daß ich dir eine ordentliche Familie versprochen habe. Aber schau an, wie dein Vater mich behandelt. Schau an, wie ich gedemütigt werde. Ich bin eine verheiratete Hure. Mein Mann hat Freundinnen, die klug sind, die gebildet sind, die Abitur haben, die diskutieren können, die schätzenswert sind. Und für den Drang zwischendurch hat er mich. Ich stelle ihm meinen Körper zur Verfügung, und wenn ich abtreiben muß, schert er sich nicht darum. Ich stehe mit blutigen Tampons auf der Straße und warte auf ihn, aber ihm ist einfach »etwas dazwischengekommen«. Du mußt einsehen, daß ich diese Familie nicht ertragen kann, daß ich diesen Zustand nicht mehr aushalten *kann*.

Pia ist über diese innere Beratung jedesmal wohlig eingeschlafen. Ich habe ihr entspanntes Gesichtchen als Zustimmung genommen: Ja, geh nur, wir beide werden schon allein eine ordentliche Familie bilden. Hab du mich nur lieb...

Ich habe mich an mein Tagebuch gesetzt, um mir das geordnete Familienleben ohne Vater auszumalen. Aber meine Gedanken sind bei der immer wiederkehrenden Frage *Warum betrügt er mich?* hängengeblieben. Ich habe mir selbst die Schuld gegeben, mir und »den Frauen«. Ich habe ihn als das arme Opfer gesehen, als das hilflose Opfer verruchter Weiber, die ihn umgarnen und immer wieder einfangen. Ich habe ihn bemitleidet als einen, der »wehrlos im Netz zappelt«, und mich dazu angehalten, nicht »kleinlich eifersüchtig«, sondern großmütig zu sein. »Du bist von einem niedrigen, ekeligen Haß beherrscht!« habe ich mir schriftlich vorgehalten. Ich wollte die Familie nicht auseinanderreißen, den Schwur der Zehnjährigen nicht »wegen einer Kleinigkeit« brechen: Warte nur, warte nur noch ein wenig. Er wird schon noch erkennen, daß er zu uns gehört, zu mir und zu seinem Kind.

Von Monat zu Monat ist es mir schwerer geworden, diesen Zwiespalt auszuhalten und meine depressive Stimmung zu überspielen. Ich habe angefangen, mich als »wahnsinnig« einzustufen und in der Erzieherbibliothek nach Büchern über Geisteskrankheiten gesucht.

Eines Nachts bin ich aus der Wohnung gestürzt. Jemand hatte uns Theaterkarten geschenkt. Wolfgang wollte mich um halb acht zu Hause abholen. Wir waren fest verabredet, aber er ist nicht gekommen: Ich sitze neben dem Telefon (Pia ist bei der Oma), ich bin frisch frisiert, ich bin elegant (nach seinem Geschmack) gekleidet, ich warte. Warte, daß er wenigstens anruft, daß er mir einen dringlichen Grund nennt, eine ad hoc anberaumte juristische Konferenz etwa, für die man einen Theaterbesuch ausfallen lassen muß. Um zehn Uhr hatte er noch immer nicht angerufen. Ich bin mir versetzt vorgekommen, wie damals, als meine Eltern mich ins Heim gegeben haben. Und wieder habe ich mich geschämt: *Ich* bin schuld.

Irgend etwas ist schlecht an mir, daß er es nicht für wichtig hält, mit mir ins Theater zu gehen, daß er etwas anderes wichtiger findet. Ich habe mein elegantes Kleid ausgezogen, meine kunstvoll getürmte Hochfrisur aufgenestelt und bin zu Bett gegangen: Versuch endlich zu schlafen. Morgen früh um sieben Uhr mußt du im Heim sein.

Vielleicht hat er einen Autounfall gehabt? Ich wollte meiner Angst eine vernünftige Basis geben. Es ist kein Zeichen von Wahnsinn, daß du jetzt deine Angst nicht in den Griff bekommst. Es ist vollkommen normal, daß du besorgt bist. Jede andere Ehefrau wäre auch besorgt. War es nicht neblig heute abend? Aber die alte Judith hat sich von mir nichts einreden lassen: Iwo, der liegt nicht im Straßengraben, der liegt bei einer Freundin im Bett!

Ich habe dagelegen und gewartet, die Kehle zugeschnürt von Verlassenheitsängsten, wie ich sie in meiner Kindheit gekannt hatte. Die kreisenden Ringe sind enger geworden, haben sich enger werdend in mein Fleisch geschnitten. Ich habe keine Luft mehr bekommen, bin aufgesprungen, in der Wohnung herumgerannt. Ich habe mir einen Mantel übergeworfen und bin aus der Wohnung gestürzt. Ich bin durch die Straßen gelaufen, habe nach Luft gerungen, versucht, meinen Atem freizubekommen, die kreisenden Ringe zu sprengen...

Auf der Straße sehe ich plötzlich Wolfgang – abschiedsschmusend mit einer Freundin.

Die alte Judith hätte irgend etwas *getan*. Sie hätte die zwei auseinandergerissen oder ihren Mann verprügelt oder »verdammte Sauerei« gebrüllt oder die Scheidung angekündigt – irgend etwas hätte das Mädchen, das man nicht demütigen durfte, getan.

Ich habe mich nicht bemerkbar gemacht, ich habe mich leise umgedreht und bin wie ein getretenes Hündchen nach Hause geschlichen. In der Diele bin ich ohnmächtig auf den Boden gefallen.

Wieder zu mir gekommen bin ich, als Wolfgang sich über mich beugte: »Judith, was ist los? Meine Liebe, was ist passiert?« Er hat mich aufgehoben und geschüttelt: »Hast du Schmerzen? Geht es dir nicht gut?«

Seine verlogene Freundlichkeit hat mich zur Besinnung gebracht: Da kommt mein Ehemann von seiner Geliebten und fragt, was ist! Die alte Judith hat ausgeholt und ihm eine klatschende Ohrfeige verpaßt.

»Nein!« habe ich gebrüllt, »es geht mir *nicht* gut. Es geht mir gar nicht gut. Und ich habe nicht hier Schmerzen und da Schmerzen – ich bin eine einzige Wunde!«

Von den kreisenden Ringen befreit, habe ich meinen verwirrten Mann ruhig betrachtet: »So, und jetzt kannst du gehen. Ich möchte mit meinem Kind in geordneten Verhältnissen leben.«

Betäubung

Wir sind ein Ehepaar geblieben. Wolfgang hat mich mit seinen inständigen Beteuerungen davon überzeugt, daß unsere Familie doch noch eine gute werden könne: »Machen wir wenigstens einen Versuch! Fangen wir ganz neu an!«

Er hat seine Freundinnen abgebaut, er ist früher nach Hause gekommen, er hat mir mit kleinen Aufmerksamkeiten seinen guten Willen gezeigt, er hat sich ab und zu um Pia gekümmert, wir sind manchmal zusammen ausgegangen.

Wolfgang, der sich dem Ende seines Studiums näherte, hat sich mit aller Kraft auf das bevorstehende Examen konzentriert. Er brauchte Ruhe. Wir hatten eine Zeit der Ruhe.

Ich habe ihm bei der Korrektur seiner Referate geholfen, und es hat mich befriedigt, daß er fast alle meine Änderungs- und Ergänzungsvorschläge bei der Neufassung berücksichtigt hat. Ich habe mich zunehmend mit seiner Arbeit identifiziert und es interessant gefunden, mit ihm politische Vorträge zu entwerfen oder umzuarbeiten. Er hat sich langsam zum Linksaußen der Konservativen profiliert.

Zu meiner Überraschung habe ich nach mehreren freudlosen Jahren wieder einen Orgasmus gehabt.

Wolfgang hat in dieser Zeit eine Menge konfiszierter Pornohefte vom Gericht mit nach Hause gebracht. Da mir diese Darstellungen ekelig waren, hat mich die Intensität, mit der er die Hefte studierte, irritiert. Ich habe ihn darauf angesprochen, und er hat mir zugestimmt: Das sei wirklich der allermieseste Schund. *Leider* sei er aber aus beruflichen Gründen gezwungen, sich mit diesen Heftchen abzugeben. Ich habe ihm die Rechtfertigung nicht abgenommen. Aber ich habe seinem offenkundigen Eifer eine gute Absicht unterstellt: Er möchte es mir recht machen, er möchte mir zum Höhepunkt verhelfen, er glaubt, daß ihm die Hefte technisches Wissen vermitteln können.

Mein Mann *hat* aus den Heften gelernt, und mir ist oft genug der üble Verdacht aufgestiegen, nur als Versuchskaninchen zu dienen. Aber ich habe diese Überlegungen schnell verdrängt: Ich habe häufiger einen Orgasmus bekommen und unsere sexuelle Verständigung als Ergebnis seiner Veränderung und seines guten Willens gewertet.

Ich habe mich beachtet und in gewisser Weise anerkannt gefühlt. Ich habe den Eindruck gewonnen, mit der Rolle einer Ehefrau zurechtkommen zu können. Wenn ich an dem Haus meiner ehemaligen Gesanglehrerin vorbeigekommen bin, hat es mir nach wie vor einen Stich versetzt, aber in Schreikrämpfe bin ich nicht mehr ausgebrochen. Und die Ankündigung eines Volkstanzturniers an der Litfaßsäule hat mich nur noch melancholisch gestimmt. Ich bin abends nicht mehr mit verheultem Gesicht nach Hause gekommen.

Pia besuchte den Kindergarten und sollte eingeschult werden. Die Großmutter mit ihren ständigen Mäkeleien war weitgehend entbehrlich geworden. Pia hatte keine Angst mehr, abends allein zu bleiben: Ich konnte meinen Mann begleiten und mit ihm unter Erwachsene kommen.

Wir sind in dieser Zeit oft gemeinsam ausgegangen. Man hat ihn die »Gehirnprothese der Partei« und mich eine »schöne Frau« genannt: Wir waren ein perfektes Paar geworden.

Ich habe angefangen, mich an den Gesprächen am Sandkasten zu beteiligen. Jahrelang waren mir die Mütter im Park ein Greuel gewesen. Mit ihren langen Diskussionen über die chinesische Küche und die Vorzüge diverser Putzmittel hatten sie mir das Gefühl gegeben, eine Außenseiterin zu sein, eine Anormale: Irgend etwas muß mit dir nicht stimmen. Wie einig sich die anderen alle sind, wie zufrieden sie aussehen. Wie sie sich erhitzen bei der Sauberkeitsfrage: Mein Sohn ist schon mit achtzehn Monaten auf den Topf gegangen, meine Tochter war noch früher sauber... Wie hätte ich damals ahnen können, daß sie sich genauso eingesperrt fühlten wie ich. Nach meiner Scheidung haben mir drei der Sandkastenmütter einen gemeinsamen Brief geschrieben: »Liebe ehemalige Zellengenossin...«

Ich habe angefangen, mich im Park über Frisuren zu unterhalten und dem lebhaften Interesse für mein Haarproblem entnommen, daß ich jetzt akzeptiert bin. Ich habe mich über Chanelkostüme informiert und mit Interesse zugehört; denn am nächsten Nachmittag wollte ich mir das kaufen, was die elegante Frau kleidet.

Den Kiosk, an dem ich mir das erste Modejournal meines Lebens gekauft habe, kann ich noch heute genau beschreiben. Ich war mir bewußt, daß ich eine wichtige Entscheidung traf. Am gleichen Tag habe ich mein Tagebuch tief unten im Wäscheschrank vergraben: Ich habe beschlossen, hauptamtlich die Gattin des angehenden Dr. Manmann zu sein und mich von der alten Judith dabei nicht stören zu lassen.

»Mein Kind wird in einer ordentlichen Familie aufwachsen.« Wir waren dabei, eine harmonische Familie zu werden. Wolfgang hatte seinen Beitrag bereits geleistet, und ich hatte angefangen, mich einzupassen. Ich mußte mich nur noch perfektionieren.

Ich habe angefangen, mich für seine *Karriere* zu interessieren. Wolfgang hat seinen Doktor gebaut und ist anerkannter Ideologe seiner Partei geworden. Auf Partys hat man uns bescheinigt, daß er so eine Art Universalgenie sei, das sowohl an der Universität als auch als Journalist oder Politiker Karriere machen würde. Er hat das Image des unwiderstehlichen Siegers gekriegt, und ich habe mich drangehängt an seinen Erfolg. Es war mir angenehm, wenn der Kaufmann mich mit Frau Doktor angeredet hat, ich habe angefangen, gern zu betonen, daß ich die Frau von... bin, die Frau des bekannten Politikers Dr. Manmann, der an seiner Habilitation strickt.

Als Begleiterin des strahlenden Erfolgsmenschen habe ich angefangen, mich immer mehr auf mein Äußeres zu konzentrieren und zu beschränken. Ich bin immer begieriger geworden, von ihm irgendwohin mitgenommen zu werden. Und wenn ich dann neben ihm sitzen durfte und schön war, dann hat's mir genügt. Ich habe angefangen, meinen Mann zu vergöttlichen.

In diese Zeit des totalen Identitätsverlusts fiel der Besuch eines ehemaligen Heimmädchens, dessen Lieblingstante ich gewesen war. Anne hatte mich angerufen, weil sie von mir einen Rat einholen wollte. Noch heute werde ich schamrot, wenn ich daran denke, wie ich sie im Stich gelassen habe. Meine ehemalige Anbefohlene hat mir von ihren Schwierigkeiten mit dem Verlobten berichtet. Bei Meinungsverschiedenheiten sei er nie bereit, ihren Standpunkt zu berücksichtigen. Er vertrete die Ansicht, daß in wichtigen Angelegenheiten der Mann für beide zu entscheiden habe. Er verlange praktisch von ihr, daß sie sich selbst verleugne. Sie habe Bedenken, ihn zu heiraten. Sie befürchte, in der Ehe unter die Räder zu kommen. Bei Freundinnen habe sie gesehen, wie leicht eine Frau erpreßbar sei, wenn sie erst Kinder habe...

Anne hat von mir erwartet, daß ich ihr Mut mache, ihre Verlobung zu lösen. Noch heute sehe ich dieses zwanzig- oder einundzwanzigjährige Mädchen vor mir: »Wie komme ich dazu, mich von einem Mann dauernd demütigen zu lassen?«

Mit ihrer Empörung, mit ihrem Widerstand gegen die Selbstaufgabe hat meine ehemalige Heimschülerin an meine betäubten Wunden gerührt. Ich habe sie nicht ermutigt, sich zu behaupten und einen anderen Weg zu gehen als ich. Ich habe ihr den Rat gegeben, sich ihrem Verlobten unterzuordnen, und mir eingeredet, es mit ihr nur gut gemeint zu haben.

»Gib ihm nach«, habe ich ihr geraten, »Männer sind nun einmal die Überlegenen. Als Frau vergibt man sich nichts, wenn man sich unterordnet.« Vielleicht war ich damals wirklich der Überzeugung, daß Mann-Frau-Beziehungen nur auf dieser Basis glücken können. Vielleicht war ich auch mißgünstig: Warum soll die sich zu gut dafür sein, das zu werden, was ich geworden bin? Noch heute schäme ich mich dieser Empfehlung, die ich im genauen Wortlaut in Erinnerung habe.

Anne hat mich völlig verdattert angestarrt. Von ihrer Lieblingstante tief enttäuscht, ist sie hastig aufgebrochen: »Ja, wenn *Sie* das meinen...«

Es hat mir zunehmend gefallen, auf Veranstaltungen als »attraktive Frau« anerkannt zu werden. Bemerkungen, die der zwanzigjährigen Bergsteigerin einen gezielten kleinen Fußtritt entlockt hätten, habe ich als »Frau Dr. Manmann« mit geneigtem Lächeln als Kompliment verbucht. Aus Diskussionen habe ich mich weitgehend herausgehalten. Selbst wenn es um Vorträge ging, an deren Erarbeitung ich selbst beteiligt gewesen war, habe ich es, aus Angst, mich zu blamieren, vorgezogen, nur verständig mit dem Kopf zu nicken.

Wolfgang hat das Lob über seine »schöne« und »charmante Gattin« noch mehr genossen als ich. An Seitensprünge hat er nicht mehr gedacht. »Wie glücklich wir sind!« hat er auf dem Heimweg von Veranstaltungen geschwärmt und begeistert die nahende Zeit des großen Geldes ausgemalt: »Dann brauchst du nicht mehr zu arbeiten. Morgens trainierst du im Schwimmbad, nachmittags kümmerst du dich um die Kinder und liest wichtige Bücher, abends gehen wir aus!«

Wir haben uns ein zweites Kind gewünscht. Sarah ist planmäßig auf die Welt gekommen. Ich hatte während der Schwangerschaft nicht die geringsten Beschwerden. Da ich mich gut und kräftig fühlte, habe ich meinem Frauenarzt, der sich über meine »seelische Gesundung« und mein »Ja zum Kind« gefreut hat, erklärt, daß ich das Kind selbsttätig, wie die Frauen in manchen Naturvölkern, in Hockstellung aus mir herauspressen würde. Er hat mich gewähren lassen und sich beeindruckt gezeigt von der »ungewöhnlich leichten und schnellen Entbindung«.

Sarah war ein zufriedener Säugling. Ich hatte keine Probleme beim Stillen, die Kotwindeln waren mir nicht ekelig. Wenn ich mit ihr geschmust und sie abgeknuddelt habe, habe ich keine »Pflicht« erfüllt. Ich habe sie beim Lesen stundenlang auf meinem Bauch liegen lassen und trotz der Inanspruchnahme durch das Baby mehr Zeit und Geduld für die große Pia gehabt.

Pia muß wohl gemeint haben, daß sie meine Zuwendung dem Baby verdankt: Sie hat sich nie eifersüchtig gezeigt, sondern sich eifrig an Sarahs Betreuung beteiligt. Noch heute fühlt sie sich für »die Kleinen« verantwortlich.

Ein halbes Jahr nach Sarahs Geburt war ich wieder schwanger. Ich habe spontan an Abtreibung gedacht. Moralische Bedenken hatte ich keine mehr. Der Schwangerschaftsabbruch war für mich kein verbrecherischer Akt mehr, sondern »nur noch« ein schmerzhaft demütigender.

Da mir einerseits der Gedanke an eine erneute Abtreibung nicht angenehm und mir andererseits der Gedanke, drei Kinder zu haben, nicht unangenehm war, habe ich zu Wolfgang gesagt, daß ich nicht abgeneigt wäre, dieses Kind auszutragen. Er hat mir sofort zugestimmt: »Drei ist eine gute Zahl.« Wir haben uns gesagt, daß es für Geschwister vorteilhaft sei, altersmäßig zusammenzupassen, und ich habe mir gesagt, daß es günstiger sei, zwei Babys gleichzeitig großzuziehen als nach vier oder fünf Jahren mit der Wickelei von vorn anzufangen.

Wir haben auf unser drittes Kind ein Glas Sekt getrunken. Wolfgang hat mich lieb in die Arme genommen: »Wir sind eine glückliche Familie.«

Vernichtung

Nach Sarahs Geburt hatte ich meine Berufstätigkeit aufgegeben. Obwohl ich selbst die Doppelbelastung nicht mehr wollte, obwohl ich mir meine freie Tageseinteilung in den rosigsten Farben ausgemalt hatte, hatte ich eine ungeheure Sperre gegen die Kündigung: »Mein Gott, jetzt liefere ich mich ja dir ganz aus!«

Dieser kurze Durchbruch der alten Judith hat Wolfgang zutiefst empört: »Was denkst du von mir? *Hast du etwa kein Vertrauen zu mir?*«

Schon während ich mit Maria, unserem dritten Kind, schwanger ging, ist mir bewußt geworden, was es heißt, ökonomisch abhängig zu sein. Ich holte mir nun nicht mehr »mein« Geld von der Bank, ich ließ mir von meinem Mann »Haushaltsgeld« geben. Wolfgang fing an, Begründungen zu verlangen, wenn ich mit seinen Zuteilungen nicht ausgekommen war.

Seitdem ich nur noch Ehefrau war, wurde ich immer deutlicher als Zubehör behandelt. Unbewußt hat mein Mann mir gegenüber eine Eigentümerhaltung angenommen. Ganz selbstverständlich hat er zum Beispiel, wenn er gegen Ende einer Party keine Lust mehr hatte, sein Glas auszutrinken, den Rest in mein Glas gekippt. Ganz selbstverständlich hat er zum Beispiel, wenn er noch Lust auf ein Stück Fleisch hatte, das Buffet aber schon leergefegt war, das Steak auf meinem Teller aufgespießt und auf seinen geholt.

Einmal sind uns Opernkarten geschenkt worden. Ganz selbstverständlich hat er sie weiterverschenkt: »Diese Musik ümdada ümdada ist nichts für uns.« Ich, die ich Opern liebte und Operngesang studiert hatte, habe nur genickt: Er mag Opernmusik nicht, Opern sind nichts für *uns*.

Mit der Geburt des dritten Kindes war ich eine Identitätslose geworden, die ohne Betäubungsspritzen auskommen mußte: Die Ehefrau konnte keine Komplimente mehr sammeln, nicht mehr als »attraktive Gattin« Anerkennung finden, sie war zu Hause angebunden; denn für das Babysitten von zwei Kindern war die Großmutter nicht mehr zu gewinnen.

Ich war total abgeschnitten von dem Leben der Erwachsenen. In meiner Verzweiflung habe ich manchmal eine frühere

Kollegin angerufen, um unter dem Vorwand, mich nach dem Schulerfolg eines besonders schwierigen Heimkindes erkundigen zu wollen, einige Worte mit einem Erwachsenen zu wechseln, mit einem Menschen, dem ich nicht als Ehefrau von... etwas bedeutet hatte, sondern als »Tante Judith«, als Berufstätige, die ihrer eigenen Leistung wegen wertgeschätzt worden war.

Meine Isolation wurde durch den Umzug in ein Hochhaus am Stadtrand verschärft. Wir hatten jetzt mehr Wohnraum und ein modernes Badezimmer, aber wir wohnten im neunten Stock. Die Kinder hingen an mir in der Wohnung herum, und ich konnte ohne Auto nirgendwohin, niemanden besuchen. Wolfgang ist früh am Morgen fortgegangen, war den ganzen Tag über weg und ist dann irgendwann in der Nacht heimgekommen: »Hallo, Judith! Dein Liebling ist da!« Während er von unserer Isolation nicht betroffen war, während er sein interessantes Leben wie gehabt weiterführen konnte, hatte ich noch nicht einmal, wie in den ersten Ehejahren, die Gespräche mit den Erzieherkollegen.

Von Woche zu Woche habe ich mich schmerzlicher nach meiner Berufstätigkeit zurückgesehnt. Mein Kopf hat gehämmert, daß eine »richtige Frau« ganz in ihrer Rolle als Hausfrau und Mutter aufgeht, daß eine richtige Frau nur für den Mann da ist, daß es unnatürlich und krankhaft ist, als Ehefrau und Mutter Ambitionen für sich selbst zu hegen, aber mein Bauch hat getrommelt: Du bist ausgebeutet, entleert, du verkommst, du gehst ein.

Die Hausarbeit, die ich als Berufstätige mit der linken Hand erledigt hatte, hat mich zunehmend erschöpft. Ich hatte das Gefühl, die viele Arbeit einfach nicht mehr schaffen zu können. Wolfgang, der von mir erwartete, daß ich den Dreck für ihn still und unbemerkt wegschaffe, traf mich mittags immer häufiger beim Staubsaugen an. Er fing an, mir mangelndes Organisationstalent vorzuwerfen: »Was hast du denn den ganzen Vormittag über gemacht? Ich seh' wirklich nicht ein, daß ich in der knappen Mittagspause im Flur über Wäscheberge stolpern muß!«

Ich habe mich überfordert gefühlt und angefangen, Wolfgang kleine Dienste aufzutragen: Bitte, Wolfgang, wenn du jetzt sowieso in die Stadt fährst, könntest du dann vielleicht... Bitte, Wolfgang, wenn du jetzt sowieso nach unten gehst, könntest du dann bitte so lieb sein und bitte... Er hat die gewünschten Kleinigkeiten erledigt, aber er hat mir deutlich zu verstehen gegeben, daß er mir eine *Gefälligkeit* erweist, wenn er Haushaltsgänge macht.

Von Woche zu Woche ist er unregelmäßiger nach Hause gekommen. In unserer Wohnung könne er sich nicht konzentrieren, hat er mir erklärt, da sei überall Kinderlärm: »Ich halte die Kinder nicht aus, die Windelkübel ringsum, dein grantiges Gesicht...«

Ich habe mich ausgelaugt gefühlt und angefangen, mich äußerlich gehenzulassen. Wozu sollte ich mich auch pflegen, wenn ich sowieso nirgends mehr hinkam?

Wenn sich die Oma gelegentlich bereit erklärte, abends die Kinder zu hüten, hatte ich das deutliche Gefühl, daß es Wolfgang unangenehm war, mich irgendwohin mitzunehmen.

Einmal hat er mich zu einer Wochenendtagung mitgenommen. Wir haben an einem großen runden Tisch zusammen mit anderen getrunken, und ich habe ihn »schrecklich blamiert«. Da ich Alkohol nicht gewöhnt war, habe ich mich schon nach einigen Gläsern dusselig gefühlt. Ich habe zu Wolfgang gesagt, daß mir elend sei und daß ich mich hinlegen möchte. Außer sich vor Wut über seine »in jeder Hinsicht unbrauchbare Frau« hat er sich dazu hinreißen lassen, mich vor den anderen als »Besoffene« zu beschimpfen, die nicht mehr fähig sei, allein zu ihrem Zimmer zu gehen.

Er hat mich zu unserer Etage geführt, das Zimmer aufgeschlossen, mich hineingestoßen und die Tür von außen verriegelt. Mir war kotzübel, alles um mich herum hat sich gedreht. Ich saß auf einem Kreisel, und in meinem Kopf dröhnte es: weggetan, als lästig abgeschoben, als störend eingesperrt, als Eigentum in Sicherungsverwahrung gegeben, als Unmündige gezüchtigt...

Ich habe mich übergeben müssen, und während ich mich über dem Waschbecken erbrach, wurde schon mein Dickdarm tätig. Da wir keine eigene Toilette hatten, habe ich mich in meiner Not auf die Veranda gehockt und mich auf die eilig ausgebreiteten Seiten seines »Spiegel« entleert. Ich erinnere mich an die Genugtuung, die ich bei der Vorstellung, den Essay, den er als wichtig angestrichen und noch nicht studiert hatte, unleserlich gemacht zu haben, empfunden habe.

Wolfgang hatte mich einfach in das Zimmer gestoßen und war dann zu seinen Trinkfreunden zurückgekehrt. Er hatte es nicht für nötig gehalten, sich um seine Frau, der es elend ging, zu kümmern. Obwohl er wußte, daß ich, vor allem als ich Sport trieb, Alkohol stets gemieden hatte und auf Partys meist – pro

forma nippend – mit einem einzigen Glas Sekt ausgekommen
war, hatte er mich abgeschoben und eingesperrt wie eine
Säuferin. Er liebt mich gar nicht, habe ich bitter zu mir gesagt,
es geht mir schlecht, und er vergnügt sich unbekümmert weiter.
Ich wäre im umgekehrten Fall bei ihm geblieben, um ihn zu
pflegen. Er ist ein hundsgemeiner Egoist. Welche Opfer hat er
jemals für mich gebracht?

Da ich vor einer weiteren Schwangerschaft Angst hatte, habe
ich mich ihm immer häufiger an »gefährlichen Tagen« sexuell
verweigert. Ich hatte Angst, und ich hatte auch keine Lust
mehr. Seitdem er mir gezeigt hatte, daß er mich als sein
Eigentum, als sein ziemlich wertloses Eigentum, betrachtete,
habe ich den Sexualakt zunehmend als erniedrigend empfunden. Mein Mann war jedoch nicht dazu bereit, mehr Enthaltsamkeit zu üben: »Ja, entschuldige bitte, ich bin ein gesunder
Mann. Wenn du nicht mit mir schlafen willst, dann muß ich mir
eben eine andere suchen!«
Diese Haltung, die ich als rücksichtslos und egoistisch empfunden habe, hat mir meinen hilflosen Zustand als Abhängige
deutlich gemacht: Wie sehr hat er sich über die Bedenken der
alten Judith vor der Berufsaufgabe empört – »Du vertraust mir
nicht?« –, und wie ungeniert nutzt er jetzt meine ökonomische
Abhängigkeit als berufslose Mutter dreier Kinder aus. Ich habe
wieder Herzschmerzen bekommen, die Verlassenheitsängste
meiner Kindheit und meiner ersten Ehejahre haben sich meiner
wieder bemächtigt. Mein Hormonhaushalt ist total aus den
Fugen geraten. Ich habe es mit der Pille versucht, aber da ich
permanent Blutungen hatte, wußte ich nie, wann ich beginnen
oder aussetzen mußte.
Unter dem Druck seiner Drohung, sich »dann eben« eine
andere suchen zu müssen, habe ich mich prostituiert und mich
immer wieder zur Verfügung gestellt. Als ich schwanger wurde,
hat mich mein Mann als blöd zusammengestaucht: »Selbst die
Analphabeten in Indien wissen inzwischen mit der Pille umzugehen. Nur du bist offensichtlich zu dämlich dazu!«
Immer häufiger hat er mir zu verstehen gegeben, daß ich blöd
und seiner nicht würdig sei. Wie ein Hammerschlag hat es mich
getroffen, als er anfing, mir meine Herkunft zum Vorwurf zu
machen: »*Ich habe dich aus der Gosse geholt.* Aber du bist und
bleibst untauglich.«
In dem Maße wie er aufgestiegen ist und ich als Hochhausmutter äußerlich und geistig verkommen bin, hat er angefan-

gen, sich meiner zu schämen. Ich war sprachlos geworden und konnte nicht einmal mehr ansatzweise mitreden, wenn seine Leute zu Besuch waren, und ich sah mich – ausgelaugt durch die Hausarbeit – nicht mehr imstande, mein geistiges Unvermögen durch Charme und Schönheit zu kompensieren. Ich fühlte mich schlaff, kaputt, stumpf.

Als isolierte Hausfrau hatte ich das Sprechen förmlich verlernt. Ich war kaum noch in der Lage, drei Sätze hintereinander hervorzubringen. Eingesperrt bei den Kindern war mir nur noch die Einkaufssprache geläufig. Ich war geübt darin, beim Einkauf im Supermarkt die Bitte um eine weitere Tragetasche zu formulieren und einen Dank für das passende Wechselgeld zu äußern, ich konnte mich am Sandkasten fließend über Pullover, die man nicht in die Waschmaschine stecken darf, unterhalten, ich konnte zu den Kindern »bähbäh« sagen, wenn sie etwas Ungesundes in den Mund stecken wollten, aber es war mir unmöglich geworden, einen Satz über die Haltung der Gewerkschaft zur linearen Gehaltserhöhung zustande zu bringen.

Mein Mann hat meine sichtbare Verblödung nicht meinen Lebensbedingungen, sondern meinem individuellen Unvermögen zugeschrieben. Je deutlicher er mir seine Verachtung gezeigt hat, desto hilfloser und unterwürfiger habe ich mich ihm gegenüber verhalten. Meine Abstumpfung und äußerliche Verwahrlosung, meine Tränenausbrüche bei kleinsten Anlässen haben ihn irritiert. Er hat seine Wut und Enttäuschung über seine Frau in Beschimpfungen abreagiert und immer mehr Vergnügen daran gefunden, mich mit meiner Herkunft zu demütigen und mir meine Bedeutungslosigkeit vor Augen zu führen: »*Du bist ein Nichts und Niemand. Alles, was du bist, bist du nur aus mir!*«

Meine Abhängigkeit hat ihn dazu gereizt, mich fertigzumachen. Er hat mir meine Jugendhobbys, denen ich schon seit über sieben Jahren nicht mehr nachgegangen war, als Indiz geistiger Verwirrung vorgehalten und sich über meine frühere Neigung, mich in »faschistoiden« Gruppen »zu tummeln«, die sich dem Volksbrauch, der Volksmusik, dem Volksmärchen und dem Volkstanz widmen, lustig gemacht. Heute tritt er, da es in seinen politischen Kreisen inzwischen Mode geworden ist, sich volksverbunden zu geben, bevorzugt in Trachtenjacke auf.

Als die nächste Abtreibung fällig war, stand ein Sanatorium zur Debatte, in dem man als Privatpatientin diskret eine Curettage vornehmen lassen konnte. Mein Mann aber wollte für diesen »unnötigen Luxus« nicht aufkommen: »Ich bin es, der das Geld verdient. Ich muß dafür hart arbeiten, und ich sehe nicht ein, daß eine, die zu beschränkt ist, um mit der Pille umzugehen, in einem Privatsanatorium verwöhnt werden muß!«

Da die Praxis, in der ich auf Empfehlung meines katholischen Frauenarztes zum ersten Mal abgetrieben hatte, nicht mehr existierte, mußte ich zu einem unbekannten Gynäkologen, den mein Mann ausfindig gemacht hatte.

Mein Mann hat mich hinchauffiert, abgeliefert und ausgeliefert.

Der Arzt war allein. Er sah aus wie Franz Schubert: gedrungene Figur, niedrige faltige Stirn, krauses Haar, kleine Nickelbrille. Er hat mich auf die illegale Situation hingewiesen – »Ich mach' das allein, wir dürfen keine Mitwisser haben, daher gibt es keinen Narkotiseur« – und mich in einen Nebenraum geführt. »Zum Zeitvertreib« hat er mir ein Buch mit »künstlerischen Aktphotos« in die Hand gedrückt.

Pornographie hat mich schon immer angewidert. Aber als besondere Perversität habe ich seine Idee empfunden, einer Frau, die darauf wartet, von den Folgen sexueller Beziehungen befreit zu werden, einen Bildband vorzulegen, der die interessantesten Positionen beim Sexualverkehr provozierend darstellt. Franz Schubert hat mir väterlich den Rücken gestreichelt und mir in schleimiger Weise Trost zugesprochen. Als er mit seinen Fingern über meine Brüste gekommen ist, habe ich mich nicht gerührt. Starr vor Scham habe ich es nicht gewagt, seine Hand wegzuschlagen. Ich war angewiesen auf seine Bereitschaft, mir zu helfen, und konnte es mir, ausgeliefert wie ich war, nicht leisten, meine Ehre zu verteidigen.

Die Ausschabung wurde mit einer leichten örtlichen Betäubung durchgeführt. Ich habe genau gespürt, wie er stückweise aus meinem Körper Fleischfetzen herausgeholt hat. Ich habe mich an meine schmerzfreie erste Abtreibung erinnert und das Gefühl gehabt, daß er mir mutwillig Qualen zufügt, um sich für meine sexuelle Verweigerung zu rächen. Ich habe die Zähne zusammengebissen und keinen Laut von mir gegeben. Meine vorherrschende Empfindung war, in wenigen Minuten frei zu sein: Schmerzen kannst du aushalten, ein weiteres Kind kannst du nicht verkraften.

Noch demütigender als Franz Schuberts sexuelle Avancen war für mich das Alleinsein nach der Abtreibung. Mein Mann war verschollen, einfach nicht da und nirgends erreichbar. Da ich den Verdacht hatte, einen mutwillig schlecht gemachten Eingriff hinter mir zu haben, und deswegen Komplikationen befürchtete, habe ich mich nicht getraut, das Bett zu verlassen: Wenn du jetzt in der Wohnung herumläufst, kriegst du vielleicht einen Blutsturz. Dann mußt du die Ambulanz anrufen, und alles fliegt auf. Da ich den – illegalen – Eingriff geheimhalten mußte, konnte ich auch keine der Sandkastenmütter anrufen. Meine Kinder waren bei der Oma, ich lag allein in der Wohnung und habe Wolfgangs Unauffindbarkeit als Bestrafung und böse Lieblosigkeit empfunden. Von den Verlassenheitsängsten meiner Kindheit überwältigt, habe ich losgebrüllt, meinen Schmerz über die erlittenen Demütigungen ins Kopfkissen gebrüllt. Tief aus dem Bauch heraus habe ich gebrüllt, bis ich die kreisenden Ringe, dieses Gefühl, geknebelt zu sein und an meiner Lähmung ersticken zu müssen, für kurze Zeit losgeworden bin.

»Warum hast du mich allein gelassen?« Mein Mann hat sich von mir nichts vorwerfen lassen: »Es war ein schöner Tag. Ich war im Freibad, ich hätte ja sowieso nichts für dich tun können.«

In den folgenden Jahren bin ich noch zwei weitere Male schwanger geworden. Ich habe meinen Mann, der inzwischen das gute Gehalt eines Universitätsassistenten verdiente und außerdem über die Partei Bezüge erhielt, angebettelt, mir die teure Curettage in dem Privatsanatorium zu bezahlen. Aber er war dazu nicht bereit. Die kalte Wut kommt mir hoch, wenn ich daran denke, daß ich aufgrund meiner finanziellen Abhängigkeit gezwungen war, mich auf den Bittgang zu Franz Schubert zu begeben.

Er hat keine neuen sexuellen Annäherungsversuche unternommen, sondern statt dessen anzügliche Bemerkungen über mein »anscheinend besonders ausgefülltes Sexualleben« gemacht und es für seine »moralische Pflicht« gehalten, mich über den Schmerz zu »mehr Disziplin im Bett« zu erziehen.

Nach den Abtreibungen habe ich ein von Woche zu Woche sich steigerndes Ekelgefühl vor dem Geschlechtsverkehr entwickelt. Mein Frauenarzt, dem ich nichts von meinen weiteren drei Abbrüchen erzählt habe, hat mir zu einigen Monaten Abstinenz geraten. Mein zerrütteter Hormonhaushalt mache eine sichere Verhütung unmöglich: »Wir müssen erst einmal wieder ins Gleichgewicht kommen. Dann versuchen wir es noch einmal mit der Pille.« Er meinte, daß mein Mann Verständnis für meine besondere Situation aufbringen werde: »Wir müssen dieses kleine Opfer bringen, Frau Manmann, denn eine Abtreibung wollen wir doch nicht!«

Ich hatte Angst, und ich habe mich entsetzlich geekelt. Mein Mann hat mich verdächtigt, die Abstinenzempfehlung meines Frauenarztes erfunden zu haben: »Du bist frigide, das ist es. Du treibst mich ja förmlich in die Arme einer gesunden Frau!« Trotz meiner Angst vor einem nochmaligen Bittgang zu Franz Schubert und trotz meines Brechreizes habe ich mich ihm immer wieder zur Verfügung gestellt: Du mußt für ihn sexuell attraktiv bleiben, Männer haben nun einmal diesen starken Drang, er wird sich wieder eine Freundin suchen, und du kannst mit drei Kindern nicht weg.

Manchmal habe ich mich schlafend gestellt. Aber mein Eigentümer hat sich – stimuliert durch den Flirt mit Studentinnen und Funktionärsgattinnen – um meinen »Schlaf« nicht geschert: »Hallo, Judith! Dein Wölfi ist da!« Angetrunken wie er war hat er sich auf mich geworfen und sich hastig und ziemlich brutal befriedigt. Nach Beendigung der Prozedur bin ich ins Bad gestürzt, um mich zu reinigen und den widerlichen Spermageruch wegzuwaschen. Oft genug habe ich mich dabei erbrochen.

Eines Tages habe ich mein Tagebuch aus dem Wäscheschrank geholt. Meine erste Eintragung nach mehreren Jahren lautet: »Ich bin kaputt.«

Durch die regelmäßigen Niederschriften habe ich Schritt für Schritt die alte Judith aus mir herausgeholt, die allmählich die Federführung übernommen und schonungslos mit der Analyse meines Ist-Zustandes begonnen hat: »Wie steht es denn mit deiner Menschenwürde? Du hast weniger Würde als eine Hure. Keine Hure verkauft sich so billig wie du. Eine Hure stellt zwar auch ihren Leib zur Verfügung, aber vergewaltigen läßt sie sich nicht.«

Mein Mann hat immer mehr Ansehen in der Partei gewonnen und ist regelmäßig zu Vorträgen eingeladen worden. Er hat mir seine Referatsentwürfe zur Überarbeitung mit der Bemerkung vorgelegt, daß er auch für Hauptschüler verständlich sein wolle und deswegen von meiner Kritik profitieren könne. Seine Vorträge waren gespickt mit Begriffen wie Autonomie, Mitbestimmung, Selbstentfaltung, Unabhängigkeit, Mündigkeit und Emanzipation. Beim Korrekturlesen habe ich mich gewundert, daß alles das, was er draußen propagierte, bei uns zu Hause weder praktiziert wurde noch erwünscht war.

Bei einem Elternabend ist mir das Buch *Summerhill* in die Finger gekommen. Ich habe es gelesen, weil ich eine gute Mutter sein wollte und weil alle Mütter gemeint haben, *Summerhill* sei *das* Buch für moderne Eltern. Mit Begeisterung habe ich erfahren, welche Rechte und Freiheiten den Kindern in Summerhill eingeräumt wurden. Es war mir unmittelbar einsichtig, daß Kinder Wachstumsbedürfnisse haben und nicht eingeengt werden sollten. Und ich habe mich gefragt, warum mir selbst diese Rechte verweigert werden: Warum soll mir, der über dreißig Jahre alten Frau, nicht zustehen, was Kindern zugebilligt wird?

Ich habe mit meinem Mann über die Thesen dieses Buches gesprochen und das damals überall kursierende Schlagwort »kognitive Dissonanz« ins Spiel gebracht. Ich habe in allgemeiner Form von der Kluft zwischen Theorie und Praxis gesprochen und ihn schließlich direkt gefragt, was er eigentlich unter »Emanzipation des Menschen« verstehe. Ich habe mir seine breiten Ausführungen angehört und weitergefragt: »Für welche Menschen gilt das?« »Für alle natürlich!« hat er verblüfft geantwortet. »Okay«, habe ich gesagt und weitergefragt: »Bin ich auch ein Mensch?«

Ich habe mir seine Verwirrung zunutze gemacht und aus seinen Vorträgen zitiert. Ich habe von ihm wissen wollen, warum er seine progressiven Theorien in seinem Privatleben nicht anwendet. In die Enge getrieben, hat er Zuflucht zu dem sogenannten »ungeschriebenen Vertrag« genommen, den wir bei der Heirat abgeschlossen hätten, den ungeschriebenen Vertrag der Arbeitsteilung. Einer müsse eben die Kinder und den Haushalt versorgen. Aufgrund der herrschenden gesellschaftlichen Bedingungen, die *er* ja nicht geschaffen habe und die er ablehne, weil sie die Mündigkeit der Frau verhindere, sei für uns leider keine andere Lösung realisierbar. Ich möge mich doch bitte innerhalb des gesellschaftlich gesteckten Rahmens emanzipieren. Innerhalb dieses Rahmens billige er mir sämtliche Freiheiten zu.

In meinem Tagebuch hat sich die alte Judith mit meinen Freiheiten innerhalb des gesteckten Rahmens befaßt: »Du hast die Freiheit der Entscheidung, heute statt der grünen die weißen Servietten zu nehmen und du darfst eigenmächtig entscheiden, daß du heute erst das Geschirr spülst und dann Staub wischst und nicht wie gestern erst Staub wischst und dann das Geschirr spülst.«

Meine Klagen über das Fehlen von Freiräumen für mich haben meinen Mann dazu veranlaßt, sich seinerseits zu bedauern, weil er eine Frau ohne Bildung geheiratet hatte: »Wenn du nicht so unintelligent wärst, wenn du zu einer logischen Arbeitseinteilung fähig wärst, dann wüßtest du deine Lage, um die dich Millionen Männer, die in Fabriken und Büros in untergeordneter Position malochen, beneiden, zu schätzen. Wenn *ich* bei uns Hausmann wäre – ich hätte genug Zeit für meine persönlichen Interessen. Ich würde jeden Tag ein Buch lesen. Warum liest du eigentlich nie?«

Mein Problem war, daß ich als verstummte Stadtrandmutter die Worte nicht so schön setzen konnte wie er, der täglich intellektuell gefordert wurde. Es war ihm ein leichtes, mir »logisch« nachzuweisen, daß ich zu beneiden sei und keinen Grund zur Unzufriedenheit hätte. Es war ihm ein leichtes, mich mit dem Hinweis auf Mehrheitsmeinungen und »wissenschaftliche Untersuchungen« als Naive abzufertigen, die nichts als verrückte Ideen ausbrütet.

Er hat angefangen, mir Bücher mitzubringen: »Lies was, bilde dich! Als Gattin eines angehenden Professors mußt du wenigstens oberflächlich mitreden können!«

Ich habe die zu meiner Bildung bestimmten Bücher in die Hand genommen, aufgeblättert, angelesen und wieder weggelegt: Was soll mir das Wissen nutzen? Ich kann es ja doch nicht anwenden. Immer wieder habe ich einen Anlauf genommen, aber ich habe es nicht geschafft, eines der von meinem Mann für mich ausgewählten Bücher bis zum Ende durchzulesen.

Eines Nachmittags wurde im Fernsehen das Porträt einer interessanten Frau gesendet. Ich kann mich nicht mehr erinnern, um wen es sich gehandelt hat, ich erinnere mich nur, daß diese Frau ein eigenständiges und aufregendes Leben führte. Ich lag auf dem Fußboden, um das versiegelte Parkett blank zu reiben. Und was ist *mein* Abenteuer, habe ich mich gefragt. Jetzt knie ich nieder, um den Staub unter dem Klavier zu entfernen, dann geh' ich einkaufen, danach koche ich etwas, dann stecke ich die Wäsche in die Maschine, danach bügle ich Wolfgangs Hemden und gebe den Kindern etwas zu essen, alsdann bringe ich die Kinder zu Bett, nehme mir ein Strickzeug, setze mich vor die Glotze und warte. Und das spielt sich Tag für Tag ab. Immer das gleiche: Der Fußboden wird wieder staubig, das Essen wird weggeschlungen, und dann? Was bleibt übrig von mir? In einem plötzlichen Wutanfall habe ich den Wischlappen gegen die Mattscheibe geschleudert und geschrien: Nein, ich bin nicht die, die jetzt am Boden liegt! Ich bin eine andere, ich bin eine andere!

Kurz bevor Maria, unser jüngstes Kind, in den Kindergarten kam, habe ich meinen Mann gefragt, ob ich jetzt wieder irgendwo eine Halbtagsstelle annehmen dürfe. Da er dagegen war, hat er mir statistisch bewiesen, daß Frauen meines Alters angesichts der gegenwärtigen Arbeitsmarktsituation als Teilzeitjobsuchende keine Chance hätten. Ich habe den Zahlen nichts zu entgegnen gewußt und bin verstummt.

Aufgrund der Analysen, die die alte Judith in meinem Tagebuch angestellt hat, habe ich die Demütigung, nur noch als Unterleib für ihn brauchbar zu sein, nicht mehr ertragen können. Ich habe mich meinem Mann immer häufiger sexuell verweigert, ich habe ihn mit emanzipatorischen Fragen belästigt und angefangen, die Hausarbeit zu vernachlässigen.

Mein Mann hat mit Wutausbrüchen reagiert, Türen schlagend die Wohnung verlassen und mich beschuldigt, ihn förmlich aus dem Haus zu treiben.

Das erste Mal hat er mich verprügelt, als ich mir eine kleine Freiheit »innerhalb des gesteckten Rahmens der Arbeitsteilung« nehmen wollte. Ich war von einer Frau, die ich beim Kinderschwimmlehrgang kennengelernt hatte, eingeladen worden. Sie hatte eine halbe Sau bekommen, die sie für die Tiefkühltruhe zurechtschneiden wollte, und hat mich gebeten, ihr dabei zu helfen. Ich habe die Kinder ins Bett gebracht und bin zu ihr gefahren. Da mein Mann nicht zu Hause war und ich nicht wußte, wo ich ihn hätte erreichen können, war es mir nicht möglich, ihn vorher zu fragen.

Meine Bekannte und ich haben in der Küche gesessen, Speck geschnitten und einen Mordsspaß beim Erfahrungsaustausch über Kinderdummheiten und eigene Jugendstreiche gehabt. Ab und zu ist ihr Mann, der im Wohnzimmer Kollegen bewirten mußte, in der Küche erschienen, um uns ein Glas Wein einzuschenken und sich nach dem Fortgang unseres Werkes zu erkundigen. Ich habe die harmonische Familienatmosphäre ungemein genossen.

Gegen halb zehn Uhr habe ich zu Hause angerufen. Obwohl er selbst mich nie über seinen Aufenthalt informierte, habe ich es für meine Pflicht als Ehefrau gehalten, meinem Mann Bescheid zu geben. Er sollte sich nicht beunruhigen, er sollte wissen, daß ich aufgrund einer spontanen Einladung zu der Familie M. gefahren war und mich nicht irgendwie ungehörig vergnügte.

Mein Mann, der gerade nach Hause gekommen war, hat am

Telefon geschäumt: »Was fällt dir eigentlich ein?! Ich stresse mich den ganzen Tag ab, und wenn ich endlich müde zum Essen heimkomme, ist meine Frau nicht da!«

Daß ich ihm zugemutet hatte, das vorbereitete Essen selbst aufzuwärmen, war, wie ich später erfuhr, mein geringeres Vergehen gewesen. Die größere Unverschämtheit war die, Leute aufgesucht zu haben, die er nicht kannte. Ich hatte selbständig Kontakt zu Personen aufgenommen, ich hatte eigenmächtig entschieden, daß die Familie M. für mich als Umgang in Frage kam. Ich war einer Einladung zum Speckschneiden gefolgt, ohne es für nötig zu halten, meinen Eigentümer zu fragen, ob sich diese Tätigkeit für die Frau eines angesehenen Politikers und fast habilitierten Wissenschaftlers schickte.

Mein Mann hat mich am Telefon gemaßregelt und mir den strikten Befehl erteilt, sofort nach Hause zu kommen.

Da meine Bekannte – »Sie zittern ja am ganzen Leib! Ist mit Ihren Kindern was passiert?« – mir die langsame Straßenbahn nicht zumuten mochte, hat sie mich in ihrem Wagen nach Hause gefahren. Vom Auto aus hat sie beobachtet, wie mein Mann mich geohrfeigt und meinen Kopf gegen die Haustürkante geschlagen hat. In der nächsten Schwimmstunde hat sie sich für ihre Passivität entschuldigt. Sie sei wie gelähmt gewesen vor Entsetzen. Sie habe immer geglaubt, daß so etwas in besseren Kreisen nicht vorkomme.

Mein Mann hat mich in den Fahrstuhl gestoßen, mich an den Haaren in die Wohnung gezerrt und eine Orgie von Belehrungen und Beschimpfungen auf mich niederprasseln lassen. Es sei eben nicht zu verheimlichen, daß ich aus der Gosse stamme. Durch ihn sei ich zu gesellschaftlichem Ansehen gelangt, aber statt mich seiner als würdig zu erweisen, blamiere ich ihn mit meinen unreflektierten Entschlüssen. Anschließend hat er sich über meine Bitte, mir eine Halbtagsstelle zu genehmigen, hergemacht: »Daß du dir einzubilden scheinst, mit einer halben Stelle im Berufsleben Fuß fassen und womöglich mit drei Kindern allein durchkommen zu können, beweist nur, daß du kein Gehirn hast!« Wolfgang hat mir meine Unfähigkeit in allen Punkten nachgewiesen und sich immer hemmungsloser in seine Wut über meine Eigenmächtigkeit hineingesteigert: »Du bist nichts als eine kleine Laus, die ich, wenn ich es nur wollte, mit einer lässigen Bewegung zertreten könnte!«

Nachdem ich schluchzend zu einem Häuflein Elend verstummt war, hat er mit seinen Beschimpfungen nachgelassen und einen versöhnlicheren Ton angeschlagen. Er hat sich über mich gebeugt, mir die Tränen abgewischt, er hat mich zu sich hochgezogen und mich getröstet: »Nun wein doch nicht. Es wird ja alles wieder gut.« Er hat mich ins Schlafzimmer geführt und mich zum Zeichen seiner Bereitschaft, mich wieder anzunehmen, beschlafen.

Kurz nach meiner ersten Züchtigung haben wir gemeinsam an einem Parteifest teilgenommen. Da meine Regel ausgeblieben war, saß ich da mit der Angst, wieder einmal schwanger zu sein und mich wieder einmal den Obszönitäten des Franz Schubert aussetzen zu müssen. Mir war speiübel, ich hatte geschwollene Augen, ich fühlte mich aufgedunsen und furchtbar häßlich. Ich habe mich geniert, neben meinem strahlenden Mann Platz zu nehmen. Würden nicht alle denken, daß der brillante Dr. Manmann schlimmes Pech gehabt hatte bei der Wahl seiner Ehefrau?

Zu meiner Verwunderung hat mein Tischnachbar mich eines Gedankenaustausches für wert befunden. Ob aus reinem Mitleid oder aus Sympathie – er hat sich nach meiner Meinung zu tagespolitischen Fragen erkundigt. Wir haben uns unterhalten, und ich habe mir Mühe gegeben, meine Gedanken halbwegs vernünftig zu formulieren. Das Wohlwollen dieses Mannes, der meine Ansichten nicht belächelt, sondern bedenkenswert genannt hat, hat mir gutgetan. Mein Tischnachbar hat mich dazu ermutigt, in eine richtige Diskussion einzusteigen.

Während unseres Zwiegesprächs habe ich zufällig zu Wolfgang hinübergeschaut. Er hat mir strafende Blicke zugeworfen: Du bist und bleibst die Tochter deiner Mutter!

Obwohl mein Nachbar und ich überhaupt nicht miteinander geflirtet hatten, habe ich mich schuldig gefühlt: Mein Mann hatte mich mitgenommen zu dem Fest, und ich habe ihn durch unpassendes Benehmen kompromittiert. Von seinen Blicken gemaßregelt, habe ich das Gespräch mit dem netten Tischnachbarn sofort abgebrochen.

Wolfgang selbst hat an diesem Abend mit einer Studentin aus einem Glas getrunken und schmusend mit ihr geflirtet. Den Gesprächsfetzen, die zu mir herübergedrungen sind, habe ich entnommen, daß sie ihm als Intellektuelle mit geistreichen Formulierungen imponierte. Ich habe mich elend gefühlt. Von Angst vor der möglicherweise anstehenden Abtreibung beherrscht, war ich zu unkonzentriert, um mich an einem größeren Gespräch beteiligen zu können. Meinem Nachbarn, der mir mit Wohlwollen begegnet war, durfte ich mich nicht zuwenden, und für meinen Mann war ich eine total unbrauchbare Gesprächspartnerin.

Das Fest endete, wie viele andere Abende vorher geendet hatten. Nachdem mein Mann sich mit einer intellektuellen Frau stimuliert hatte, war er begierig auf meinen Unterleib. Wie fast immer hat er sich schon im Lift an mich gedrängt: »Komm Judith, geh'n wir vögeln!«

Dieser immer wiederkehrende Ablauf hat mich mit Abscheu erfüllt, das Wort »vögeln« hat mich angewidert. Ich habe mich gedemütigt gefühlt: Er beschäftigt sich nicht mit mir, es interessiert ihn nicht, wie es mir geht, was ich denke, was ich tue, ob ich glücklich bin, er hört mir nie zu – aber »wir gehen vögeln.« Ich werde nur noch benutzt.

»Nein!« habe ich geschrien, »nein, laß mich in Ruhe, ich bin keine Frau zum Vögeln! Das Mädchen aus der Gosse legt keinen Wert darauf, von einem Prominenten gevögelt zu werden!«

Ich hatte bereits mehrere anonyme Hinweise auf Wolfgangs »wilde Ausschweifungen« bekommen. Etwa sechs Wochen, nachdem ich mich klar und entschieden geweigert hatte, mit ihm zu »vögeln«, rief mich ein Mann an, der mich anonym bat, meinen »Ehepartner« von seinem »parteischädigenden« Verhalten abzubringen: »Seine Zügellosigkeit muß Ärgernis erregen. Zur Zeit treibt er es mit Katja Z. Wenn Sie mir nicht glauben wollen, rufen Sie bitte dort an und fragen Sie nach Ihrem Mann. Warum fahren Sie nicht hin, um Ihren Mann in flagranti zu erwischen?! Die Partei erwartet von Ihnen, daß Sie Ihren Mann zur Räson bringen. Sie wissen doch, daß den Journalisten heutzutage nichts verborgen bleibt.«

Ich habe nicht bei Katja angerufen, aber ich habe dem Anrufer geglaubt. Da ich seine Stimme erkannt hatte, wußte ich, daß die Leute der Partei sich ernsthaft Sorgen machten. Der Anrufer wollte nicht meine Betroffenheit sadistisch auskosten, er wollte mich für die Partei ausnutzen. Ich sollte meinen Mann unter Druck setzen und ihn zwingen, sich so zu verhalten, wie die Partei es erwartete.

Wolfgang hat nach einigem Leugnen zugegeben, daß er seit einigen Wochen mit einer Frau namens Katja ein Verhältnis hatte: »Du hast mich dazu getrieben. Als wir heirateten, warst du ein spritziges Mädchen voller Ideen, mit Esprit und energiegeladen. Aber im Laufe der Jahre bist du zu einer typischen Nur-Hausfrau verkommen. Du bist stumpf geworden, ungepflegt, langweilig. Ich habe dir Bücher mitgebracht, aber du hast sie nicht gelesen. Ich habe Karriere gemacht, aber du hast dich nicht darüber gefreut. Demnächst bin ich Abgeordneter, und dir wird das nichts bedeuten. Du wirst weiterhin davon träumen, in irgendeinen Halbtagsjob tippen oder sonstwie mit einer Arbeit beschäftigt sein zu dürfen. Es ist nicht deine Schuld, daß du aus der alleruntersten Schicht stammst, aber es ist gewiß wahr, daß eine Frau aus halbwegs normalen Verhältnissen sich bewußt wäre, daß man die Aufgabe, als Gattin eines Universitätsprofessors und Abgeordneten zu repräsentieren, ehrenvoll wahrnehmen kann. Als Frau aus guten Kreisen wärst du längst ehrenamtlich in irgendeinem angesehenen sozialen Gremium tätig, aber dir liegt nur an bezahlter Arbeit. Ich mach' dir das nicht zum Vorwurf. Ich bemühe mich zu verstehen, daß Leute aus der Unterschicht ihr Selbstwertgefühl vom eigenen Einkommen ableiten. Aber ich kann diese Denkart nicht mögen. Du bist frigide. Du hast mich abgewiesen. Eine Frau aus gebildeten Schichten weiß, wie man einen Mann zu nehmen hat. Eine gebildete Frau wird nicht ungewollt schwanger, und wenn ihr das einmal passiert, dann erledigt sie das Problem in aller Stille.«

Als Gefangene meiner Unterschichtsmentalität habe ich mich ganz schlicht und ordinär *betrogen* gefühlt: Vor der Kündigung meiner Stelle als Erzieherin ist mir die Befürchtung gekommen, er könne mein Ausgeliefertsein ausnutzen. Er hat sich furchtbar über meinen Mangel an Vertrauen empört. Jetzt hat er mein Vertrauen mißbraucht und klopft Sprüche.

Nachdem ich meine erste Wut hinuntergewürgt hatte, habe ich ihm angeboten, sich eine Woche Zeit zu lassen für die Entscheidung zwischen der Geliebten und der Familie.

Ich bin mit den Kindern in die Berge gefahren, und meine Wohnungsnachbarin hat mich begleitet.

Nicole war nach meiner ersten körperlichen Züchtigung meine Vertraute geworden. Ich war schon früher manchmal mit meinen Sorgen zu ihr gegangen, worüber sich mein Mann jedes Mal maßlos empört hatte: »Bei Nachbarinnen die schmutzige Wäsche unserer Ehe waschen!« Eine anständige Frau wisse, daß man Familienprobleme nicht nach draußen trage. Wieder einmal hätte ich mich als Kind aus der Gosse produziert. Trotz seiner Verwarnungen bin ich weiterhin zu Nicole gegangen, um meinen Druck loszuwerden.

Nicole ist mit mir und den Kindern in die Berge gefahren. Ich habe geweint und geweint, aber sie hat mich nicht tröstend zu stoppen versucht. Sie hat mich geduldig ausweinen lassen und dann angefangen, meinen Ehemann zu zerpflücken: »Warum vergöttlichst du ihn? Schau dir doch nur einmal diesen Artikel an, den er verfaßt hat. Der strotzt doch nur so von Allgemeinplätzen, ganz abgesehen davon, daß er nicht logisch aufgebaut ist.« Ruhig und sachlich hat sie mir klarzumachen versucht, daß mein Mann »gar nichts Besonderes« sei: »Er ist ein relativ erfolgreicher Politiker – wie mein Cousin, der als Lehrer mit den Hauptschülern nicht fertig werden konnte, auch. Er ist ein Universitätsmensch – wie viele andere Mittelmäßige, die ich kenne, auch. Vor allem aber ist er ein Quatscher, der sofort passen müßte, wenn ihn jemand nach seiner eigenen Praxis fragte.«

Nicole war eine Pragmatikerin. Für sie zählte nicht, was einer darstellte; ihr konnte man nicht imponieren mit dem, was man schrieb; für sie zählte nur, was man *tat*. Für sie war Wolfgang nicht der angehende Professor, für sie war er ein Ehemann und Vater, der in Kneipendiskussionen hängenblieb, »verantwortungslos« seine Kinder mißachtete und »unkontrolliert« auf seine Frau einschlug. Immer und immer wieder hat sie ihn als »Quatscher« abgewertet: »Was soll dieses ganze Pipapo von Emanzipation und Selbstverwirklichung? Was soll das blöde Gelaber über deine Gossenherkunft? *Er* ist es doch, der sich wie ein Gossenmensch verhält: Er ist verantwortungslos, er kümmert sich nicht um seine Kinder, er ist unkontrolliert, er prügelt seine Frau, er ist ein typischer Asozialer.«

Nicole hat sich nicht nur bemüht, meinen Mann von dem Sockel, auf den ich ihn gestellt hatte, herunterzuholen, sie hat auch intensiv versucht, mir Selbstachtung einzuflößen, mir zu helfen, mich nicht länger wie der kleine Wurm zu fühlen, der demutsvoll aufschaut zu dem großen Kopf, dem alles zu gelingen scheint.

Ich hatte in dieser Woche in den Bergen einen Traum: Ich liege im Ehebett mit meinem Mann, der in einer Ritterrüstung steckt, der einen Helm trägt, einen Visierschutz und einen Brustpanzer. Einen Brustpanzer, der vorn spitz zuläuft, so wie man ihn in Museen sieht. Mir ist kalt, ich friere, ich bin einsam, und neben mir liegt dieser Mann in der Ritterrüstung, der für mich nicht zu erkennen ist, von dem ich aber weiß, daß es Wolfgang ist, mein Ehemann. Ich will mit ihm reden, ich will ihn erreichen, ich klopfe immer wieder an seine Rüstung und spreche ihn an: He du! Red mit mir! Kannst du mich hören? Er murmelt etwas hinter seinem Visier, aber ich kann es nicht verstehen. Er strengt sich an, etwas zu sagen, aber ich höre nur, *daß* er mir etwas sagt. Was er sagt, ist nicht zu verstehen. Ich spreche lauter, brülle schließlich aus Leibeskräften: Du, ich will mit dir reden! Mir ist kalt. Kannst du mich hören? Tu doch die Rüstung weg. Komm, umarme mich, wärme mich! Aber er versteht mich nicht. Ich versuche, sein Visier hochzuklappen, ich versuche, den Brustpanzer aufzureißen, aber das Eisen läßt sich nicht bewegen. Schließlich presse ich den Mann mit der Ritterrüstung ganz fest an mich – wild entschlossen, das Eisen mit meiner Körperwärme zum Schmelzen zu bringen. Immer fester drücke ich den Brustpanzer gegen mich. Besessen von dem Wunsch, ihn aufzubrechen, ihn aufzuschmelzen, lasse ich nicht nach, als die Kerbe in mein Fleisch eindringt. Der spitze Panzer durchbohrt mich, ich umarme den Mann fester, ich spüre, wie die Kerbe meinen Brustkörper spaltet und drücke das Eisen noch wilder an mich. Mir wird taumelig...

Ich bin mit fürchterlichen Herzschmerzen aufgewacht. Wegen dieser Herzschmerzen, die seit der Geburt meiner dritten Tochter schlimmer geworden waren, bin ich von meinem Frauenarzt einmal zu einen Internisten geschickt worden. Er hat sich die Symptome beschreiben lassen – ständiger Druck in der Herzgegend, Herzstechen, Herzflattern, Angst durchzuatmen –, mich gründlich untersucht und dann zu einem Psychiater geschickt: »Organisch fehlt Ihnen nämlich nichts.« Ich bin nicht zu dem Psychiater gegangen. »Aussprechen kannst du dich bei Nicole«, habe ich in mein Tagebuch geschrieben, »und helfen kannst du dir nur selbst.«

Nicole hat sich unermüdlich bemüht, mir Mut einzuimpfen. Sie hat mich daran erinnert, daß ich jahrelang die Familie allein ernährt hatte: »Da kann man doch sehen, wie lebenstüchtig du bist! Mit einem Kind belastet hast du deine Stelle besser ausgefüllt als die meisten Ledigen. Warum wirst du denn jetzt noch von ehemaligen Heimkindern besucht? Weil du eben die ganz, ganz tolle Erzieherin warst!« Sie hat mir von Freundinnen erzählt, die nach der Scheidung »wunderbar aufgeblüht« waren: »Laß ihn doch gehen! Er ist ein Asozialer. Du solltest froh sein, daß du ihn endlich los bist!«

Ich habe mir verboten, zu Hause anzurufen. Aber Nacht für Nacht habe ich gebetet, so wie man als Kind betet: »Lieber Gott, mach doch, daß er noch da ist, wenn wir heimkommen aus unserem unfreiwilligen Urlaub! Lieber Gott, gib doch, daß er es sich überlegt hat und nicht zu seiner Freundin gezogen ist!«

Der Gedanke an eine zerrüttete Familie hat mich mit Grauen erfüllt. Ich hatte Angst. Nicole hatte mir Mut zu machen versucht, aber die Schwierigkeiten schienen mir unüberwindlich zu sein. In den ersten Jahren hätte ich ihn verlassen können. Damals hatte ich nur ein Kind, damals stand ich noch fest in meinem Beruf. Damals hätte ich noch leicht in meine alten Kreise zurückfinden können. Von Nicoles Freundinnen, die nach der Scheidung »förmlich aufgeblüht« waren, hatte keine *drei* Kinder.

»Ich habe niemanden außer Wolfgang«, habe ich zu Nicole gesagt, »andere haben Eltern und Verwandte, zumindest eine Mutter, ich gehöre nirgendwohin.« Ich habe versucht, Wolfgangs Seitensprung zu einer »kleinen Ehekrise« herunterzuspielen: »In jeder Ehe gibt es mal Probleme. Man muß sich bemühen, sie zu bewältigen. Ich habe große Fehler gemacht, ich muß mich bessern...«

Aus dem »Urlaub« zurückgekehrt, habe ich eine entleerte Wohnung vorgefunden. Die Schränke waren ausgeräumt, die Bücher waren weg, mein Mann war ausgezogen. Er war umgezogen zu Katja.

Ich war fassungslos. Ich hatte meine Freunde aufgegeben, ich hatte meinen Beruf aufgegeben – »Vertraust du mir denn nicht?« –, ich hatte den »ungeschriebenen Vertrag« befolgt, ich hatte alles auf *eine* Karte gesetzt. Ich hatte mich nur noch als Ehefrau von ... gesehen, ich hatte ihm trotz allem vertraut. Ich hatte mich getäuscht. Der Rahmen, in den ich mich mühsam hineingezwängt hatte, war zerbrochen.

Äußerlich hat sich wenig verändert. Für die Kassiererin im Supermarkt war ich nach wie vor Frau Dr. Manmann. Wir waren nicht geschieden, und nur wenige wußten von seinem Auszug. Am Kinderspielplatz wurden mir keine peinlichen Erklärungen abverlangt. Erklären mußte ich den Kindern die neue Situation. Sie haben den Vater, den sie kaum kannten, nicht vermißt, aber Pia hat es gekränkt, einer Familie anzugehören, der das Oberhaupt weggelaufen war.

»Du bist sitzengelassen worden«, habe ich in mein Tagebuch geschrieben, »sitzengelassen im übertragenen und im wörtlichem Sinn. Gibt es dich überhaupt noch? Du warst der Mond, der von der Sonne beschienen wird. Die Sonne hat sich entfernt, du bist unsichtbar geworden. Man hat dich auf den Abfallhaufen geworfen. Du stinkst, du bist verfault, du bist nicht mehr zu gebrauchen. Wie sehr hast du deine Wichtigkeit für ihn überschätzt!«

Ich habe die Notiz, die ich am Morgen nach meiner ersten körperlichen Züchtigung gemacht hatte, nachgelesen: »Wolfgang hat mich geschlagen. Ich hasse ihn dafür. Sofort nach seiner Habilitation werde ich ihn verlassen!«

Bitter ist mir bewußt geworden, daß ich mich selbst als Geschlagene noch meinem Beruf Ehefrau verpflichtet gefühlt hatte: Vor dem entscheidenden Schritt in seiner Karriere darfst du ihn nicht belasten. Bis zu seiner Habilitation hältst du dich an den ungeschriebenen Vertrag.

Nun hatte *er* den Vertrag gebrochen. Mit seinem Auszug aus unserer Wohnung hatte er mir gezeigt, daß er die geordneten Familienverhältnisse als Basis für seine Forschungsarbeit gar nicht brauchte.

Wochenlang bing ich herumgerannt, ohne Wind und Regen zu registrieren. Ich habe Straßen überquert, ohne auf den Verkehr zu achten. Und ich habe mich nicht umgesehen nach den schimpfenden Autofahrern: Was hupt ihr? Habe ich euch etwa gebeten, meinetwegen zu bremsen? Ich bin doch bereits tot. Seht ihr denn nicht, daß ich bereits ausgelöscht bin?

Ich habe eine Männerphobie entwickelt. Auf der Straße habe ich es vermieden, Männer anzusehen, bei Begrüßungen habe ich es vermieden, Männern die Hand zu geben. Obwohl wir im neunten Stock wohnten, habe ich die Treppe genommen. Da in meinem Metzgerladen ein Mann bediente, habe ich auch das Fleisch im Supermarkt eingekauft. Ich habe es vermieden, die Wohnung während der Stoßzeiten zu verlassen und habe aus Angst vor Berührungen Umwege gemacht.

Haß auf *meinen* Mann habe ich mir nicht erlaubt. Unsere Trennung war eine Probetrennung. Ich habe Gott angefleht, ihn zu erleuchten und mir zurückzugeben. In meinem Tagebuch finde ich nur Selbstbezichtigungen. Ich habe mir mein Verschulden vorgehalten und bin zu dem Ergebnis gelangt, daß ihm der Auszug nicht als Vergehen anzulasten sei.

Wolfgang ist gekommen, um mir Haushaltsgeld zu bringen. Ich habe mich ihm an den Hals geworfen und ihn weinend angebettelt, doch zu seinen Kindern zurückzukehren. Aber er hat sich aus meiner Umklammerung befreit, mich mit einem kurzen verächtlichen Blick gemaßregelt und kühl die Scheidung verlangt.

Belebung

Nachdem mir die Scheidung angekündigt worden war, betrachtet ich mich als »erledigt«.

»Du sprichst zu einer Toten«, habe ich Nicole erklärt, aber meine Wohnungsnachbarin hat sich nicht dazu bewegen lassen, mich zu bemitleiden. Sie hat mich ausweinen lassen und dann mit mir die Einkaufsliste zusammengestellt: »Hör auf mit dem Ehefrauengelaber, du bist in erster Linie Mutter. Was gibst du deinen Kindern heute zu essen?«

»Meine eigene Kindheit wiederholt sich an ihnen«, habe ich geweint, »was habe ich alles erduldet, um ihnen die zerrüttete Familie zu ersparen! Ich habe mich schlagen lassen, ich habe mich vergewaltigen lassen, immer wieder habe ich die entsetzlichen Demütigungen durch eine Abtreibung bei Franz Schubert riskiert!«

»Das brauchst du ja nun nicht mehr«, hat Nicole nüchtern festgestellt. Nicole hat sich angeboten, abends nach den beiden Kleinen zu sehen, und mir aufgetragen, Volkshochschulkurse zu besuchen. Sie hat mir das Programm des Katholischen Bildungswerks mitgebracht und gemeint, daß man heutzutage mit dem bißchen Englisch der Hauptschule nicht mehr auskommen könne.

Ich habe das Bildungsprogramm durchgeblättert und keinen Kurs gefunden, der mich interessiert hätte. Ich wollte weder Englisch noch Schreibmaschine lernen, ich wäre gern in einen Kurs für sitzengelassene Mütter gegangen.

»Warum schreibst du dem Institut keinen Brief? Setz dich hin und formulier deine Vorschläge!« In ihrem Bemühen, mich zu irgendwelchen Aktivitäten zu veranlassen, hat Nicole so lange insistiert, bis ich mich tatsächlich darangemacht habe, einen Brief zu entwerfen.

In verallgemeinerter Form habe ich mein eigenes Elend geschildert und Seminare angeregt, in denen die Identitätskonflikte der Nur-Hausfrauen, die Doppelbelastung berufstätiger Mütter und die Probleme von Scheidungswaisen behandelt werden.

Mein Brief hatte zur Folge, daß mir eine Vormittagsstelle in der sogenannten Mütterschule angeboten wurde, die ich – von

Nicole hartnäckig gedrängt – trotz großer Bedenken angenommen habe.

Viel verdient habe ich nicht, aber ich war in meinen Entscheidungen fast autonom. Gefordert durch die Aufgabe, Programme zu entwickeln, habe ich angefangen, mir Bücher auszuleihen. Auf der Suche nach Erklärungen und Hilfen für mein persönliches Elend habe ich die gesamte feministische Literatur der Stadtbibliothek verschlungen. Betty Friedan hat mir die Augen geöffnet: »Weiblichkeitswahn« hieß also die Illusion, der ich mich während meiner »glücklichen« Ehephase hingegeben hatte! Und ich hatte keineswegs an einer individuellen Krankheit gelitten, sondern an einer allgemeinen Frauenkrankheit, die wohl im ganzen Westen weit verbreitet war. Ich habe gelesen und gelesen. Simone de Beauvoirs »Das andere Geschlecht« habe ich wie eine Bibel mit mir herumgetragen. Und nachdem ich meinen Seminaren mehrmals Elisabeth Dessais Buch »Hat der Mann versagt?« zugrunde gelegt hatte, habe ich den Entschluß gefaßt, die Verfasserin anzuschreiben, um sie kennenzulernen.

Die Arbeit in der Bildungsstätte war Therapie für mich. Ich habe meine eigenen Probleme aufs Programm gesetzt, ich habe sprechen gelernt und zu meiner grenzenlosen Verwunderung einen großen Erfolg gehabt. In der Lokalpresse sind lobende Artikel über meine gut besuchten Kurse erschienen. Zum ersten Mal in meinem Leben bin ich nicht als die Frau *von* Dr. Manmann interviewt worden, sondern als Judith Manmann, die einen neuen Wind in die Mütterschule, die bald danach in Frauenbildungsstätte umbenannt wurde, gebracht hat. Ich habe längere Podiumsstatements gewagt und mir bald zugetraut, selber Vorträge zu halten. Da stand ich dann, ich, die kleine Laus, das Nichts, das Kind aus der Gosse, das Heimkind ohne Abitur, und hielt Vorträge, die von Leuten mit akademischer Bildung unter großem Beifall aufgenommen wurden.

Mir ist die Ahnung gekommen, daß ich Wolfgang eigentlich gar nicht brauche und daß es mir allein besser gehen könnte als in der Ehe mit ihm.

Wolfgang hatte die Scheidung gefordert, und ich hatte um Aufschub gebeten. »Ich muß mich erst innerlich damit abfinden«, hatte ich zu ihm gesagt und die sofortige Einwilligung verweigert: »Du hast mich vernichtet. Ich muß erst wieder zu Kräften kommen. Genügt es dir denn nicht, daß du bei deiner Freundin wohnen kannst?«

Auch nach meinen unverhofften neuen Berufserfolgen habe

ich mir noch immer gewünscht, daß er zurückkehren möge, aber ich habe mich mit dem Gedanken angefreundet, ihm die Scheidung, wenn er sie noch einmal entschlossen verlangte, zu geben.

Trotz der Anerkennung, die ich für meine Arbeit erhielt, blieb mein Selbstvertrauen gespalten. Ich wurde den Verdacht nicht los, daß man mich vor allem als seine Ehefrau hören wollte und die Presse nur deswegen über meine Aktivitäten berichtete, weil der Name Manmann den Lesern ein Begriff war.

Trotz meiner Erfolge in den Frauenkursen bin ich den Gedanken, sitzengelassen worden und ohne ihn niemand zu sein, nicht losgeworden. Ich habe nach wie vor Herzstechen und Herzflattern gehabt, ich bin abgemagert – »Mannequinfigur«, sagte Nicole anerkennend –, und ich habe nachts nicht schlafen können. Da es mir nicht gelingen wollte, die kreisenden Ringe, die mir nachts, wenn ich wach lag, den Atem wegdrückten, zu sprengen, bin ich schließlich zu meinem alten Frauenarzt gegangen, zu meinem *Vertrauens*arzt, der mir nach dem ersten Kind ungeachtet seiner katholischen Einstellung zu einer Abtreibung ohne Erniedrigung verholfen hatte. Er hat sich der Empfehlung des Internisten, den ich ein Jahr zuvor wegen meiner Herzbeschwerden aufgesucht hatte, angeschlossen: »Da ist gar nichts dabei, zu einem Psychiater zu gehen. Europa ist diesbezüglich rückständig. In den USA ist es längst normal, von ›meinem Psychiater‹ zu sprechen, ganz offen, so selbstverständlich wie man von ›meinem Augenarzt‹ spricht.«

Da ich meinem väterlichen Freund nicht widersprechen mochte – er hat gegen seine Überzeugung einen Abbruch für dich vermittelt, nun geh du gefälligst gegen deine Überzeugung zum Psychiater! –, habe ich mich zu einer Probesprechstunde bereit erklärt.

Obwohl ich ohne Erwartungen zu ihm gegangen bin, ist es dem Psychiater gelungen, mich gründlich zu enttäuschen. Ich habe ihm meinen Zustand kurz beschrieben: »Ich bin frigide und habe meinen Mann sexuell nicht befriedigen können. Er hat sich eine Freundin gesucht, bei der er seit gut einem halben Jahr wohnt. Ich bin gespalten: Einerseits habe ich erfahren, daß ich gut allein zurechtkomme, andererseits fühle ich mich gegenüber meinen Kindern schuldig.« Ich habe ihn über meine eigene Kindheit und über den Schwur der Zehnjährigen – meine Kinder werden in einer ordentlichen Familie aufwachsen! – informiert: »Ich kann das Gefühl, weggeworfen worden zu sein, nicht verkraften.«

Er hätte ja nun – Nicoles Erwartung erfüllend – versuchen können, mich von dem Druck meines Kindheitsschwurs zu befreien (Motto: »Auch eine Familie mit nur einem Elternteil ist eine ordentliche!«), er hätte sich ja nun bemühen können, mir klarzumachen, daß ich auf meinen Ehemann gar nicht angewiesen bin (Motto: »Wünschen Sie sich ihn aus Liebe oder nur aus verletzter Eitelkeit zurück?«) – aber nein. Statt sich in irgendeiner Weise nützlich zu machen, hat er angefangen, mir die Unterwäsche zu beschreiben, die ich kaufen sollte. Batterieweise hat er die Mittel verraten, mit denen kluge Ehefrauen ihren ungetreuen Mann zurückerobern: »Zeigen Sie ihm, daß Sie die Bessere sind! Empfangen Sie ihn in einem durchsichtigen Negligé. Lächeln Sie ihn an. Auf keinen Fall dürfen Sie weinen. Weinen stößt ihn ab. Kaufen Sie sich ein pfiffiges Parfüm. Sie sind doch eine sehr schöne Frau. Seien Sie sich Ihrer Schönheit bewußt. Machen Sie ihn der anderen Frau abspenstig!«

Der Kerl hat mir doch tatsächlich empfohlen, meine Frigidität – »das ist eine vorübergehende, bei Frauen ihres Alters häufige, aber vorübergehende Erscheinung!« – zu überspielen und meinen Ehemann durch Attraktivität erneut an mich zu binden. Wolfgangs Seitensprünge sollte ich mir nicht weiter zu Herzen nehmen: »Männer sind nun einmal nicht monogam.«

Ich habe die Konsultation abgebrochen und bin direkt von dem Psychiater zu meinem Frauenarzt gegangen, um mir Schlaf- und Beruhigungstabletten verschreiben zu lassen. Er wollte wissen, ob der Psychiater mir diese Therapie empfohlen hatte. »Nein«, habe ich meinem Vertrauensarzt erklärt, »der Typ, zu dem Sie mich geschickt haben, glaubt, kaputte Ehen mit Parfüm flicken zu können. Er hat mir bewußt gemacht, daß ich mich nur selbst heilen kann. Und ich werde mich selbst heilen. Aber zunächst einmal muß ich nachts schlafen können.«

Unter dem Einfluß der Medikamente bin ich tatsächlich ruhiger geworden. Ich habe nachts schlafen können und weniger Herzschmerzen gehabt.

Ich habe die Packungen aufgebraucht – und mir keine neue geholt: Du läßt dich nicht in Watte verpacken, du hältst deine Angst aus. Erinnere dich an deine frühere Stärke!

Nachdem ich das Valium abgesetzt hatte, blieb ich nachts wieder wach. Die kreisenden Ringe haben mich wieder verfolgt, aber ich habe angefangen, das Wetter wahrzunehmen, die Farben um mich herum, die Gerüche und Geräusche. Ich habe einmal eine Veranstaltung versäumt, weil ich im Auto sitzen geblieben bin, um das dritte Brandenburgische Konzert zu Ende zu hören, das ich *empfunden* habe, als unbeschreiblich rein empfunden. Mir ist bewußt geworden, daß ich Musik genießen kann *ohne ihn*: Mein Ehemann wohnt bei einer Freundin, und ich *genieße* das Brandenburgische Konzert!

Obwohl ich nie eine Blumenpflegerin war, habe ich eines Tages eine Geranie gekauft und an mein Küchenfenster gestellt. Ich habe das Wachstum dieser Pflanze *wahrgenommen* und die Ableger als neues Leben in Töpfe gepflanzt: Du bist nicht tot, du nimmst wahr und freust dich am *Wachsen* der Geranien!

Im Sommer habe ich von der Bildungsstätte aus Spielferien für die Kinder, die nicht in Urlaub waren, organisiert. Ich habe die Teilnehmer meiner Kurse zum Mitmachen mobilisiert. Wer Schach spielen konnte oder turnen, wer tischlern konnte oder singen, wer musizieren konnte oder Theater spielen, mußte seine Fähigkeiten einsetzten und weitergeben. Wir haben Mal- und Schnitzkurse durchgeführt, wir haben mit Ton modelliert und Kasperltheater inszeniert. Die Kinder waren Feuer und Flamme, und auch die Eltern waren begeistert. Der Zulauf zu unseren Veranstaltungen war enorm. Und dieser Erfolg hat mein Selbstbewußtsein nachhaltig gestärkt; denn der Beifall galt meiner *Arbeit*. Von den Teilnehmern an den Spielferien hat kaum einer gewußt, wer das alles organisiert und initiiert hatte. Meine Arbeit als solche wurde anerkannt. Die Begeisterung der Kinder und Eltern hat mir das sichere Gefühl gegeben, auch *ohne ihn*, ohne die Unterstüzung durch seinen Namen etwas Gutes leisten und Anerkennung finden zu können. Auf dem Abschlußfest habe ich zum ersten Mal, nachdem mein Mann mich verlassen hatte, unbeschwert mit anderen gelacht.

In dem Poesiealbum meiner Grundschulzeit habe ich den Spruch »Ein jeder gibt den Wert sich selbst!« gefunden. Ich habe ihn abgeschrieben und über mein Bett gehängt.

Nach den Sommerferien ist meine Männerphobie schnell verflogen. Es hat mir nichts mehr ausgemacht, Männern bei Begrüßungen die Hand zu geben. Ich habe den Fahrstuhl unseres Hochhauses wieder benutzt und gelegentlich ein Lächeln erwidert. Als mich ein Schwimmer, mit dem ich bereits mehrere Male ein paar Worte gewechselt hatte, zu einem Abendessen »unter Sportfreunden« einlud, habe ich zugesagt. Nach dem Abendessen haben wir einen kleinen Spaziergang gemacht und sanft miteinander geschmust. Es hat mir wohlgetan, daß er mich – die Frigide! – als erotische Frau empfand. Ich wollte nicht mit ihm schlafen, aber ich habe gespürt, daß ich eines Tages wieder Lust bekommen könnte.

Im Herbst sind meine Kinder von einer Bekannten aufs Land eingeladen worden, ich bin zum ersten Mal seit meiner Hochzeit allein in Urlaub gefahren. Ich habe Nicoles Angebot, in ihrem Ferienhaus zu wohnen, nicht angenommen. Ich wollte das Alleinsein ausprobieren und habe mir am anderen Ende des Sees ein Zimmer in einer billigen Pension gemietet. Einmal am Tag bin ich zu Nicole und ihrer Familie hinübergerudert. In dem Bewußtsein, eine gute Freundin jederzeit erreichen zu können, habe ich das Alleinsein sehr gut ausgehalten.

Die Kinder haben gespürt, daß es mir besser ging, und bald sind wir wieder ausgelassen miteinander herumgetollt.

In den ersten Monaten nach Wolfgangs Auszug hatten sie sichtbar gelitten. Nicht unter der Abwesenheit des Vaters, die von ihnen, da er schon immer ein Abwesender gewesen war, kaum registriert wurde, sondern unter der Wirkung seines Weggehens auf mich. Obwohl ich mich immer bemüht habe, die Fassung zu wahren, ist es mir häufig passiert, daß ich plötzlich mitten im Satz in Tränen ausgebrochen bin. Die beiden Kleinen haben mich mit Liebkosungen zu trösten versucht, und Pia, das Kind, das ich anfangs ganz abgelehnt hatte, hat sich wie ein Engel um uns gekümmert. Sie hat mich an Termine erinnert, sie hat selbständig für uns eingekauft, sie hat morgens dafür gesorgt, daß die Kleinen richtige Schuhe anhatten und pünktlich zum Kindergarten kamen. Wenn ich Herzschmerzen hatte und nach Luft rang, hat sie die beiden Schwestern an die Hand genommen: »Die Mami ist krank, weil der Papi weggegangen ist. Ihr müßt jetzt schön leise sein und dürft euch nicht streiten.«

Seitdem ich das Alleinsein besser verkraftete, haben sich auch die Kinder sichtlich besser gefühlt. Immer häufiger bin ich fröhlich pfeifend nach Hause gekommen, ich hatte wieder Lust, mit den Kindern bergwandern zu gehen, ich habe mit ihnen im Schwimmbad herumgeturnt, wir haben uns gemütliche Abende, ohne warten, gemacht, die Kinder haben sich mit dem Gedanken, ohne Vater zu leben, angefreundet.

Eines Abends habe ich sie zu mir gerufen: »Es geht mir jetzt gut. Es ist mir jetzt nicht mehr wichtig, daß der Papi zurückkehrt.«

Rückblickend meine ich, daß es richtig war, die Kinder immer aufzuklären über meinen Zustand. So waren sie orientiert und konnten sich in mich hineinversetzen. Wenn Pia heute trotz der schweren Fehler, die ich an ihr begangen habe, positiv zu mir steht, dann bestimmt deswegen, weil ich ihr immer die Wahrheit gesagt habe.

Nachdem ich mich innerlich darauf vorbereitet hatte, Wolfgangs Scheidungswünschen zuzustimmen, wollte Wolfgang das Thema Scheidung jedoch nicht mehr erörtern. Er schien es sich anders überlegt zu haben.

Mein Mann fing an, uns regelmäßig zu besuchen, zunächst einmal in der Woche, dann fast täglich. Statt von Scheidung zu sprechen, erkundigte er sich interessiert nach den Kindern und auch nach meinem Befinden. Er überschüttete mich mit Lob: »Ich habe deine auszeichnete Buchbesprechung im Lokalanzeiger gelesen. Wirklich brillant!« Seine anerkennende Haltung hat mich an den netten Jungen erinnert, der er vor unserer Hochzeit gewesen war. Freunde hätten ihm berichtet, daß mein letzter Kurs ein Bombenerfolg gewesen sei, woraufhin er gesagt habe, daß ihn das nicht wundere: »Die Judith war schon immer ein Frau mit Initiative und voller guter Einfälle!«

Mein Mann war wie umgewandelt. Obwohl er sehr aufrichtig wirkte, blieb ich in meinen Gefühlen gespalten. Einerseits habe ich innerlich triumphiert, andererseits hatte ich Angst vor seiner Rückkehr in die Familie. Es lief alles so gut ohne ihn, und ich war mir nicht sicher, ob ich schon gefestigt genug war, um meine neue Identität ihm gegenüber zu behaupten.

Ich bin zusammengezuckt als er mir ankündigte, daß er ab November wieder bei uns wohnen wollte. Ganz selbstverständlich hatte er mein Einverständnis vorausgesetzt. Die alte Siegerallüre, dachte ich, und sagte ihm, daß ich das nicht wünsche: »Ich habe mich inzwischen an das Alleinsein gewöhnt, es geht mir gut, ich möchte nicht, daß du übergangslos zu uns zurückkommst. Ich erwarte von dir, daß du vorher in dich gehst und einen gründlich überlegten Entschluß faßt. An einer Fortsetzung unserer bisherigen Ehe bin *ich* nicht interessiert. Du hast dich mir gegenüber wie ein Eigentümer gefühlt und benommen, ich bin jetzt halbwegs emanzipiert. Überleg dir genau, ob du mit mir, so wie ich *jetzt* bin, zusammenleben möchtest.«

Über das Bildungswerk habe ich ihm ein Zimmer in einem Kloster besorgt: »Zieh dich zurück, denk nach über dich und über uns, und überleg dir genau, ob du wirklich eine Ehe führen willst, eine partnerschaftliche Ehe!«

Mein Mann hat das Zimmerangebot dankbar angenommen. Unter dem Vorwand, sich auf die Endfassung seiner Habilitationsschrift konzentrieren zu müssen, hat er sich von seiner Freundin Katja abgesetzt.

Er hat mich immer mehr zu seiner Vertrauten in Fragen Katja gemacht. Wenn ich mittags von der Arbeit kam, saß er bereits in der Küche: »Ich habe uns einen Kaffee gekocht. Ich muß mit dir reden.«

Er hat erzählt, und ich habe begriffen. Nach dem Honeymoon, den er voll genossen hatte, war ihm Katja zunehmend lästig geworden. Zunächst einmal hatte sie auf Heirat gedrängt, weswegen er – sehr verliebt – von mir die Scheidung verlangt hatte. Aber mit der Legalisierung des Verhältnisses wollte sie sich nicht begnügen. Sie wollte auch de facto eine Ehe führen. Sie wollte Gemeinsamkeiten. Sie wollte Partnerschaft. Es paßte ihr nicht, daß er abends in Kneipendiskussionen hängenblieb, während sie allein zu Hause war. Sie wollte, daß er Zeit für sie hatte. Sie hat gefordert. Und sie hat ihn mit ihren Erwartungen als Geliebte irritiert. Sie ist zu einer Behinderung für ihn geworden. Er hat schließlich seiner politischen Karriere den Vorrang gegeben und sich ihr immer mehr entzogen. Durch sein verändertes Verhalten ihr gegenüber ist sie depressiv geworden. Als Depressive war sie für ihn nicht mehr attraktiv. Er trachtete danach, sie loszuwerden.

Ich habe ihm zugehört und für mich eine Bilanz gezogen: Der Unterschied zwischen mir und Katja ist ein gradueller. Da sie kinderlos und nicht erpreßbar und als Geliebte nicht sein Eigentum ist, tritt sie viel anspruchsvoller auf und ist weitaus lästiger als ich es war.

Meinen Mann drängte es zurück in den Schoß der Familie. Ich habe seine Abwägungen nachvollzogen: Wenn die eine auch nicht besser ist als die andere, dann lebe ich lieber mit der, die die Mutter meiner Kinder ist.

Die Kinder waren über Wolfgangs Besuche gar nicht begeistert. Seitdem ich mich gut fühlte, hatte ich ihnen viel Zeit gewidmet. Theater, Gesellschaftsspiele, Wanderungen – die Mutter war für alle möglichen Unternehmungen leicht zu gewinnen. Das Familienklima war entspannt. Wolfgangs Besuche störten: Spiele wurden abgebrochen, ich stand den Kindern nicht mehr voll zur Verfügung und war nach den Zwiegesprächen mit dem »Vater« meist unkonzentriert. Oft genug mußten wir den geplanten Ausflug ins Schwimmbad ausfallen lassen, weil unser Gast zu lange bei uns hängengeblieben war.

Mir gegenüber hat sich mein Mann zunehmend wie ein hilfloser kleiner Junge gebärdet. Er wisse nicht mehr ein noch aus, hat er gejammert, er wolle sich von Katja trennen, aber die

»arme Frau« klammere sich an ihn und trage sich mit Selbstmordabsichten. Er wisse einfach nicht, wie er sich aus dieser Verstrickung befreien könne.

Während mein Mann sich bedauerte, habe ich mich leise gefragt, ob es nicht angemessener wäre, sich einmal über das mir zugefügte Leid Gedanken zu machen: Da sitzt er bei mir und heult über seine Not als Ehebrecher, und ich, die Betrogene, höre ihn auch noch geduldig an!

Er hat sich mir an den Hals geworfen und mich angefleht, ihn zu »erlösen«. Ich wußte, daß die Partei Druck auf ihn ausübte – »Bring deine Familienangelegenheiten in Ordnung!« –, ich ahnte, daß er mir als der Anspruchsloseren den Vorzug gab, aber ich habe ihn nicht einfach abgewiesen. Der Schwur der Zehnjährigen war tief in meinen Körper eingedrungen, ich war gespalten.

Taktische Schmeichelei, sagte ich mir, und habe dennoch Zärtlichkeit empfunden für den Mann, der sich so über meine Aktivitäten in der Frauenbildungsstätte begeistern konnte. Ich habe die Stimme meines Bauches mißachtet und mir eingeredet, daß unsere neue Ehe gelingen werde: Er hat aus den frustrierenden Erfahrungen mit der Geliebten gelernt, und ich bin durch das Alleinleben stark geworden. Wir werden uns auf einer neuen Ebene begegnen.

Mit seiner dramatischen Verzweiflung über die »unglückseligen Verstrickungen« hat er meine Mutterinstinkte mobilisiert. Er hat seinen Kopf in meinen Schoß vergraben, über seine »Torheit« geweint, mir seine »unendliche Liebe« beteuert und mich angebettelt, ihn doch wieder »aufzunehmen«. Er hat mich gedrängt, mit ihm zu schlafen, und ich habe seinem Drängen nachgegeben. Ich habe ein ganzes Glas Wein ausgetrunken und mir einen Schubs gegeben – ähnlich wie zu Beginn unserer Beziehung: Es muß ja mal passieren. Wenn wir wieder eine richtige Familie sein wollen...

Zu meiner Verwunderung habe ich – nach sieben Monaten Abstinenz – einen kleinen Orgasmus gehabt, den ich als gutes Omen gewertet habe: Wir können uns auch sexuell wieder verstehen. Meine Heilung ist bereits so weit fortgeschritten, daß ich die Wiederaufnahme der Ehe wagen kann.

Anfang November fand im Katholischen Bildungswerk im Rahmen der von mir initiierten Reihe zum Thema »Ehe und Partnerschaft« ein Vortrag über die Rechte von Ehefrauen und Geschiedenen statt. Ich selbst war die aufmerksamste Zuhörerin »meines« Referenten. Bisher hatte ich mich von meinem

Mann nur emotional betrogen gefühlt, an diesem Abend begriff ich, daß er mich auch finanziell ausgenutzt hatte: Das Haushaltsgeld, das er uns seit seinem Umzug zu Katja zu bringen pflegte, war so knapp bemessen, daß wir nur mit dem »Zubrot«, das ich im Bildungswerk verdiente, einigermaßen über die Runden kommen konnten. Da ein Urlaub für die Kinder finanziell nicht möglich gewesen wäre, hatte ich mich bei einer Reiseorganisation als »Ferienerzieherin« verdingen müssen, um auf diese Weise zu einem kostenlosen Seeaufenthalt für alle vier zu gelangen. Der Vortrag war für mich eine Offenbarung: Wenn du deine berufliche Tätigkeit auch liebst, so gehörst du doch objektiv zu den Müttern, die aus ökonomischen Gründen »arbeiten gehen *müssen*«. Wo läßt Wolfgang eigentlich sein vieles Geld, habe ich mich gefragt. Ich habe während des Vortrags den Entschluß gefaßt, mir nie wieder »Haushaltsgeld« zuteilen zu lassen: Wolfgang gibt mir die Kontovollmacht, und zwar morgen.

Wie es sich gehörte, habe ich meinen Referenten nach dem Vortrag im Namen des Bildungswerks zu einem Abendessen eingeladen. Ich fühlte mich aufgekratzt und war ungemein lustig und übermütig, fast so wie die alte Judith vor der Ehe. Ich habe mit den anderen Frauen an unserem Tisch gelacht und herumgeblödelt, und er hat uns still zugeschaut. Mir gefiel an Martin spontan, daß er als Prominenter nicht wie Wolfgang darauf aus war, immer die erste Geige zu spielen, sondern daß er im Hintergrund bleiben und zuhören konnte.

Ich habe seine Gelassenheit und seine Wärme als ungemein wohltuend empfunden, und ich habe gespürt, daß er von mir sehr angetan war. Ich war in ausgelassener Stimmung. Mit meinen Gesten habe ich ihm meinen Eroberungswillen signalisiert: Ich will dich, du wirst mein Freund werden!

Als das Lokal gegen Mitternacht schließen wollte, habe ich »meinen« Referenten, wie es sich gehörte, zu einem Hotel gefahren. Ich habe am Seiteneingang gehalten, aber er hat keine Anstalten gemacht, auszusteigen. Wir sind in meinem geborgten VW sitzen geblieben und haben geredet. Sein Zögern, seine Verlegenheit, seine »unmännliche« Schüchternheit waren mir sympathisch: Er möchte sich noch nicht verabschieden, aber er traut sich nicht, etwas vorzuschlagen. Er ist kein Typ, der eine Frau mal eben zwischendurch vernascht. Schließlich hat er sich doch einen Ruck gegeben und mich gefragt, ob es denn in Mittelstadt kein Nachtlokal gäbe: »Ich bin noch gar nicht müde. Kann man denn um diese Zeit nirgends mehr hingehen?«

Nachtlokal! Noch nie in meinem Leben hatte ich so etwas »Schmutziges« wie ein Nachtlokal aufgesucht. Aber natürlich wußte ich, daß es in jeder Stadt so etwas gab. Ich wollte noch mit ihm zusammensein, mir *mußte* ein Nachtlokal einfallen. Fieberhaft bin ich die Straßen von Mittelstadt durchgegangen. Plötzlich fiel mir Cobra ein, die Nachtbar Cobra, über die am Vormittag jemand im Bildungszentrum gelästert hatte.

»Natürlich haben wir in Mittelstadt Nachtbars«, habe ich lässig erklärt, »eines der besten, das ich kenne, ist die Cobra.«

Wir haben uns in das gedämfte Licht von Cobra begeben, ich habe mich einhüllen lassen in die sanften Klänge lateinamerikanischer Lieder, ich habe mich wohlig geborgen gefühlt.

Wir haben noch einmal über seinen Vortrag diskutiert. Nein, nicht »diskutiert« – gesprochen, geredet. Das Getränk, das ich mir bestellt habe – *mujer* –, hatte einen knusprigen, rosagelben Zuckerguß am Glasrand. Ich bin mit der Zunge über den Zuckerrand gefahren und habe ihn behaglich abgeschleckt. Wir haben sanft miteinander geschmust. Ich habe mich geborgen und sicher gefühlt: Du wirst keine Verletzungen davontragen.

Zwei Tage später lag ein Brief von ihm in meinem Büro. Er hat sich für den schönen Abend bedankt und darum gebeten, mir weiterhin schreiben zu dürfen.

Sein Brief hatte sich mit meinem gekreuzt. Da ich es unschicklich fand, als Frau den Anfang zu machen, habe ich ihm in meiner Funktion als Sachbearbeiterin unter dem Vorwand, das Manuskript seines Vortrags werde für Seminare benötigt, geschrieben und dem sachlichem Brief eine kleine Karte – ohne Unterschrift – mit einem Zitat aus »Der kleine Prinz« beigefügt: Seitdem er ihn kenne und von seinen blonden Haaren wisse, sagt der Fuchs, werde er nie wieder achtlos an einem Weizenfeld vorbeigehen können.

Diese beiden sich kreuzenden Briefe waren der Beginn einer nunmehr achtjährigen Korrespondenz. Martin und ich haben uns fast täglich geschrieben. Die alte Tagebuchschreiberin Judith hat mit der Selbstanalyse in Briefform angefangen. Ich habe alles, was mich bewegte, niedergeschrieben und mich in dem Bewußtsein, nicht zensuriert zu werden, vollkommen offen gegeben. Martins sensible Antworten waren Einladungen zur weiteren Öffnung. Jeden nicht ganz dummen Gedanken hat er lobend als Ausdruck meiner Fähigkeit zum logischen Denken hervorgehoben. Er wollte mir helfen, die Minderwertigkeitskomplexe, die ich in Wolfgangs akademischen Kreisen entwickelt hatte, abzubauen, und hat mich indirekt dazu animiert, das Plaudern zugunsten analytischer Reflexionen einzuschränken. Dieses Training, diese tägliche Aufgabe, meinen Ist-Zustand zu analysieren, meine Vergangenheit aufzuarbeiten und mir über meine Zukunftsvorstellungen klarzuwerden, hat meinen Selbstheilungsprozeß entscheidend vorangetrieben.

Ich habe meinem Freund von der alten Judith erzählt – »Wer nur die Ehefrau Manmann kennt, wird es nicht für möglich halten, daß ich einmal eine selbstbewußte, stolze Frau war, die vor nichts Angst hatte!« –, ich habe von den vielen Hobbys geschwärmt, denen die alte Judith nachgegangen ist, und mir ist beim Schreiben klargeworden, daß ich dort anknüpfen muß, daß ich die Gewohnheiten meiner Jugend wieder aufnehmen sollte.

Ich habe heimlich mein Gesangstudium wieder aufgenommen. Ich hatte nicht die Illusion, in meinem Alter aus meiner Stimme noch etwas Großes machen zu können, ich wollte nur das tun, wonach ich mich zehn Ehejahre lang gesehnt hatte. Jeden Samstagmorgen bin ich heimlich für eine Doppelstunde zu meiner alten Gesanglehrerin gegangen.

Ich habe zu Volkstanzgruppen Kontakt aufgenommen und versucht, meine alten Bergsteigerkameraden ausfindig zu machen.

Martin hat mich so akzeptiert, wie ich war. Obwohl er sich als Linker von der »Blut-und-Boden-Ideologie«, der Volkstänzer angeblich verfallen sind, sicher viel stärker abgestoßen fühlte als mein Mann, hat er über meine Vorliebe nicht die Nase gerümpft. Er hat mich mit der Bitte überrascht, mit ihm einmal zu einem Volkstanzfest zu gehen. Ich habe begriffen, daß er mit mir volkstanzen gehen wollte, weil er mit mir etwas tun wollte, was *ich* gern tat. Und wir sind tanzen gegangen – er im Straßenanzug, ich im Dirndl –, wir waren ausgelassen, und auch er hat großen Spaß dabei gehabt. Dieser Akt war für mich ein entscheidender Schritt zu meiner Selbständigwerdung: Ich hatte etwas getan, was für *mich* richtig war.

Nach diesem Fest habe ich mich für die Volkstanzgruppen nicht mehr interessiert. Ich wäre mir fremd vorgekommen in weiteren Kursen. Zehn Jahre lang hatte ich davon geträumt, volkstanzen zu gehen. Nun hatte ich es getan: Ich war von meiner Volkstanzbesessenheit geheilt, und ich hatte meinen Mann entthront: Deine Maßstäbe gelten für dich, für mich gelten meine. Ich tue das, was für *mich* notwendig ist.

Zu Weihnachten ist Wolfgang aus dem Kloster zu uns übergesiedelt. Wir hatten den Termin nicht vereinbart. Aber mir war bei seiner Ankunft am Morgen des Heiligen Abend klar, daß er das »Fest des Friedens« als gute Gelegenheit, sich wieder bei uns einzunisten, nutzen würde. Gegenüber Katja konnte er sich mit dem Argument, daß der Vater an Weihnachten in die Familie gehöre, rechtfertigen.

»Fest des Friedens«, hat er mich beschworen und seine Anzüge in den Kleiderschrank gehängt.

Aufbruch

Der Mann, der zurückgekommen war, war der alte.

Wolfgang hat seine Geschenkpakete unter den Weihnachtsbaum gestellt und mit einer Zeitschrift im bequemsten Wohnzimmersessel Platz genommen. Er hat zugesehen, wie seine Frau sich mit Festvorbereitungen abhetzte.

Da sich seine Mutter und seine Tante zum Fest angemeldet hatten und ich mich deswegen zwei ganze Tage lang als Putzteufel betätigt hatte, war ich schon vor dem Mittagessen erschöpft.

Mit Rücksicht auf die beiden älteren Damen, die es Wolfgang hoch anrechneten, daß er von der studierten Geliebten aus guter Familie aufgrund seines noblen Verantwortungsgefühls für die Kinder zu der Frau aus der Gosse ohne Schulbildung zurückgekehrt war, habe ich das ganze Weihnachtsgetue mitgemacht. Ich habe bedient.

Ich habe bedient: Ich habe darauf geachtet, daß die Nußteller voll und die Aschenbecher leer waren. Ich habe einen exzellenten Braten serviert und mich aufmerksam nach den besonderen Wünschen meiner Gäste erkundigt: Liebe Schwiegermutter, darf ich dir noch Wein nachschenken? Liebe Tante, was darf ich dir noch anbieten? Wolfgang, möchtest du noch etwas von dem Braten? Während mein Pudding – keiner aus der Packung – genossen wurde, habe ich schnell die Suppen- und Fleischteller in der Küche gespült. Ich habe meine Schürze abgestreift, mich halbtot unter den Tannenbaum gestellt, mit freundlicher Miene frohe Weihnacht gewünscht und »Süßer die Glocken nie klingen« vorgesungen.

Nachdem alle ihre Geschenke ausgepackt hatten, habe ich mich niedergekniet, um das Papier ordentlich zusammenzufalten und die Bindfäden aufzurollen. Zum Schluß habe ich Wolfgangs Geschenk für mich geöffnet: Curlers – elektrische Lockenwickler ...

Ich habe mich nicht dafür bedankt. Nachdem seine Mutter und Tante gegangen waren, habe ich die Curlers wieder eingepackt: »Ich werde sie umtauschen.« Wolfgang hat mich erstaunt gefragt, warum ich sie nicht behalten wollte, und ich habe ihm den Grund mitgeteilt: »Weil ich mit diesen Dingern nichts anzufangen weiß.«

Mag sein, daß er nur gedankenlos irgend etwas gekauft oder seine Sekretärin damit beauftragt hat, etwas zu besorgen, was »eine Frau immer brauchen kann«. Aber für mich hatte dieses Geschenk damals eine symbolische Bedeutung: Er will mich wieder so haben wie in unserer »glücklichen Phase« meiner Betäubung. Ich soll wieder Gattin spielen, gepflegtes Anhängsel. Er ist der alte geblieben, und er scheint gar nicht bemerkt zu haben, daß ich eine andere geworden bin. »Mit einem Buch über ein Thema, das mich gerade beschäftigt, oder mit einer guten Opernplatte hättest du mir eine Freude gemacht,« habe ich zu ihm gesagt.

Wir waren uns beide bewußt, daß ich mit dieser Bemerkung eine Kriegserklärung ausgesprochen hatte: Entweder du respektierst mich, oder ich verlasse dich.

Ich habe Wolfgang über Martin informiert: »Wir schreiben uns regelmäßig, und diese Korrespondenz ist wichtig für mich.«

Diese Information hat ihn umgeworfen. Er hat sich als »betrogener Ehemann« aufgeführt und getobt wie früher: »So ist das also! Ich verlasse die Frau, die ich liebe, und kehre zu meiner Familie zurück und du? Du – betrügst mich!«

Ich habe ihn gebeten, ruhig zu sein: »Ich betrüge dich nicht. Wir schreiben uns Briefe. Im Gegensatz zu deiner Beziehung zu Katja, mit der du mich ›betrogen‹ hast und die du jetzt, weil sie dir lästig geworden ist, loswerden möchtest, ist meine Beziehung zu Martin platonischer Natur.«

Im Rahmen meiner Seminarvorbereitungen war ich auf ein Buch gestoßen, das die »offene Ehe« propagierte. Bei der Lektüre dieses Buches war mir der Gedanke gekommen, daß der Schwur der Zehnjährigen auf der Basis dieses Konzepts am ehesten einzuhalten wäre. Ich habe Wolfgang das Konzept erklärt und ihm für uns die »offene Ehe« vorgeschlagen: »Du gehst noch immer zu Katja und wirst vielleicht nach ihr zu anderen Frauen gehen. Ich möchte nicht, daß du es heimlich tust.« Wolfgang hat meinem Vorschlag nach kurzem Überlegen zugestimmt.

Unter »offener Ehe« verstand ich für mich, daß ich *offen* mit Martin korrespondieren und daß wir unsere Beziehung unbehindert weiter entwickeln konnten.

Ich habe von Wolfgang verlangt, daß er sich mit den Kindern beschäftigt, daß er im Haushalt hilft, daß er mir die Kontovollmacht gibt und mir ein Auto kauft.

Wolfgang hat mein selbstbewußtes Auftreten ihm gegenüber

als Bedrohung empfunden. Er war in der Erwartung zurückgekehrt, eine Ehefrau vorzufinden, die sich ihm demütig unterwirft, die ihn lieben muß, mit der er machen kann, was er will, weil sie – anders als die Geliebte – wegen der Kinder total abhängig ist von ihm. Mein Verhalten hat ihn irritiert.

Er hat angefangen, mir meine Halbtagsstelle im Katholischen Bildungswerk auszureden: »Schau, wie du gestreßt bist! Diese Doppelbelastung verkraftest du nicht auf Dauer!«

Tatsächlich fühlte ich mich seit seiner Rückkehr »doppelbelastet«. Mir ist bewußt geworden, daß die Hausarbeit mit drei Kindern viel leichter zu schaffen ist, wenn kein Mann da ist. Während er bei Katja wohnte, konnte ich frei disponieren, spontane Entschlüsse mit den Kindern fassen – »Es ist so ein schöner Abend heute, machen wir noch einen Spaziergang und kaufen uns auf dem Rückweg an der Bude ein paar Pommes« –, ich brauchte mich nicht abzuhetzen, um für den Fall, daß Wolfgang bei uns zu essen wünschte, alles pünktlich bereit zu haben. Während wir allein waren, haben wir anspruchsloser gelebt. Wir haben billiger und einfacher gegessen, auf teure und aufwendig zuzubereitende Gerichte haben wir verzichtet. Wir haben nicht auf Repräsentation geachtet und zum Beispiel angefangene Spiele tagelang auf dem Wohnzimmertisch liegen lassen. Wir haben uns nach unseren gemeinsamen Bedürfnissen eingerichtet und weder die Schulaufgaben noch die Hausarbeiten unter dem Aspekt, daß der Hausherr durch keinen Mangel an Perfektion und reibungslos funktionierender Zeiteinteilung gestört werden darf, erledigt. Während ich allein lebte mit den Kindern, gab es fast nie etwas zu bügeln...

Wolfgang hat mich wegen meiner »Doppelbelastung« bedauert. Aus seiner männlichen Sicht war ich nicht gestreßt, weil ich Hausarbeiten, die größtenteils durch ihn verursacht wurden, erledigen mußte, sondern weil ich vormittags einer Berufstätigkeit nachging. »Wozu mußt du Geld verdienen?« hat er mich gefragt, »mein Einkommen reicht doch dicke für uns!« Er hat mit seinem guten Gehalt und seinen interessanten Nebeneinnahmen geprahlt und mein halbes Sachbearbeiterinnengehalt ein »lächerliches Zubrot« genannt, für das es sich nicht lohne, aus dem Haus zu gehen. Statt im Büro Routinearbeit zu verrichten, sollte ich lieber meine Tätigkeit als freie Referentin ausbauen: »Vorträge halten, Diskussionen leiten, Wochenendseminare veranstalten – das ist doch viel interessanter!«

Ich wollte beides: manchmal eine Diskussion leiten und jeden Morgen Büroarbeit machen. Die Büroarbeit war für mich schon Routine geworden und kaum noch »interessant«, aber sie brachte mir das sichere Einkommen. Die Gehaltsüberweisung an jedem Monatsende, so klein sie auch war, war für mich ein Stück Unabhängigkeit.

Von Wolfgang bedrängt, habe ich meine feste Stelle aufgegeben, als mir die §218-Pistole auf die Brust gesetzt wurde. Als Angestellte des Katholischen Bildungswerks sollte ich Flugblätter gegen die Legalisierung des Schwangerschaftsabbruchs entwerfen und verteilen und sogar Vorträge auf katholischen Aktionen halten. Das zu tun, war für mich, die ich vier Abtreibungen hinter mir hatte, die ich von Franz Schubert mißbraucht werden konnte, weil ich mich in einer *illegalen* Situation befand, eine geradezu groteske Vorstellung. Da ich mich weigerte, mich an der verlogenen »Aktion Leben« zu beteiligen, geriet ich mit meinem Vorgesetzten in Konflikte. Ich habe die heuchlerischen Parolen an meiner Bürowand nicht dulden mögen – man hat angefangen, meine Arbeit zu kritisieren. Als man mir versprach, mich als freie Referentin – »Wir sind liberal!« – regelmäßig zu beschäftigen, habe ich meine feste Stelle als Sachbearbeiterin gekündigt.

Damit war ich meines regelmäßigen Einkommens verlustig gegangen. Ich hatte zwar damit gerechnet, durch Vorträge und Seminare mindestens gleich viel zu verdienen – und mein Mann mochte noch so reich sein, ich mußte *eigenes* Geld verdienen –, aber es hat mich furchtbar beunruhigt, nun kein *festes* Einkommen mehr zu haben.

Wolfgang hat meine Freundschaft zu Martin nicht verkraftet. Er hat gespürt, daß ich nicht mehr so leicht manipulierbar war und daß ich aus unserer Korrespondenz eine Stabilität bezog, die mich widerstandsfähiger machte. Die täglichen Briefe waren ihm unheimlich, er hat mich immer kräftiger aufgefordert, sie ihm zu zeigen: »Wir führen doch eine offene Ehe!« Er hat registriert, daß er nicht mehr so viel Macht über mich hatte wie früher, und er hat nach den Gründen gesucht: »Was ist an dem Martin so Besonderes daran? Warum zeigst du mir eure Briefe nicht? Hast du kein Vertrauen zu mir?«

»Nein«, habe ich gesagt, »ich habe kein Vertrauen. Du würdest sie gegen mich einsetzen, um mich klein zu machen.« Ich habe ihm von dem Hund meiner Freundin erzählt.

Dieser Hund hatte die Angewohnheit, sich sofort, wenn ihn jemand kraulen wollte, auf den Rücken zu legen und alle viere von sich zu strecken. Da mir das aufgefallen war, habe ich meine Freundin nach einer Erklärung gefragt. »Diesem Hund geht's gut«, war ihre Erklärung, »er weiß, daß ihm nichts passieren wird. Tiere haben einen Instinkt, sich zu schützen. Nie würde mein Hund die verwundbaren Weichteile herzeigen und sich aussetzen, wenn er irgendwann einmal schlechte Erfahrungen gemacht hätte.«

»Mir geht es nicht so wie diesem Hund«, habe ich zu Wolfgang gesagt, »ich kann dir unsere Korrespondenz nicht zeigen, ich kann dir meine empfindlichen Stellen nicht zeigen, ich kann dir meine Seele nicht zeigen, weil du sie zerstören würdest. Ich *habe* schlechte Erfahrungen gemacht. Ich habe Angst, daß du mich zertreten könntest, zumindest schwer verletzen. Gib du mir das Vertrauen, das dieser Hund hat. Zeig mir durch dein Verhalten, daß ich mich dir offenbaren kann. Ich möchte gern uneingeschränkt offen zu dir sein. Ich habe ein Bedürfnis danach.«

Ich möchte nicht behaupten, daß er sich nicht bemüht hätte. Ich glaube, er *konnte* mich nicht verstehen. Der Ritterrüstungstraum hat sich letztlich bewahrheitet. Ich bin nicht an ihn herangekommen. Wir haben stundenlang geredet, aber er hat meine Worte nur akustisch wahrgenommen, sie sind nicht in ihn eingedrungen. Es war kein Humus für sie da. Meine Erfahrungen waren nicht seine Erfahrungen. Er hat mir nur Kopfargumente sagen können und zum Beispiel seine »Liebe« mit der Tatsache »bewiesen«, daß er zurückgekommen war: »Wenn ich dich nicht liebte, wäre ich dann von Katja...«

Immer wieder hat er mir beteuert, aus reiner Liebe zu mir zurückgekehrt zu sein: »Ich liebe dich, ich liebe dich, ich liebe euch!«

»Warum spür' ich deine Liebe nicht?« habe ich gefragt. »Wie äußert sich deine Liebe konkret? Spielst du mit den Kindern? Nimmst du dir Zeit für sie? Unternimmst du etwas mit ihnen, um mich zu entlasten? Spülst du das Geschirr, wenn du siehst, daß ich müde bin? Verzichtest du auf ein Bier mit Parteifreunden, um bei den Kindern zu sein, wenn ich zu einem Vortrag muß? Warum nimmst du deine Kinder nie mit in die Universität? Warum zeigst du ihnen nicht das Büro deiner Partei? Warum gehst du sonntags nicht mit ihnen ins Museum?«

Wolfgang hat verstummen müssen, sobald ich konkret wurde. Er hat nichts für die Kinder getan. Er war so wie früher, er hat mich nur immer wieder ins Bett geholt und erklärt, daß er mich liebe, liebe, liebe.

Ich habe keine Arbeitsteilung zwischen uns im Verhältnis

fifty-fifty angestrebt. Ich habe nicht von ihm verlangt, daß er ein wichtiges juristisches Seminar ausfallen läßt, um mit den Kindern schwimmen zu gehen. Ich wollte nur, daß er unwichtige Tätigkeiten einschränkte. Wenn er auch nur zwanzig Prozent der Hausarbeit gemacht hätte – ich wäre zufrieden gewesen. Heute wäre die 20:80-Lösung für mich unakzeptabel, aber damals hätte sie mir vollauf genügt.

Als freie Mitarbeiterin des Bildungswerks war ich fast immer *abends* unterwegs. Daß mein Mann, der abends nur sehr selten wirklich Dringendes zu tun hatte, die Kinder während meiner berufsbedingten Abwesenheit fast immer allein gelassen hat, war für mich ein Indiz dafür, daß er sie gar nicht liebte.

Er hat meiner Forderung, mir die Kontovollmacht zu geben, nachgegeben. Aber es war ein deutliches Nachgeben. Er hat sie sich *abringen* lassen.

Ich hatte einen Traum: Ich bin ein Hund, der an einer langen Kette an ein wunderschönes Hundehaus angebunden ist. Ich laufe an dieser Kette um das Haus herum und erobere mir Knochen. Immer liege ich auf der Lauer, um die lebenserhaltenden Knochen zu ergattern, die ich dann schnell eingrabe. Ich bleibe neben den frisch eingegrabenen Knochen sitzen, um sie zu bewachen. Mein Dilemma ist, daß ich, weil ich auf den gerade eingegrabenen Knochen aufpassen muß, nicht nach einem neuen Ausschau halten kann. Denn immer wenn ich mit einem neu ergatterten an meinen Platz zurückkehre, ist der alte ausgegraben und auf geheimnisvolle Weise verschwunden. Irgendwer hat ihn mir geklaut. Ich habe also nie einen Zugewinn. Ich sammle und sammle, aber mein Besitzstand an Knochen wird nicht größer.

Wolfgang hat mir das Recht, von seinem Konto selbständig Geld abzuheben, eingeräumt, aber dieses Recht war kein Knochen, den ich nun für immer und ewig sicher besaß, um den ich mich nicht mehr scheren mußte. Er konnte mir die Kontovollmacht jederzeit wieder streichen. Und tatsächlich hat er mir auch des öfteren damit gedroht: »Wenn du..., dann ziehe ich die Vollmacht wieder ein.« Oder das eigene Auto: Ich war in dem Hochhaus am Stadtrand völlig immobil. Ohne eigenes Auto hätte ich meinen Beruf als Referentin gar nicht ausüben können. Es ist mir gelungen, ihm einen gebrauchten R 4 für mich abzuringen. Aber dieses Auto war, obwohl er selbst einen dicken BMW fuhr, keine Selbstverständlichkeit. Immer wieder hat er durchblicken lassen, daß es ein Luxus sei, zwei Autos zu haben. In regelmäßigen Abständen mußte ich begründen, warum auch ich ein Auto brauchte. Oder die Wochenendseminare: Wenn es ihm nicht paßte, daß ich an einem Seminar teilnahm, hat er seiner Mutter einfach befohlen, »keine Zeit« zu haben. Und daß er selbst bei den Kindern blieb, kam überhaupt nicht in Frage. Oder die Sonntage: Mühselig hatte ich mir den Knochen ergattert, daß er wenigstens einmal im Monat am Sonntag etwas mit den Kindern unternahm. Aber wenn er ein interessantes Vergnügen in Aussicht hatte, kam er kurz nach Hause, um den Kindern, die fertig angezogen auf ihn warteten, ein paar Süßigkeiten hinzuwerfen und sich mit einer eiligen Entschuldigung zu entfernen.

Dieses Betteln, dieses Knochen-verteidigen-Müssen, dieses Rechte-abringen-Müssen war für mich nach einem Jahr Alleinleben nicht mehr akzeptabel. »Ich bin nicht bereit, ein ganzes Leben lang meine Kräfte im Verteidigen mühsam ergatterter Knochen aufzureiben!« habe ich in mein Tagebuch geschrieben, »ich stehe das nicht durch. Ich bin nicht willens, immer wieder bereits Zugebilligtes neu einzuklagen.«

Ich habe mich ganz nüchtern gefragt, welchen Nutzen wir eigentlich von ihm haben, und bin zu dem Ergebnis gekommen, daß er für die Kinder nicht nur nicht nützlich, sondern ausgesprochen schädlich ist. Indem er keine Hausarbeit erledigt, sondern nur Hausarbeit verursacht, nimmt er mir die Zeit, mich den Kindern zu widmen. In der zweiten Hälfte des Jahres, als ich allein war, hatte ich viel häufiger und viel entspannter mit den Kindern gespielt.

Es hat mich furchtbar geärgert, daß er auf Partys keine Gelegenheit ausließ, sich mit »seinem Frühstück« zu brüsten. Er allein mache morgens das Frühstück – »für die ganze Familie!« Er allein. Ganz allein. Er bediene die Kaffeemaschine, und niemand helfe ihm dabei.

Als er wieder einmal seine Tochter Maria im Kindergarten hatte hängenlassen, habe ich mit Pathos und sechs Ausrufezeichen einen einzigen Satz in mein Tagebuch geschrieben: »Diesen Mann werde ich verlassen!«

Wolfgang hatte fest zugesagt, Maria um zwölf Uhr auf dem Weg von der Universität vom Kindergarten abzuholen. Mein Auto war zur Reparatur. Als er um ein Uhr immer noch nicht da war, habe ich mich aufs Rad gesetzt und bin losgerast. Ich sah Maria schon von weitem: Sie hing verzweifelt am Fenster und hielt Ausschau nach dem Vater, der sie »ganz bestimmt« abholen wollte.

Vor meinem Jahr allein hätte ich still für mich geweint über seine lieblose Unzuverlässigkeit und keine Kritik gewagt. Aber inzwischen war ich unbequemer geworden. Als er sich am Abend mit »wichtigen beruflichen Verpflichtungen« herausreden wollte, bin ich hartnäckig geblieben. Ich habe ihn gebeten, mir genau zu sagen, was er um zwölf Uhr zu tun hatte. Es stellte sich heraus, daß er seine Tochter einfach *vergessen* hatte. Er war mit ein paar Bekannten ins Gespräch gekommen...

Diese Gleichgültigkeit gegenüber seinem Kind hat mich so erregt, daß ich ihm einen schriftlichen Ehevertrag angekündigt habe: »Entweder du verpflichtest dich, bestimmte Aufgaben zuverlässig zu erledigen, oder ich verlasse dich!«

Am nächsten Morgen habe ich mich hingesetzt und einen komplizierten Ehevertrag entworfen, den ich dann auf einen Hauptpunkt zusammengestrichen habe: auf den gemeinsamen Terminkalender. Jeder sollte seine Termine in einen gemeinsamen Kalender ehrlich eintragen. Die Betonung lag auf »ehrlich«. Er sollte nicht »Habilitationsbesprechung« eintragen, wenn er zu einer Frau ging. Er sollte nicht »Konferenz mit dem Kultusminister« eintragen, wenn er mit Freunden einen trinken ging. Er sollte in diesen Fällen »privat« eintragen. Da ich das Konzept »offene Ehe« selbst vorgeschlagen hatte, mußte ich damit einverstanden sein, daß er wieder Freundinnen hatte. Ich wollte diese Beziehungen akzeptieren, aber ich wollte nicht länger dulden, daß er ein den Kindern gegebenes Versprechen nicht einhielt, um sich zu vergnügen, und ihnen dann etwas von einem Minister vorlog. Er sollte zugeben, daß er mit den Kindern nicht ins Theater gegangen war, weil ihm etwas anderes Privates wichtiger oder angenehmer war. Positiv ausgedrückt: Er sollte den Theatertermin mit den Kindern einhalten.

Wolfgang hat meine Forderung »berechtigt« genannt, aber er hat sich geweigert, ein *schriftliches* Versprechen zu geben. »Ein Mann, ein Wort«, hat er gemeint, »du mißtraust mir doch nicht etwa?« Er hat den Vertrag nicht unterschrieben und sein mündliches Versprechen schon nach einer Woche gebrochen.

Um so stärker hat er sich an die Abmachung »offene Ehe« gehalten. Nachdem er die depressive Katja endlich abgewimmelt hatte, hat er sich bei neuen Freundinnen als Mann der offenen Ehe eingeführt, als Mann, der nur als Liebhaber zu genießen ist: »Meine Frau Judith, die Mutter meiner Kinder, ist und bleibt meine wichtigste Beziehung. Wir gestatten uns gegenseitig Mehrfachbeziehungen, aber wir bleiben uns sozial treu. Ich werde sie nie verlassen.« Auf diese Weise hat er von vornherein klare Verhältnisse geschaffen. Nie würde sich eine Geliebte wie Katja auf ein Eheversprechen berufen können. Nie wieder würde er von einer abgelegten Sexualpartnerin mit Selbstmorddrohungen belästigt werden.

Woher ich weiß, was er den Frauen gesagt hat? Nein, nicht von ihm. So genau hat er die offene Ehe nicht genommen. Ich weiß das von den Frauen selbst. In der Annahme, ich sei über sie informiert, haben sie mich angerufen, um sich zum Beispiel über seine »Kälte« oder seine »Oberflächlichkeit« zu beklagen und meinen Rat oder meine Meinung einzuholen.

Ich würde lügen, wenn ich behauptete, daß ich ganz frei von Eifersucht gewesen sei. Seine vielen »Seitensprünge« haben mich gekränkt, aber ich bin nicht depressiv geworden. Meine verletzte Eitelkeit hat sich nicht in Herzstechen geäußert. Wenn er nachts wegblieb, habe ich nicht auf ihn wartend wachgelegen. Keine kreisenden Ringe haben mir den Atem weggeschnürt.

Vielleicht wäre ich auf eine gute Freundin heftiger eifersüchtig gewesen. Aber Wolfgang wechselte dauernd, und ich habe seine Unfähigkeit, einer einzigen »wunderbaren Geliebten« treu zu bleiben, auf ein Unvermögen zurückgeführt. Ich habe ihn nicht wegen seiner vielen »Chancen« beneidet – die hatte ich selbst –, ich habe ihn als armselig bedauert und mir sogar Sorgen um ihn gemacht. Sein Herumirren von Frau zu Frau hat mir den Satz, den ich als Heimkind in mein Tagebuch geschrieben hatte, in Erinnerung gerufen: »Ich muß dem Geheimnis des Lebens auf die Spur kommen.« Ich habe gespürt, daß er nicht nur Trophäen für seinen Siegergürtel sammelte: er war auf der Suche. Er suchte irgend etwas, die »große wahre Liebe« vielleicht, die Einmaligkeit.

Dieses Besondere schien ich gefunden zu haben. Es hat Wolfgang wahnsinnig irritiert, daß ich Tag für Tag einen Brief bekam und Tag für Tag an einen Freund schrieb, mit dem ich eine rein platonische Beziehung pflegte.

Unsere Korrespondenz, unsere »Treue«, muß ihn im Schlaf verfolgt haben. Er hat beim Frühstück nach den Briefen verlangt, er hat am Abend nach den Briefen verlangt, er ist manchmal am Nachmittag zwischen zwei Vorlesungen nach Hause gekommen, um mir die Briefe abzuverlangen: »Wir führen doch eine offene Ehe. Die offene Ehe war *dein* Vorschlag. Ich habe mich deinem Wunsch gebeugt und mich mit der offenen Ehe einverstanden erklärt. Paßt das denn zu *deinem* Konzept, daß du mir die Briefe nicht zeigen willst?«

Eines Tages waren Martins Antworten aus der Schublade verschwunden. Von mir zur Rede gestellt, hat Wolfgang seine Verzweiflungstat mit dem Hinweis auf die »unvermeidliche Scheidung« zu rechtfertigen versucht. Er müsse »Beweismaterial« für meine »Schuld« sammeln. Höhnisch hat er die Rückgabe der Briefe verweigert und mich vor die Alternative »Schluß mit der Schreiberei oder Scheidung« gestellt.

Zu seiner und meiner eigenen Überraschung bin ich ruhig geblieben. Ich habe *nicht* angefangen zu zittern, ich habe *nicht* geweint. Ich habe gelassen erklärt, daß ich den Briefwechsel nicht aufgeben würde. Daraufhin hat er wutschnaubend die Wohnung verlassen. Ich habe mich hingelegt und bin mit dem wohligen Gefühl eingeschlafen, nicht erpreßbar zu sein.

Am nächsten Morgen ist mir beim Tagebuchschreiben bewußt geworden, daß ich eine »Güterabwägung« getroffen hatte: Wie wichtig ist mir die Ehe noch? Wie wichtig ist mir das Recht, jemandem, den ich mag, schreiben zu dürfen? Mit einer Drohung, die Briefe vor Gericht als Beweis meiner »Schuld« einzureichen, hat Wolfgang mir nicht angst machen können. Ich hatte nicht nur an zig Tagungen über Ehe- und Scheidungsrecht teilgenommen, ich war auch »unschuldig«. Aus den Briefen ließ sich ein Ehebruch aus dem einfachen Grund, daß wir noch keinen begangen hatten, nicht ableiten.

Wolfgang hat die Eifersucht auf den Mann, der seiner Frau nur schrieb, zerfressen. Er hat dauernd über des Rätsels Lösung gegrübelt, und eines frühen Nachmittags hat er des Rätsels Lösung gefunden: »Ich weiß, warum du Martin vorziehst! Weil er schon Professor ist und weil er berühmter ist als ich!«

Martin war, obwohl nicht älter als Wolfgang, bereits habilitiert, und er war im Gegensatz zu Wolfgang als Wissenschaftler weit über den deutschen Sprachraum hinaus bekannt. Ich hatte also einen Liebhaber, der meinem Mann überlegen war.

»Wie deformiert du bist!« habe ich Wolfgang gesagt, »für dich gibt es nur *einen* Maßstab – die Karriere! Aber dein Maßstab ist nicht mein Maßstab. Meinst du wirklich, ich sei nach meinen Erfahrungen mit einem Karrieremann auf einen Prominenten aus?! Was ich suche, das ist ein Mensch, der mich achtet und versteht. Du könntest mir ungeheuer imponieren mit dem Entschluß, deine politischen Ambitionen aufzugeben und dich mit deiner Professur zu begnügen, um Zeit zu haben für die Kinder und auch für dich, auch für dich selbst.«

Martins Briefe waren wie meine an ihn tägliche Niederschriften, überlegte, jedoch nicht raffiniert ausgefeilte Mitteilungen an den Partner, die nie publiziert werden sollten. Wir haben uns nicht um »literarisches Niveau« bemüht, sondern darum, einander wirklich zu verstehen. Schon allein deswegen mochte ich sie Wolfgang nicht lesen lassen.

Nachdem er mir den ersten Stapel Briefe aus der verschlossenen Schublade gestohlen und nicht zurückgegeben hatte, habe ich Martins Briefe sowie die Entwürfe oder Durchschriften meiner Antworten im »Referatsschrank« des Katholischen Bildungswerks aufbewahrt.

Ich weiß bis heute nicht, wer Wolfgang den »heißen Tip« gegeben hat – vielleicht ist er auch von selbst darauf gekommen –, jedenfalls ist er eines Tages, vom Martin-Komplex besessen, zum Bildungswerk gefahren und hat sich vom Pförtner mit der Begründung, für mich etwas abholen zu müssen, die Schlüssel geben lassen. Er ist in mein Büro eingedrungen, hat den Rollschrank aufgetreten und die Briefe an sich genommen. Offensichtlich hat er als Jurist darauf vertraut, daß ich gegen dieses juristisch wohl nicht ganz einwandfreie Vorgehen keine Anzeige erstatten würde. Was ich auch tatsächlich nicht getan habe.

Er hat mich von der Universität aus angerufen: »Möchtest du einmal ein schrecklich lächerliches Gestammle hören? Ich will dir etwas furchtbar Infantiles vorlesen. Hör gut zu!« Wolfgang hat mir einzelne Sätze aus Martins Briefen vorgelesen und sie mit »kitschig, sentimental und dumm« kommentiert: »Und so ein Typ genießt internationales Ansehen!«

Ich habe Wolfgangs krankes, höhnisches Kreischen wie das Gedröhne von Baumaschinen empfunden, die eine junge Pflanzung erbarmungslos niederwalzen. Ich habe den Hörer aufgelegt und geweint.

Als ich in Unistadt zu einem Symposium über »Emanzipation und Ehe« eingeladen wurde, um den Arbeitskreis »Offene Ehe« zu leiten, ist Wolfgang, der auch den zweiten Berg Briefe bei sich behalten hat, förmlich ausgerastet: »Das hat doch Martin organisiert! Wie kämen die in Unistadt sonst dazu, dich, die kleine Lokalfigur, die noch nie einen Artikel in einer überregionalen Zeitung, geschweige denn ein Buch, veröffentlich hat, mit der Leitung eines Arbeitskreises zu beauftragen. In Unistadt wimmelt es doch von Adademikern, die sich um solche Aufgaben reißen. Lächerlich: eine Frau mit Hauptschulabschluß soll einen Arbeitskreis auf einer wissenschaftlichen Veranstaltung leiten.«

Mein Eigentümer hat gerast. Er werde nicht dulden, daß sich

»seine Frau« gegen billige Ehren an das »Stuhlzäpfchen« Martin B. verkaufe: »Ich verbiete dir, daß du nach Unistadt fährst!«

»Ich habe zugesagt, einen Arbeitskreis zu leiten«, habe ich erklärt, »also werde ich nach Unistadt fahren, um einen Arbeitskreis zu leiten.«

Wolfgang, der auch nicht im Traum daran gedacht hätte, mich zu fragen, ob er in einer anderen Stadt einen Vortrag halten dürfe, Wolfgang, der sich in der Partei mit Ausführungen über die emanzipierte Gesellschaft mündiger Bürger zu profilieren pflegte, Wolfgang, der die Vorteile der »offenen Ehe« nun wirklich voll für sich in Anspruch genommen hatte, geriet aus den Fugen, als seine Frau in der Stadt, in der ihr Freund wohnte, etwas für ihre »Karriere« Nützliches tun wollte: »Du willst herumhuren mit deinem Schreiberling, weiter nichts! Ich sage dir als dein Ehemann, daß du nicht hinfahren wirst!«

»Selbstverständlich werde ich hinfahren. Im Programm steht, daß ich den Arbeitskreis ›Offene Ehe‹ leite. Also werde ich ihn leiten. Ich bin eine zuverlässige Person.«

Mein eifersüchtiger Ehemann hat die Nerven verloren: »Du bist und bleibst eben ganz die Tochter deiner Mutter. Du läßt dich von diesem geschmacklosen Schmeichler betun. Du bist das, was deine Mutter verachtenswert gemacht hat: locker!«

Das alte Ritual unserer Zeit vor meinem Alleinjahr ist abgelaufen. Erster Akt: Er zählt auf, was ich alles nicht habe – kein Abitur, keine richtige Ausbildung, keine anständige Familie, keinen Stil. Zweiter Akt: Er klärt mich über meinen Ist-Zustand auf – ich verdiene weit weniger als zweitausend Mark im Monat und das nicht einmal regelmäßig, ich kann allein mit den Kindern nicht durchkommen, ich bin lebensunfähig, ich kann noch nicht einmal ein Formular ausfüllen. Dritter Akt: Inhaltliche Wiederholung des zweiten in gesteigerter Form – er fängt an zu toben, schlägt Türen, schreit und wiederholt wie im Taumel immer wieder dieselben Sätze: »Du bist ein Nichts und Niemand. Ich habe dich aus der Gosse geholt. Alles, was du bist, bist du nur aus mir.« Und: »Du bist ja nichts als eine kleine Laus, die ich einfach zertreten könnte, wenn ich es nur wollte!« Vierter Akt: Er fällt über mich her und prügelt auf mich ein. Wie von Sinnen schlägt er zu, immer hemmungsloser, bis ich am Boden liege und nur noch weine. Fünfter Akt: Er hat Erbarmen mit der schluchzenden kleinen Frau. Er nimmt sie auf, zieht sie zu sich empor und tröstet: »Nun wein doch nicht. Es wird schon alles wieder gut mit uns.«

Warum ich mich schlagen ließ? Heute würde ich mir das natürlich nicht gefallen lassen. Aber heute habe ich keine Gelegenheit mehr dazu, zurückzuschlagen; denn heute wagt es niemand mehr, gegen mich die Hand zu erheben. Das liegt in meiner Haltung begründet. Das Schlagen hat etwas mit der Demutshaltung des Opfers zu tun. So klar ich auch meine Absicht, nach Unistadt zu fahren, bekundet hatte, ich war *seine* Frau, ich war eine *Frau*. Ich hatte Dutzende von Romanen verinnerlicht, ich hatte seit über zwanzig Jahren Zeitungen gelesen, ich wußte: Eine Frau schlägt nicht, eine Frau wird geschlagen.

Ich habe mir einen langärmeligen Rollkragenpullover angezogen, mein Gesicht eingecremt und bin nach Unistadt gefahren. Ich habe den Arbeitskreis geleitet und mich als Expertin für die »offene Ehe« gefühlt.

Martin hat sich weder über meinen Mann negativ geäußert, noch hat er meine Schwäche als widerstandslos Geschlagene kritisiert. Er hat mir nicht geraten, zu einem Rechtsanwalt zu gehen, er hat mir nicht empfohlen, mich zu wehren und zurückzuschlagen. Seine Methode, mir zu helfen, war nicht die des Ratens und Belehrens. Er hat mich nicht ermahnt, stark zu sein, er hat mir gezeigt, daß ich stark *bin*: »Du wußtest, daß dein Mann sich wahrscheinlich gehenlassen wird, trotzdem hast du ihn informiert. Deine Stärke fasziniert mich. Du wolltest dich nicht dazu erniedrigen, etwas heimlich und verstohlen zu tun. Du hast nicht aus Feigheit gelogen. Du hast dein Recht, nach Unistadt zu fahren, verteidigt. Du hast dich durchgesetzt, weil du stark bist, sehr stark! Ich mag deine Stärke!«

Wir sind zusammen mit ein paar Unileuten in ein Café gegangen. Ich weiß nicht mehr, worüber wir gesprochen haben. Ich weiß nur, daß wir mehr als zwei Stunden zu fünft diskutiert haben und daß ich am meisten geredet habe. Martin hat die Gespräche unmerklich geleitet und dafür gesorgt, daß meine Äußerungen als »besonders wichtig« beachtet wurden. Sobald ich den Mund aufgemacht habe, hat er sich mir mit ganzer Aufmerksamkeit zugewandt und mich durch zustimmendes Kopfnicken zum Weiterreden ermutigt. Unter dem Einfluß seiner Haltung mir gegenüber – was ich gesagt habe, war vor allem »scharfsinnig« oder »von bestechender Logik« – haben sich die drei anderen Herren bei der Verabschiedung für meine »Denkanstöße« bedankt und mich nicht etwa als »charmant« oder »schön« gewürdigt.

Wir hatten uns bereits mehr als ein Jahr lang fast täglich

geschrieben. Martin kannte mich wie kein anderer Mensch. Er wußte, daß meine Depressionen »gegen mich selbst gerichtete Aggressionen« waren. Er hat mich dazu ermutigt, aggressiv aufzutreten, zupackend, aktiv, die alte Judith wieder hervorzulocken, meine *männlichen* Anteile zu entwicklen. Unermüdlich hat er meinen »Scharfsinn« gelobt. Indem er mir meine Fähigkeit, logisch zu denken, »nachgewiesen« hat, hat er mich systematisch dazu ermutigt, mich argumentativ zu behaupten.

Ich habe angefangen, allein in die Oper zu gehen. Jeder Mann, der Opern liebt, geht allein in die Oper, wenn seine Frau keine Lust hat, ihn zu begleiten. Was hindert mich daran, allein in die Oper zu gehen? Ich bin zu dem Ergebnis gelangt, daß es logisch richtig ist, als Frau eines Mannes, der Opern nicht mag, allein in die Oper zu gehen. Und ich bin gegangen.

Beim ersten Mal bin ich während der Pause auf meinem Platz sitzen geblieben und habe angestrengt in das Programmheft gestarrt. Aber beim zweiten Mal habe ich mich gezwungen, aufzustehen, in die Wandelhalle zu gehen, dort erhobenen Hauptes allein zu stehen mit einem Glas Organgensaft und die Blicke auszuhalten, die Frauen ohne Begleitung (jedoch nicht Männer ohne Anhang) verfolgen.

Ich habe angefangen, mich bei großen Diskussionen zu Wort zu melden. In den Seminaren, die ich selbst abgehalten habe, war die Mehrzahl der Teilnehmer weiblich. Vor Frauen hatte ich keine Hemmungen, forsch aufzutreten und Kluges oder Unkluges vorzutragen. »Warum hast du Angst, in einem Männergremium etwas zu sagen?« habe ich mich in meinem Tagebuch gefragt. Und die alte Judith hat mir den Befehl erteilt, meinen »unsinnigen« Respekt vor »großen Männern« abzubauen.

Ich bin zu Großveranstaltungen gegangen, bei denen nur Männer auf dem Podium saßen, und ich habe mich geärgert über die oft überhebliche Art der Referenten. Ich habe sie mir genau angeschaut: Du leitest deine Sicherheit von deinem beruflichen Status oder deinem Titel ab – wie benimmst du dich zu Hause? Bist du wirklich so bewundernswert, wie du dich fühlst?

Ich habe mir vorgenommen, zunächst nur einen einzigen Satz zu sagen. Und damit ich ihn auch genau im Gedächtnis behielt und gut formulierte, habe ich mir diesen einen Satz auf einen Zettel geschrieben. Ich habe mich gezwungen, mich zu melden. Ich habe mich gezwungen, aufzustehen und zum Mikrofon zu gehen. Mit zitternden Knien und schweißnassen Händen habe ich am Mikrofon meinen Satz gesagt. Ich habe nicht frei gesprochen, ich habe ihn abgelesen. Aber ich habe ihn gesagt. Am nächsten Morgen habe ich Martin geschrieben: »Gestern habe ich den Beweis erbracht, daß ich zum Problem der Altstadtsanierung einen Diskussionsbeitrag leisten kann.«

Während Martin mich durch Anerkennung und Ermutigung dazu gebracht hat, meine sogenannten *männlichen* Anteile freizulegen, habe ich ihn durch meine Selbstanalysen und durch mein Eingehen auf seine Ängste dazu ermutigt, seinen Panzer aufzubrechen und sich zu seinen *weiblichen* Anteilen zu bekennen. Er hat es sich gestattet, vor mir zu weinen. Er hat sich weich gegeben, wenn er sich weich fühlte, er hat sich passiv gegeben, wenn er sich nicht aktiv fühlte. Er hat mir von seinen Schwächen erzählt. Er hat mir gestanden, daß er sich von seiner Berufsmenschrolle abgestoßen fühlte. Ähnlich wie ich durch die Ehe reduziert worden sei, sei er auf dem Karriereweg »verarmt«.

Martin hat mir gesagt, daß er gern mit mir schlafen würde. Aber ich habe die sexuelle Begegnung abgelehnt, und er hat meine Angst respektiert.

Ich hatte Angst davor, unsere wunderbare Freundschaft zu zerstören. Wie gut war meine Beziehung zu Wolfgang gewesen, bevor wir miteinander sexuell verkehrten! Ich hatte Angst, über die Sexualität in eine weitere Abhängigkeit zu geraten.

Erst nach eineinhalb Jahren intensiver Korrespondenz fühlte ich mich frei genug, um dieses Wagnis einzugehen. Ich habe Martin geschrieben, daß ich jetzt mit ihm schlafen möchte.

Seitdem »mein Mann« unbehindert Freundinnen haben konnte, ohne dabei irgendwelche Verpflichtungen – offene Ehe: soziale Treue! – eingehen zu müssen, hat er an Scheidung ernsthaft nie mehr gedacht. Er wollte der Mann bleiben, der bei seinen Kindern wohnt, er wollte die Fassade der »intakten Familie« aufrechterhalten. Er hat die Intensität meiner Beziehung zu Martin zunehmend als Bedrohung empfunden.

Wolfgang hat gespürt, daß ich dabei war, mich von ihm zu lösen. Mit meinem immer selbstbewußteren Auftreten ihm gegenüber habe ich ihm signalisiert, daß ich mich im Aufbruch befand. Wolfgang hat Martin die Schuld an meiner größeren inneren Unabhängigkeit gegeben und vermutet, daß ich eine neue Ehe mit seinem »karrieremäßig überlegenen Konkurrenten« anstrebte.

Wie ein Irrer ist er auf mich gestürzt, als ich ihm meine Absicht mitgeteilt habe, mich mit Martin, der in der Nähe von Mittelstadt zu tun hatte, zu treffen und auch über Nacht wegzubleiben.

Ich hatte mich innerlich auf die Prügelszene vorbereitet und mir genau überlegt, wie ich mich seinen Schlägen entziehen wollte: Spätestens im vierten Akt – »Ich habe dich aus der Gosse geholt!« – stehe ich auf und verlasse mit der ruhigen Bemerkung, keine Lust zu haben, mir derlei Tiraden anzuhören, das Zimmer.

Mein Plan scheiterte daran, daß Wolfgang mit dem fünften Akt anfing. Bevor ich überhaupt einen Gedanken fassen konnte, war ich schon rot und striemig geschlagen. Nein, gewehrt habe ich mich wieder nicht. Er hat blindwütig auf mich eingeprügelt, und ich habe mich nur geduckt und seine Schläge ohne Widerstand über mich ergehen lassen.

Der körperliche Schmerz hat mir wenig ausgemacht. Was mich gepeinigt hat, das war dieses entsetzlich demütigende Gefühl: Da schlägt dich jemand. Ich habe mich geschämt, geschämt, geschämt. Meine Menschenwürde! Dieses große Wort meiner Jugend: Würde, Menschenwürde! Ich habe mich geschämt, eine geschlagene Frau zu sein, ich habe mich unsäglich geschämt.

Als ich zerfleddert am Boden lag, hat er mir einen Fußtritt in den Magen versetzt und dann von mir abgelassen. Er hat angefangen, mich als Hure zu beschimpfen, als Tochter meiner Mutter, als ehrlose Sau, als Asoziale, die ihren Ehemann gesellschaftlich kompromittiert. Schluchzend habe ich mir angehört, daß er mich aus der Gosse... daß ich nur durch ihn... daß ich eine kleine Laus... daß ich seiner unwürdig...

Er hat meine Beziehung zu Martin zu einen »billigen Verhältnis« degradiert und mir angekündigt, daß er mich nicht fahren lassen werde. Er selbst werde hinfahren und meinem Stuhlzäpfchen gründlich den Kopf waschen. Er werde uns den »sexuellen Schlagabtausch« vermiesen.

Bei dieser Beschreibung ist mir das Schluchzen im Halse steckengeblieben. Mein Heulkrampf hat sich gelöst, ich bin unheimlich ruhig geworden und habe mich glasklar gefühlt. Ich bin vom Boden aufgestanden und zur Tür gegangen.

Ich wollte zu einem Rechtsanwalt fahren und Anzeige wegen Körperverletzung erstatten. Daß ich ihn anzeigen könnte, hat Wolfgang nicht für möglich gehalten, er hat gemeint, daß ich bei Nicole Schutz suchen wollte. Blitzartig hat er mich zurückgezogen: Das fehle gerade noch, bei Nachbarn die Schmutzwäsche waschen...

Die Angst in seinem Politikergesicht hat in mir ein kühles Gefühl der Überlegenheit erzeugt. Ich habe ihn ganz ruhig auf die Gulaschsuppe hingewiesen, die auf dem Herd stand und längst übergekocht sein mußte. Daraufhin hat er mir den Weg freigegeben und mir gestattet, in die Küche zu gehen.

Ich habe die Suppe vom Herd genommen und bin, während er vor der Wohnungstür Wache schob, auf den Wäschebalkon getreten. Ich habe einen kurzen Blick nach untergeworfen. Natürlich wäre ein Sturz aus dem neunten Stock tödlich gewesen. Aber ich war als alte Bergsteigerin schwindelfrei und außerdem eine sehr gute Kletterin. Nein, ich war nicht »mutig«, ich habe keine »Angst überwunden«, ich habe überhaupt keine Angst gehabt. Ich habe überhaupt nichts empfunden oder überlegt. Ich wußte: Wolfgang versperrt die Wohnungstür, ich *muß* aber raus. Ich bin über den Balkon geklettert und auf den Balkon meiner Nachbarin gesprungen. Meine Nachbarin hat mir mit entgeistertem Gesicht das Küchenfenster geöffnet, mich eingelassen und mir, ohne irgendwelche Fragen zu stellen, das Geld für ein Taxi geborgt.

Ich bin zu dem Rechtsanwalt gefahren, den ich während meines kostenlosen Urlaubs am Meer kennengelernt hatte. Seine Kinder gehörten zu der Gruppe, die ich als Ferienerzieherin zu betreuen hatte. Da sie mich mochten, war ich von ihm und seiner Frau einige Male für ein Gespräch über die Kinder in ein Café eingeladen worden: »Unsere beiden Jungen würden für Sie durchs Feuer gehen. Wir sind Ihnen sehr dankbar für die schönen Ferien, die unsere Kinder bei Ihnen hatten. Wenn Sie mal irgend etwas brauchen, wenn wir mal irgend etwas für Sie tun können – wir würden uns nur zu gern revanchieren.«

Zu diesem Rechtsanwalt kannst du gehen, habe ich mir gedacht, er hat eine gute Meinung von dir, er wird dir helfen. Ich habe ihm meine Verletzungen gezeigt und ihn gebeten, sie zu notieren.

Er hat mich mitleidig angeschaut und war sichtlich verlegen. Es tue ihm leid, aber für die Feststellung von Körperverletzungen sei der Hausarzt zuständig. Er müsse mich leider weiterschicken. Ob er mir ein Taxi bestellen solle?

Auf dem Flur habe ich mich im Spiegel betrachtet: Ich war zerkratzt, und mein linkes Auge war geschwollen, aber die roten Striemen waren kaum noch zu sehen, und einen Knochen hatte ich mir auch nicht gebrochen. Ich mochte mich so »leicht beschädigt« keinem mir fremden Arzt zeigen: Würde er solche »Kleinigkeiten« überhaupt aufnehmen? Irgendwie war ich der Meinung, daß zu einer echten Körperverletzung mindestens ein Messerstich oder ein paar ausgeschlagene Zähne gehörten. Ich habe mich von dem Taxi nach Hause fahren lassen.

Obwohl der Besuch bei dem Rechtsanwalt unnütz gewesen war, habe ich mich sehr gut gefühlt. Die Tatsache, *daß* ich etwas unternommen hatte, würde Wolfgang zu denken geben.

Mein Eigentümer ist kreidebleich geworden. Er hat mich verdächtigt, gezielt zu diesem Rechtsanwalt gefahren zu sein. Ich erfuhr, daß Dr. Müller, dessen Junge ich an der See betreut hatte, nicht nur in der Partei, sondern auch im Wissenschaftsbetrieb Wolfgangs Gegner war. Als Mitglied irgendeiner juristischen Kommission hatte er (ohne Erfolg) gegen Wolfgangs Berufung zum Professor gestimmt.

Nicole wollte sich über diesen »köstlichen« Zufall schier kaputt lachen: »Stell dir doch bloß mal die nächste Parteiveranstaltung vor! Dein Mann hält eine feurige Rede über die Unersetzlichkeit der Familie in unserer Gesellschaft, und mitten im Satz fällt sein Blick auf deinen Rechtsanwalt, der nur ironisch grinst. Ob er das überspielen kann?!«

Wolfgang hat mich nach diesem Vorfall nie wieder geschlagen. Er ist auf das Telefon losgegangen, aber mich selbst hat er nie wieder angegriffen.

In dem Verlangen, die Verbindung zwischen Martin und mir zu unterbrechen, hat er einmal das Sprechstück aus der Muschel entfernt, so daß ich wohl hören, aber nicht antworten konnte. Nicole hat einfach den Stördienst angerufen. Die Post hat einen Techniker geschickt, und wir haben dessen Vermutung zugestimmt, die Kinder hätten wohl in einem Moment, als sie unbeaufsichtigt waren, Forscher gespielt.

Als Wolfgang am Abend nach Hause kam und mich telefonieren sah, hat er für einen Moment verdutzt innegehalten. Dann hat er sich auf mich gestürzt, mir den Hörer aus der Hand gerissen und in seiner Rage den Apparat an die Wand geschleudert. Ich habe den Schaden nie ausgipsen lassen. Als ich auszog, habe ich mir das Loch in der Wand noch einmal genau angesehen.

Ich habe Wolfgang gefragt, wie ein Jurist mit Promotion und Habilitation sich zu derartigen irrationalen Handlungen hinreißen lassen könne: »Du kannst doch die Verbindung zwischen mir und Martin nicht dadurch stoppen, daß du das Sprechstück aus dem Telefon montierst! Erstens können wir uns schreiben, und zweitens unterhält die Post einen Stördienst.« Ich, die ich von seinen Leuten früher als »süß emotional« eingestuft oder genauer gesagt abgestuft worden war, habe mich über die Unlogik seines Verhaltens empört: Wolfgang hatte neben seiner Ehe zig Frauen und hielt mein Einverständnis für selbstverständlich. Aber mit meiner »außerehelichen Beziehung« konnte er sich nicht einverstanden erklären.

Ich habe Wolfgang auf seine vielen Freundinnen hingewiesen, aber er hat sich nicht davon abbringen lassen, daß das etwas »ganz anderes« sei. Vielleicht ist diese Auffassung gar nicht nur Ausdruck einer chauvinistischen Haltung, habe ich überlegt: Ist meine Beziehung zu Martin nicht wirklich etwas ganz anderes als ein Seitensprung?

Seitdem ich mit Martin auch sexuell verkehrte, war Wolfgang noch schärfer hinter unseren Briefen her. Immer wieder hat er die Wohnung durchwühlt, aber da ich die Briefe nun bei einer Freundin aufbewahrte, konnte er das »Beweismaterial« nicht finden. Seine Eifersucht hat mich dazu veranlaßt, über *seine* Kindheit nachzudenken. Über meine »frühkindlichen Schäden« war ich mir ja inzwischen im klaren: Ich hatte beim Briefeschreiben gelernt, meine Verlassenheitsängste distanzierter zu betrachten. Ich wußte, woran meine Angst vor der zerrüt-te-ten Familie zurückzuführen war, und ich war dabei, diese Angst abzubauen. Während des Jahres allein hatte ich gesehen, daß die Kinder sich wohl fühlten, wenn ich mich wohl fühlte. Über den Verlust des Vaters waren sie nicht nur nicht zusammengebrochen, sondern ausgesprochen leicht hinweggekommen. Die Erinnerung an das harmonischere Familienleben in unserem Jahr allein hat mir einen Teil meiner Angst vor der zerrütteten Familie genommen.

Ich habe mich gefragt, welche Ängste er aus seiner »guten« Kindheit mitgenommen hat. Ich habe mich an unsere Gespräche vor unserer Heirat erinnert. Vielleicht reagiert er auf Martin deswegen so extrem, weil er als Kind zu sehr verhätschelt worden ist? Er ist als Einzelkind nie mißachtet, nie beiseite geschoben worden, er hat nie gegenüber anderen zurückstecken müssen, er ist immer der Mittelpunkt im Leben seiner Mutter gewesen, die ihre Daseinsberechtigung von ihm abgeleitet hat. Vielleicht kann er es deswegen nicht verkraften, daß ich mich nicht mehr wie der Mond um ihn, die strahlende Sonne, drehe? Vielleicht läuft er deswegen von einer Frau zur nächsten, weil er nur so lange, wie er nichts geben muß, bleiben kann?

Ich habe versucht, mit ihm über die Hintergründe seines irrationalen Verhaltens zu reden, aber er hat jedes Gespräch über seinen »Martin-Komplex« verweigert und immer nur wieder behauptet, daß seine Frauenbeziehungen »etwas ganz anderes« seien.

Ich habe auch mit Martin ein Gespräch über die Ehe angefangen. Seine Ehe sei im Prinzip die gleiche wie meine, hat er erklärt. Er habe zwar seine Frau nie geschlagen – graduelle Unterschiede gäbe es schon –, aber er habe genau wie Wolfgang Karriere auf Kosten seiner Frau gemacht. Seit Jahren seien seine Frau und er einander entfremdet. Es gäbe noch den gemeinsamen Haushalt und die gemeinsame Sorge für das Kind, man erweise sich noch gegenseitig die Befriedigung sexueller Bedürfnisse, aber man habe sich nichts mehr zu sagen. Die Beziehung zu seiner Frau sei schon seit Jahren keine *Beziehung* mehr. Sein Fassadenleben ekle ihn an, aber er fühle sich gebunden, weil er sich schuldig gemacht habe. Seine Frau habe für das gemeinsame Kind eigene Berufswünsche aufgegeben, auf einen eigenen Status und Selbständigkeit verzichtet. Er sehe sich nun verpflichtet, sie zu ernähren und ihr seinen Status zu vermitteln. Er habe den brennenden Wunsch, sich beruflich frei zu machen, um sich weniger korrumpieren zu müssen, aber er habe, da seine Frau von ihm abhängig sei und sich ganz mit seiner Karriere identifiziert habe, Hemmungen, alles abzuwerfen. Aufgrund des »ungeschriebenen Vertrags«, den auch seine Frau und er befolgt hätten, sei er heute angekettet an eine Fassadenehe.

Martin hat mir weder zu- noch abgeraten, meine Fassadenehe aufzulösen. Er hat mir nur zu verstehen gegeben, daß er mich in gewisser Weise beneide, weil ich schon weiter sei auf dem Weg, den auch er eines Tages gehen werde. Wir haben uns ein gemeinsames Altern in einem Haus in Südengland ausgemalt. Wir waren uns darüber einig, daß die gegenseitige Unabhängigkeit die Basis unserer weiteren Beziehung bleiben müsse. An Ehe haben wir beide nie gedacht.

Nachdem sich die Gewißheit in mir verfestigt hatte, daß ich Wolfgang verlassen müsse, um mit mir selbst ins reine zu kommen, habe ich angefangen, mich zu stärken, indem ich Kernsätze aus der feministischen Literatur über mein Bett pinnte – Wolfgang und ich hatten inzwischen getrennte Schlafzimmer. Neben dem Spruch aus dem Poesiealbum meiner Kindheit – »Ein jeder gibt den Wert sich selbst!« habe ich Sätze wie »Im Zweifelsfall allein!« oder »Ich gehöre mir!« aufgehängt. Durch die tägliche Konfrontation mit diesen Sätzen, die ich regelmäßig ausgewechselt oder ergänzt habe, habe ich mich selbst »bearbeitet«. Ich habe mir die Kraft suggeriert, das zu tun, was für mich notwendig war.

Ich habe mich immer häufiger gefragt, welchen Wert Wolfgang eigentlich hat: Er übt gewisse Funktionen in der Wissenschaft und in der Politik aus – aber welchen Eigenwert hat er? Wie käme er zurecht auf einer Insel zwischen Bewohnern, denen der Titel Professor oder der Status Abgeordneter nichts sagt?

Wir sind zusammen auf einen Maskenball gegangen. Wolfgang wollte eigentlich nicht mitkommen: »Maskenfeste sind nichts für uns.« Da ich persönlich eingeladen worden war und auf jeden Fall gehen wollte, hat er sich, um mich nicht allein teilnehmen zu lassen, schließlich doch bereit erklärt, »das alberne Treiben« über sich ergehen zu lassen.

Wir haben uns verkleidet, also unkenntlich gemacht. Ich habe irgendwelche bunten Tücher um mich geschlungen, und er ist als Seeräuber gegangen. Wie alle anderen auch, haben wir uns als unbekannte Personen an dem Fest beteiligt.

Etwas Seltsames ist passiert: Ich bemerkte plötzlich, daß Wolfgang ganz anders war als sonst. Wenn wir zu einer Theaterpremiere oder zu einer politischen Veranstaltung gegangen sind, ist er immer ungeheuer selbstbewußt aufgetreten: aufrechte Haltung, sorgfältig gesetzte Worte, charmanter Umgangsstil, herablassendes Interesse – der selbstsichere Sieger. Auf dem Kostümfest erlebte ich ihn plötzlich verlegen. Ich wunderte mich über seine geduckte Haltung, seine nach vorn gefallenen Schultern. Ich bemerkte, daß seine Hände nicht wußten, wohin sie greifen sollten, daß er mürrisch war im Umgang mit anderen. Ich verstand nicht, warum er, der Partymensch, so unlustig war. Aber als er schon nach einer Stunde weggehen wollte, begann es mir zu dämmern.

Ich selbst hatte mich von Anfang an sehr wohl gefühlt auf diesem Ball. Ich habe sofort kleine Spiele ausgedacht und die, die ich zu erkennen glaubte, am Ärmel oder am Ohrläppchen gezupft, sie angeschubst mitzumachen. Ich habe die Meute dazu animiert, ausgelassene Tanzfiguren zu probieren. Und nach kurzer Zeit schon sind die Festteilnehmer gekommen, um sich von mir Initiativen zu holen: »He du, bunte Tuchfrau, was machen wir jetzt?« Ich war auf einmal Anführerin – wie zwanzig Jahre früher im Städtischen Kinderheim.

Wolfgang, der Seeräuber, hat sich an unseren Vergnügungen nicht beteiligt: Ich sah ihn verunsichert herumstehen, wie gelähmt, völlig unfähig, mit irgend jemandem eine Form der Kommunikation zu finden. Er hing geduckt im Abseits und stierte in sein Sektglas.

»Komm, wir gehen!« Immer wenn er mich kurz erwischte, drängte er mich, mit ihm das Kostümfest zu verlassen. Da ich nicht wollte, wurde er befehlshaberisch. Als ich diesen Ton überhörte, begann er mit den alten Bestrafungsmaßnahmen: »Es ist für mich unbegreiflich, daß du an diesen oberflächlichen Vergnügungen Gefallen finden kannst. Das ist doch richtig doof hier, langweilig und banal. Aber du hast anscheinend keine höheren Ansprüche, du bist eben die Tochter deiner Mutter!«

Zu meinem Erstaunen widersprach ich: »Ich bleib' noch, ich find's schön.« Ich schlug ihm vor, die Seeräubermaske abzulegen. Aber da er spürte, daß ich sein Problem erkannt hatte, fauchte er mich wütend an, doch keinen Unsinn zu reden. Ein Maskenball sei ein Maskenball.

Eine Rollenverteilung hatte stattgefunden. Wolfgang saß deprimiert und unbeachtet am Tisch, fühlte sich klein und hilflos, so, wie ich mich als seine Gattin auf Partys gefühlt hatte, wenn ich häßlich war aus Angst vor der anstehenden Abtreibung. Er wartet, daß ich komme, um mich kurz ein wenig um ihn zu kümmern. Außer mir forderte ihn niemand zum Tanz auf. Außer mir lud ihn niemand ein, sich an den Gemeinschaftstänzen zu beteiligen. Ich zerrte Leute an seinen Tisch: »Schau, Seeräuber, kennen wir den nicht? Kommt dir die nicht irgendwie bekannt vor?« Aber er blieb stumpf und rührte sich nicht. Er wurde von den anderen Menschen übersehen. Einfach übersehen. Er ist plötzlich ein Nichts.

Ja, das Filmkonzept, das ich jetzt bei der Anstalt eingereicht habe, gründet auf diesem Abend, der mich noch heute beschäftigt.

Gegen zwölf Uhr stand Wolfgang auf, packte mich am Arm: »Wir gehen jetzt aber endgültig! So eine kindische Sache – diese Verkleiderei! Also, für uns ist das nichts!«

Da ich mich nicht zwingen ließ, verlegte er sich aufs Betteln. Er flehte mich an, doch ihm zuliebe mitzukommen, er habe wichtige Konferenzen früh am Morgen und brauche Schlaf: »Komm, wir machen es uns zu Hause noch eine halbe Stunde bei einem Glas Wein gemütlich!«

Ich gehe mit. Aber an der Garderobe – er hatte mir bereits

meinen Mantel übergehängt – besann ich mich: »Weißt du, Wolfgang, es gefällt mir, und dir gefällt es nicht. Geh du nach Hause, ich bleibe.«

Ich hatte in dieser Nacht noch viel Spaß. Kein Mensch hat gewußt, daß er mit der Frau von Professor Manmann tanzte, der Gattin des Abgeordneten. Ich war die bunte Tuchfrau, und alle haben mich toll gefunden, weil ich so viele Einfälle hatte, so lustig war. Mir ist bewußt geworden, daß *ich* einen Wert habe, einen *eigenen* Wert, der sich nicht von irgendwelchen Posten in der gesellschaftlichen Hierarchie ableitet.

Mir ist bewußt geworden: Wenn er seine Politikermaske oder sein Professorengesicht nicht herzeigen kann, wenn er nicht aufgrund seines Status aufmerksam begrüßt und ehrerbietig behandelt wird, ist er ein Nichts und Niemand, eine kleine Laus, eine hilfloser Trottel ohne Inititative, dem niemand Beachtung schenkt.

Ich habe versucht, mit Wolfgang über den Maskenball zu reden, aber er hat sich heftig geweigert. Er ist regelrecht ausfallend geworden, um das Gespräch abzublocken. Heute weiß ich, daß dieses Fest, auf dem alle gleich waren, an seine tiefsten Ängste gerührt hat.

Nach dem Maskenball habe ich mich noch entschiedener dagegen gewehrt, von anderen über meinen Mann, über seinen Beruf und seine Ämter definiert zu werden. Ich habe es mir verboten, daß man mich mit »Frau Doktor« oder »Frau Professor« anredete. Wenn mich jemand als die »Gattin unseres Abgeordneten...« vorstellen wollte, habe ich ihn unterbrochen: »Ich bin Judith Manmann-Jannberg, ich bin Referentin...«

Nach dem Maskenball bin ich entschieden lockerer geworden im Umgang mit sogenannten Prominenten. Ich habe sie mir immer mit einer Seeräubermaske auf einem Kostümfest vorgestellt. Ich bin respektlos geworden, frei von Respekt. Wenn ein Minister auf einer Party eine chauvinistische Bemerkung machte, habe ich ihn nach seinen unbewältigten Eheproblemen gefragt. Wenn ein Professor einen sexistischen Witz erzählte, habe ich nicht mitgelacht, sondern ihn direkt nach seinem derzeitigen Bewußtseinszustand und nach seinen Kindheitsängsten gefragt: »Mit Ihrem Witz haben Sie mir gezeigt, daß Sie sehr unsicher sind. Sie tun mir leid. Erzählen Sie mir von...«

Indem ich Politiker und Wissenschaftler, Schauspieler und sonstige sogenannte Prominente direkt angesprochen und auch angegriffen habe, indem ich ihnen durch meinen nicht gerade ehrerbietigen Ton gezeigt habe, daß sie mir nicht imponieren können mit ihrem Status, habe ich die »Stars« der Gesellschaft gereizt und zum Teil sehr verärgert. Die Herren haben sich decouvriert, wenn sie konterten: »Wie kann eine so schöne Frau wie Sie so aggressiv und feministisch sein? Haben Sie das denn nötig?«

Ich war frei von Respekt und habe die Selbstbewußtesten unter den »bedeutenden Männern« aufgefordert, sich einmal auszumalen, welche Beachtung ihnen wohl zuteil würde, wenn niemand von ihrem Status wüßte.

Es war mir einfach nicht mehr möglich, ehrfürchtig zu sein. Und ich habe es zunehmend als Zeitvergeudung empfunden, zu sogenannten »großen Empfängen« zu gehen. Was tun die da außer Quatschen! Was nützt mir das Gelaber? habe ich mich gefragt.

Als Wolfgang mir meine »lockere Art«, mit bedeutenden Persönlichkeiten umzuspringen, zum Vorwurf machen wollte, habe ich gesagt: »Was hast du eigentlich gegen Lockerheit? Locker ist das Gegenteil von verkrampft. Ist deiner Meinung nach Verkrampfung etwas Positives? Warum siehst du das Wort ›locker‹ eigentlich immer so negativ?« Ich habe ihm erklärt, daß für mich Erstarrung etwas Negatives, Lockerheit etwas Positives sei und daß er mir ein Kompliment mache, wenn er mich locker nenne.

Wolfgang hat dem nichts zu entgegnen gewußt. Entwaffnet hat er auf seinen Teller gestarrt. Seine Sprachlosigkeit, seine plötzliche Unfähigkeit, mich mit Argumenten klein zu machen, hat mich gestärkt und dazu animiert, sein ganzes Waffenarsenal einmal kritisch durchzusehen: »Ich stamme aus der Gosse – na und? Ist das etwa ein Verdienst, eine Familie gehabt zu haben? Du hast allen Grund, mich wegen meiner Herkunft zu bewundern, denn ich bin mir keineswegs sicher, ob du die Schwierigkeiten, die ich überwinden mußte, gemeistert hättest. Du weist mich auf meine Tüchtigkeit hin, wenn du mich daran erinnerst, daß ich aus der Gosse stamme. Ich habe nur Hauptschulabschluß – na und? Wenn man mich wie dich auf Händen zum Abitur getragen hätte, dann würde ich heute vor Leuten wie mir den Hut ziehen. Ob du fähig gewesen wärst, dich autodidaktisch in den Stand zu setzen, das zu leisten, was ich heute leiste? Meine Mutter war eine lockere Person – okay. Ich weiß nicht, was deine war. Aber wenn ich so unfähig zur Liebe wäre wie du, würde ich mich nach den Erziehungsfehlern fragen, die man mit mir gemacht hat.

Ich habe Wolfgang bewußt gemacht, daß er mich mit meiner Herkunft nicht mehr treffen kann. Er hat begriffen, daß seine bewährten Waffen nicht mehr taugen, und er hat aufgehört, sie gegen mich einzusetzen.

In dieser Zeit der »Lockerheitsdiskussion« bin ich auf ein Symposiumprogramm gestoßen, in dem auch Elisabeth Dessai als Referentin aufgeführt war. Ich bin von weither angereist, um ihren Vortrag »Wörter mit Widerhaken« zu hören und sie endlich persönlich kennenzulernen. Und es hat mir einen ungeheuren Eindruck gemacht, wie sie angefangen hat, die Frauen aufzufordern, sich »frustriert« zu nennen. Ihre Argumentation hat mir unmittelbar eingeleuchtet: Wer diskriminiert werde, *müsse* frustriert sein. Wer als Diskriminierter nicht frustriert sei, könne nur schwachsinnig sein.

Elisabeth Dessai hat mich dazu animiert, negativ gebrauchte Wörter neu zu bewerten. Während ich vorher danach getrachtet hatte, in Seminaren Wörter wie Emanzipation, Feminismus und Frustration geflissentlich zu vermeiden und sie, um keinen Anstoß zu erregen, durch harmlosere zu ersetzen, wohlgefälligere, habe ich nach ihrem Vortrag diese negativ befrachteten Wörter ganz bewußt und systematisch eingesetzt.

Ich habe einen Kurs mit der Feststellung eröffnet: »Ich bin eine frustrierte Frau«, und lächelnd die vorhergesehene Reaktion abgewartet: Aha, sie sagt es selbst, daß sie eine Frustrierte ist. Na ja, das erklärt ja vieles.

»Na und? habe ich gekontert, was heißt denn Frustration? Frustration heißt Versagung. Mir werden als Frau so viele Bedürfnisse und Wünsche versagt, daß ich ein Recht darauf habe, mich frustriert zu nennen. Jawohl, ich bin eine frustrierte Frau, und Frustration ist ein Motor. Frustration ist schon immer der Anstoß für Veränderungen gewesen. Meine Frustration ist mein Antrieb: Ich habe mein Verhalten bereits geändert und ich bin dabei, wichtige Veränderungen meiner Lebenssituation voranzutreiben.«

Und so habe ich es mit allen Wörtern gehalten. Ich habe das Wort »Emanzipation« nicht mehr vermieden. Ich habe gesagt: »Leider bin ich noch keine emanzipierte Frau, aber gottlob bin ich bereits eine sich emanzipierende. Was ist, bitte, an dem Wort Emanzipation so schlecht, daß ihr euch nicht traut, es zu verwenden? Jedem Kind billigt man zu, daß es sich emanzipiert von seinen Eltern, daß es selbständig wird und sich aus Abhängigkeiten löst, daß es lernt, auf eigenen Füßen zu stehen, für sich selbst zu sorgen. Warum sollte ich als Frau nicht versuchen, für mich das zu erreichen, was ihr euren Kindern mit so viel Mühe zu vermitteln bemüht seid? Ist es nicht absurd, einer siebenunddreißigjährigen Frau etwas zu verweigern, was jedem Kind zugestanden wird?«

Ich habe im Lexikon die Bedeutung von »radikal« nachgeschlagen: an die Wurzel gehend. «Ja, ich gehe an die Wurzel. Ja, ich bin radikal. Ich bekenne mich zu meiner Radikalität. Ich weiß, wo die Wurzel meines individuellen Übels liegt, ich weiß, wo die Wurzel meines gesellschaftlichen Übels liegt. Und ich bin bemüht, mich zu heilen.«

Indem ich mir ein Wort nach dem anderen vorgenommen habe, indem ich den anderen gezeigt habe, daß man mir ein Kompliment macht, wenn man mich eine radikale Feministin nennt, daß man mich nicht verletzt, wenn man mich frustriert nennt, daß man mich ehrt, wenn man mir den Titel »Suffragette« verleiht; indem ich bei Veranstaltungen – sei es als Referentin, sei es als Zuhörerin – auf diese Weise heiße Diskussionen entfacht habe, indem ich »aggressiv« vorgeprescht bin, habe ich mich trainiert: Angst abbauen, lernen, sich argumentativ zu behaupten.

»Ich bekenne mich zu dem Adjektiv revolutionär«, habe ich gesagt, »ja, ich bin revolutionär. Ich wälze meine Bedingungen um. Revolutionen sind etwas Konstruktives. Im 19. Jahrhundert haben wir die industrielle Revolution gehabt, in diesem und nächsten Jahrhundert werden die Mann-Frau-Beziehungen umgewälzt. Ich bekenne mich zu dem Wort revolutionär, weil dieses Wort auf mich paßt, weil ich dabei bin, meine Bedingungen umzuwälzen.«

»Du nennst mich Suffragette? Ich bedanke mich für diese Auszeichnung. Was waren das doch für tolle Frauen, die Suffragetten, und wie viel können wir von ihnen lernen! Wäre ich doch nur so stark, in einen Hungerstreik zu treten, um gegen meine Unterdrückung zu demonstrieren! Du ehrst mich, wenn du mich Suffragette nennst. Leider verdiene ich diese Ehre gar nicht, jedenfalls *noch* nicht!«

»Blaustrumpf« war auch so ein Wort, mit dem die verunsicherten Männer rebellierende Frauen abzuqualifizieren versuchten. Später kam »Emanze« hinzu, und ich freue mich zu sehen, daß immer mehr Frauen den Titel »Emanze« als Ehrentitel auffassen und eine Umwertung dieses Schimpfwortes vorbereiten. Ich glaube, daß in zehn Jahren die Bezeichnung *Emanze* ein Kompliment sein wird.

»Mannweib!« Ich habe mich einmal in einer Diskussion als Mannweib bezeichnet. Ich habe mich öffentlich zu den männlichen Anteilen in mir bekannt und alle rundherum aufgefordert, mich ab jetzt Mannweib zu nennen: »Natürlich bin ich ein Mannweib, natürlich bin ich wie jeder Mensch als ein vollkommenes, als ein komplettes Wesen angelegt. Zu dem reduzierten Wesen, das ich jetzt noch bin, bin ich gemacht worden. Man hat mich gezwungen, meine sogenannten weiblichen Eigenschaften im Übermaß zu entwickeln und opfervoll, duldend, demütig, emotional, unlogisch, unterwürfig und passiv zu sein, und man hat alles unternommen, um zu verhindern, daß ich meine sogenannten männlichen Anteile entfalte. Alles das, was unter »männlich« läuft, entwickle ich erst heute. Ich habe gerade erst angefangen, mich zu behaupten, mein logisches Denkvermögen zu entdecken und meinen Verstand einzusetzen – wenn ihr mich trotzdem schon jetzt Mannweib nennt, dann bescheinigt ihr mir, daß ich bereits einen Schritt weg bin von der jämmerlichen Nur-Frau, daß ich bereits sichtbar kompletter geworden bin, daß ich dabei bin, ein vollständiger Mensch zu werden: weich *und* aggressiv, opferbereit *und* fordernd, emotional *und* logisch ...

In der Beziehung zu Martin habe ich mich zunehmend kompletter gefühlt. Wir haben uns nicht »männlich« oder »weiblich« aufgeführt, wir sind auf ursprüngliche Weise miteinander umgegangen. Nachdem wir uns eine sehr lange Zeit nur auf der geistigen und emotionalen Ebene begegnet waren, konnten wir uns jetzt allmählich auch sexuell verständigen.

Ich hatte meine Sexualität schon abgeschrieben gehabt. Seit dem Jahr ohne Wolfgang hatte ich mich manchmal als einen Baum gesehen, als einen wiederbelebten, großen, starken Baum voller frischer grüner Triebe. Nur ein Zweig war trocken geblieben. Ich hatte diesen nicht wieder ergrünten Zweig zur Kenntnis genommen und mich schon damit abgefunden: Deine Sexualität ist abgestorben. Okay, ist sie halt abgestorben. Du kannst trotzdem gut leben. Auch in der Natur gibt es ja oft wunderschöne, große alte Bäume, die kräftig und gesund dastehen – nur ein Zweig ist trocken. Na und? Ist er halt trocken.

In der Begegnung mit Martin ist dieser scheinbar verdorrte Zweig wieder lebendig geworden. Ich habe meine Angst verloren, ich habe Orgasmen bekommen, ich habe Orgasmenserien bekommen, ich habe mich komplett und gut gefühlt.

Ist es schwer zu verstehen, daß ich mit Wolfgang noch schlafen konnte? Ein für mich unangenehmer Punkt. Es ist mir unangenehm zuzugeben, daß ich ihn in den letzten Jahren so benutzt habe, wie er Frauen benutzte, als einen Gegenstand. Ich hatte mit Martin meine Sexualität voll entwickelt, aber Martin und ich konnten uns meistens nur einmal im Monat sehen. Ich war bedürftiger. Andere Frauen nehmen vielleicht einen Vibrator, ich habe meinen Ehemann genommen, den guten Techniker.

Wolfgang hat mir hin und wieder einen körperlichen Entspannungszustand verschafft und mich zugleich darin bestärkt, daß ich die Ehe verlassen muß: Ich will eine Beziehung auf allen Ebenen. Es ist für mich unerträglich, mit einem Menschen zusammen zu leben, der nur als Körper für mich brauchbar ist.

Wolfgang hat mich nicht mehr geschlagen, er hat mich nicht mehr mit meiner Herkunft und meiner mangelnden Schulbildung kleinzumachen versucht, er stand sexuell zur Verfügung – aber es gab keine Liebe zwischen uns. An seiner Ritterrüstung war nicht zu rütteln, er hat abwechselnd sein Professorengesicht und seine Abgeordnetenmaske getragen, er hat Frauen konsumiert, ohne sich einer Beziehung hinzugeben, ebensowenig wie für mich hat er für irgendeine Geliebte irgendein Opfer gebracht, und auch die eigenen Kinder waren ihm kein Opfer wert. Ich habe ihn immer deutlicher als das Musterexemplar eines auf das sogenannte Männliche reduzierten Menschen empfunden.

Etwa ein Jahr, bevor ich nach Großstadt gegangen bin, ist Wolfgang einmal sehr früh zum Mittagessen nach Hause gekommen und den ganzen Nachmittag bei den Kindern geblieben. Er hat sich zu Sarah und Maria auf den Boden gehockt und sich die Schultaschen zeigen lassen. Aufmerksam hat er sich angehört, was in einzelnen Fächern durchgenommen wird, welcher Lehrer »bescheuert« und welcher eine »große Wucht« ist, wie die Sitzbänke angeordnet sind, wer immer stört und was mit den Störenfrieden gemacht wird ...

Ich stand verstohlen an der Kinderzimmertür und war hingerissen. Vor lauter Rührung sind mir die Tränen gekommen: Wie gut er das kann! Wie lieb er mit den Kindern ist! Es hat doch etwas genützt, mit ihm zu reden. Er will sich ändern. Wer weiß, vielleicht werden wir doch noch eine richtige Familie.

Nach dem Mittagessen hat er ihnen bei den Schulaufgaben geholfen und sich nach ihren Klassenkameraden erkundigt. Wer kommt auf das Gymnasium, wer nicht? Warum nicht? Ob die Lehrer gerecht seien, ob sie gegen manche Schüler Vorurteile hätten. Warum die Mädchen bessere Noten haben, welche Berufspläne die Freundinnen hegen und so weiter.

Die Kinder haben noch tagelang von diesem Nachmittag geschwärmt, und noch begeisterter als die Kinder war ich. Ich war in Euphorie: Aus unserer Ehe läßt sich noch etwas machen.

Eine Woche später hörte ich, daß mein Mann auf irgendeiner Veranstaltung mit einem hervorragenden Vortrag geglänzt habe, mit einem Vortrag über die Schule aus der Sicht des Kindes. Immer werde nur herumtheoretisiert, dies sei mal ein wirklich praxisnaher Vortrag gewesen. Und wie lebendig Professor Manmann berichtet habe! Man habe deutlich gespürt, daß endlich einmal ein echter Vater zu Wort gekommen sei: »Meine Tochter Sarah hat gesagt... meine Tochter Maria findet... Von meinen Kindern weiß ich...«

Voll Bitterkeit habe ich in mein Tagebuch geschrieben, daß mein Intelligenzquotient wohl doch extrem niedrig sein müsse: »Obwohl du ihn seit über sechzehn Jahren kennst, hast du nicht durchschaut, daß er die Kinder nur benutzt hat – als Mittel zu seinen Karrierezwecken.«

Dieses Erlebnis hat mich endgültig von der Zwangsvorstellung befreit, den Kindern nicht den Vater nehmen zu dürfen, ich wußte: Wenn du ihn verläßt, zerstörst du keine Familie. Wir waren nie eine Familie, und wir werden nie eine sein. Etwas nicht Vorhandenes kann man nicht zerstören.

Ich habe mich um eine Stelle bemüht. Auf meine Einnahmen als freie Mitarbeiterin bei verschiedenen Instituten mochte ich mich im Hinblick auf die unausweichliche Trennung nicht länger verlassen. Sie konnten jederzeit versiegen, ich brauchte eine feste Stelle mit regelmäßigem Gehalt, um den Unterhalt der Kinder sichern zu können. Und ich brauchte einen Ort der Geborgenheit. Ich hatte mir eine These aus der Entwicklungspsychologie zu eigen gemacht: Jeder Mensch braucht einen festen Ort. Wenn er keine einzelne feste Bezugsperson hat, braucht er eine Bezugsgruppe. Ich habe mir eine Tätigkeit in einem Büro vorgestellt mit einem geregelten Ablauf. Ich habe daran gedacht, mich in irgendeine Berufsgruppe fest einzubinden.

Für ein katholisches Institut mochte ich aufgrund der Haltung der Kirche in der Frage des § 218 nicht mehr arbeiten. Ich habe mich um eine Stelle als pädagogische Hilfskraft beworben, die ein Landesinstitut ausgeschrieben hatte.

Nachdem man mich in die engere Wahl gezogen hatte, wurde ich dem Leiter des Amtes, einem Partei- und Duzfreund meines Ehemannes, vorgestellt. Er war ausgesucht höflich, mochte aber noch keine feste Zusage machen. Am nächsten Morgen bin ich von Wolfgang auf die Bewerbung hin angesprochen worden: »Herr Meier hat mich gefragt, ob es mir recht sei, daß du in seiner Abteilung angestellt wirst. Deine Frau hat doch drei Kinder, hat er gemeint.«

Der Wink mit dem Zaunpfahl war unmißverständlich: Wolfgang war aufgrund seiner Beziehungen in der Lage, meine Anstellung bei fast allen Organisationen zu verhindern.

»Und was hast du ihm geantwortet?« Ich ahnte, daß er mir diese Stelle bereits vermasselt hatte; denn ich hatte längst begriffen, daß er mich zwingen wollte, in der Ehe zu verharren. Emotional war ich unabhängig geworden von ihm, er mußte versuchen, mich finanziell abhängig zu halten.

Mit fast unmerklich ironischem Grinsen hat Wolfgang mich darauf aufmerksam gemacht, daß ich ein mündiger Bürger sei und über meine Berufswahl selbst entscheiden dürfe: »Natürlich habe ich ihm gesagt, daß das deine Angelegenheit ist!«

Das war seine Politikerart, Stellung zu beziehen. Indem er scheinbar progressiv von *meiner* Angelegenheit gesprochen hatte, hatte er seinem Parteifreund zu verstehen gegeben, daß er *nicht* damit einverstanden war, daß seine Frau als Mutter dreier Kinder arbeiten ging.

Tatsächlich habe ich die Stelle, obwohl ich qualifizierte Fürsprecher mobilisiert hatte, nicht bekommen.

Nachdem mir zwei weitere Versuche, in Mittelstadt eine Stelle zu bekommen, mißlungen waren, habe ich meine Bemühungen aufgegeben. Mir war klargeworden, daß ich mich geographisch entfernen, in eine Stadt außerhalb seines politischen Einflußbereichs ziehen mußte.

Unseren letzten »Familienurlaub« haben wir zusammen mit einem Ehepaar, das auch in »offener Ehe« lebte, in Griechenland verbracht. Während dieser Ferien hatte ich Gelegenheit, zu beobachten, wie Wolfgang als Fraueneroberer vorging.

Von meinem Leseplatz in der Hängematte aus habe ich mir das Spiel in aller Gelassenheit angesehen: Es beginnt damit, daß Wolfgang seine Künste vorführt. Als guter Schwimmer lockt er Olga weit hinaus ins Meer, um sich als Retter der Erschöpften bewähren zu können. Er brilliert im Gespräch. Er erzählt keine abgegriffenen Witze, er macht Situationswitze, die wirklich geistreich sind. Als intellektuelle Frau findet Olga Gefallen an seiner glänzenden Rhetorik. Sie steigt auf seinen Stil ein und wetteifert mit ihm um brillante Formulierungen. Langsam gerät sie in einen Zustand geistig-erotischer Erregung. Er gibt sich sexuell desinteressiert. Er versucht nicht, sie heimlich zu berühren oder ihr gar einen Kuß zu rauben. Er läßt sie warm werden und zeigt derweil seine sozialen Qualitäten. Zum großen Erstaunen meiner Kinder beginnt er, sich intensiv ihren Kindern und den unseren zu widmen. Er macht Späße, turnt stundenlang mit der ganzen Bande herum, hetzt sie über den Strand und hockt plötzlich nieder, um für alle Kinder Würstchen im Freien zu grillen. Olga ist hingerissen von dem gutaussehenden Mann, der einfach für alles taugt. In der Dämmerung legt sie ihren Arm um ihn. Er läßt sich ihre Liebkosungen freundlich gefallen, hält sich aber lange zurück. Gegen Mitternacht sind beide plötzlich verschwunden.

Olgas Mann war das personifizierte Leiden. Er hat gelitten wie ich früher, wenn ich wachliegend gewartet habe, wenn ich wartend gewußt habe, daß er bei einer Freundin war.

»Wie geht es dir dabei?« habe ich ihn gefragt.

»Gut. Wieso? Gut.« Er hat meine Fragen abgewehrt. Eifersüchtig sei er ganz und gar nicht, hat er gesagt, er lehne es ab, sexuelle Besitzansprüche zu stellen: »Meine Frau ist frei und ich freue mich, wenn ihr wohl ist...«

Ich habe mich gefragt, ob ich, wenn ich mit Martin lebte, Lust haben könnte, zwischendurch mit einem anderen Mann zu schlafen. Und ich habe diese Frage verneint.

Wolfgang hat getobt, aber er hat nicht die Hand gegen mich erhoben, als ich ihn darüber informiert habe, daß Martin und ich fünf Tage nach Prag fahren würden.

Wir haben von Prag nichts gesehen. Wir haben den ganzen Tag in unserem Hotelzimmer verbracht. Diese fünf Tage waren für uns ein ungeheures Abenteuer. In den fünf Jahren unserer Freundschaft hatten wir uns immer nur sporadisch getroffen, oft nur für eine Tasse Kaffee im Bahnhofsrestaurant oder für einen Vormittag in irgendeinem Tagungshaus, wir hatten nie mehr als eine Nacht miteinander verbracht, wir waren ausgehungert, unersättlich.

In der letzten Nacht hatten wir zur gleichen Zeit einen fast gleichen Traum. Wir sind gegen sechs Uhr morgens eingeschlafen und beide nach dem Traum gegen sieben Uhr aufgewacht.

Mein Traum: Ich bin im Kinderzimmer. Mein Blick fällt auf die eingesperrten Meerschweinchen. Ich hebe das Gitter an und lasse die Tiere frei, so wie ich es in Wirklichkeit auch oft getan habe. Da mir eingesperrte Tiere schon immer unbehaglich waren, habe ich die Meerschweinchen meiner Kinder oft frei herumlaufen lassen und dann eben die Köttel mit dem Staubsauger aufgenommen. Die beiden Meerschweinchen in meinem Traum kraxeln hilflos auf dem blanken, glatten Parkettboden herum. Plötzlich steht eine große schwarze Katze im Raum. Ich bin fasziniert von der Schönheit dieser wilden, geschmeidigen Katze. Gleichzeitig bin ich besorgt: Katzen sind Meerschweinchen gefährlich. Schon beginnt die Katze die beiden Meerschweinchen, die mit auseinandergespreizten Füßen verängstigt über das glatte Parkett rutschen, zu jagen. Die Meerschweinchen flüchten sich unter den Kleiderschrank meiner beiden jüngeren Kinder. Die Katze faßt sie, ich höre den Kampf, werfe mich auf den Fußboden und verscheuche die Katze. Ich greife unter den Schrank und fasse in ein blutig klebriges Fell. Ich fische die Meerschweinchen unter dem Schrank hervor und lege sie auf das Heu in ihrem Käfig. Beide sind zerschunden und bluten aus mehreren Wunden. Sie liegen hilflos eingerollt, und mir ist, als ob sie mich mit menschlichen Augen ansähen, vorwurfsvoll mit einem fürchterlich anklagenden Blick: Was hast du uns angetan? Weißt du denn nicht, daß wir gefährdet sind, wenn man uns aus dem sicheren Käfig nimmt? Mir war ganz bitter zumute, und ich bin mit einem scheußlichen Schuldgefühl aufgewacht.

Martin hat sich meinen Traum angehört und sich über den »eigenartigen Zufall«, daß er fast Gleiches geträumt hatte, gewundert.

Sein Traum: Ich bin in dem Zimmer meiner Tochter. Ich öffne den Stall des Hamsters, weil es mir weh tut, eingesperrte Tiere zu sehen. Plötzlich erscheint eine riesengroße, furchterregende schwarze Katze. Sie jagt den Hamster und erwischt ihn unter dem Kleiderschrank. Ich komme zu spät. Der Hamster ist nicht mehr zu retten. Unter dem Schrank fliegen weiße, ganz blank genagte kleine Knochen hervor. Mit einem wehmütigen Gefühl wache ich auf.

Martin hat die Parallelität der Träume zur gleichen Zeit nur erstaunt, mich hat sie als »kleines Wunder« begeistert.

Wir konnten uns die Ähnlichkeit und den Inhalt unserer Träume erklären: Vor dem Einschlafen hatten wir über Erich Fromms *Furcht vor der Freiheit* diskutiert, ich hatte mir meine Zukunft als geschiedene Frau mit drei Kindern ausgemalt, wir hatten Sicherheit und Freiheit als Alternativen, die einander ausschließen, erörtert. Es fiel uns nicht schwer, die Katze als Symbol für Freiheit und die Meerschweinchen beziehungsweise den Hamster als Symbol für Sicherheit zu interpretieren.

Erst ein knappes Jahr später, nachdem Martin sich von mir zurückgezogen hatte, um nicht mit mir zusammen zu »ertrinken«, habe ich begriffen, daß unsere Träume Voraussagen waren. Erst dann habe ich den *Unterschied* unserer Träume gesehen: Sein Hamster war nicht mehr zu retten gewesen vor der »furchterregenden« Katze, meine Meerschweinchen waren verwundet und zerzaust, aber sie haben die schöne wilde Katze überlebt.

Wolfgang hat sich nach meiner Rückkehr aus Prag ruhig gegeben. Er schien beschlossen zu haben, Martin als Tatbestand zu akzeptieren. Er wollte die Ehe aufrechterhalten. Es war für ihn als Politiker, der viel über Familienfragen referieren mußte, günstig, eine »intakte Familie« nachweisen zu können. Und nur als Verheirateter, der seiner Frau die »soziale Treue« versprochen hatte, durfte er sich sicher fühlen vor den Belästigungen durch abgelegte Freundinnen. Da er spürte, daß ich im Aufbruch war, versuchte er, mich durch Zugeständnisse zu halten.

Ich bin nur noch selten mit ihm zu »offiziellen Anlässen« gegangen. Die Party-Smalltalks haben mich zunehmend angewidert. Was mir etwas gebracht hat, das waren die Frauenabende. Ohne den Anspruch, eine autonome Frauengruppe zu gründen, hatte ich während meines Jahres allein angefangen, private Kontakte zu einzelnen Frauen meiner Kurse aufzunehmen, um mich über meine Nöte aussprechen zu können und von ihren Problemen zu erfahren. Aus den unregelmäßigen Treffen sind allmählich feste Gruppenveranstaltungen geworden. Wir haben uns jede Woche einmal bei einer von uns getroffen, und wir haben nicht mehr ohne Konzept drauflos geplaudert, sondern die Abende unter ein bestimmtes Thema gestellt und den Gesprächsablauf geordnet. Ich habe angefangen, mich mit Gruppendynamik zu beschäftigen, und den Frauen vorgeschlagen, die in den verschiedenen Büchern entwickelten Methoden auszuprobieren. Bei der Lektüre der gängigen Werke zum Thema Gruppendynamik habe ich immer wieder den Eindruck gewonnen, daß traditionelle Hilfsmittel, volkstümliche Bräuche und die beliebten Rollenspiele zu »wissenschaftlichen Methoden« aufgebauscht wurden. Ich habe es als lächerlich empfunden, mir durch die Benutzung der wissenschaftlichen« Methode X oder Y einen Status zu verleihen. Statt auf Bestsellerautoren habe ich mich auf meine Kinder berufen: »Sarah und Maria haben gestern in der Badewanne nachgespielt, wie Marias Freund Klaus fast ertrunken wäre. Dieses Spiel hatte die Funktion, Maria von ihren Schuldkomplexen als gute Schwimmerin, die angesichts des scheinbar ertrinkenden Kameraden einfach weggelaufen war und sich im Keller versteckt hatte, zu befreien. Ich habe beobachtet, daß einmal Maria die Ertrinkende und Sarah die mögliche Retterin gespielt hat und das andere Mal Sarah den gefährdeten Klaus und Maria die kopflose Kameradin. Wollen wir in unserem Kreis einmal die Methode Rollenspiel, die meine Kinder gestern angewandt haben, ausprobieren?«

Aus diesen Abenden habe ich Kraft bezogen. Ich habe gelernt, daß mein Problem kein individuelles ist. Und ich habe die Gewißheit gewonnen, daß diese Frauen mir helfen würden, wenn ich einmal Hilfe brauchen sollte.

Im Vergleich zu diesen offenen und intensiven Gesprächen waren die »Diskussionen« die bei sogenannten wichtigen Anlässen unter den sich prominent dünkenden Leuten abliefen, armseliges Gewäsch. Ich hatte keine Lust mehr zu Eröffnungen, Premieren, Begrüßungen, Empfängen, und es hat mich bei diesen Anlässen zusätzlich genervt, daß Wolfgang es nicht unterlassen konnte, sich pausenlos in den Vordergrund zu spielen. Immer wenn ich mit jemandem ein halbwegs ernstes Gespräch begonnen hatte, trat er mit seinen witzig-geistreichen Bemerkungen dazwischen – und schon war man wieder in oberflächliches Politgeplänkel abgerutscht.

Ein paar Monate vor dem Ende unserer »Ehe« bin ich einmal ausgerastet. Wir haben gemeinsam an der Eröffnung einer Kunstausstellung teilgenommen. Ich habe mit einigen Leuten im Atrium der Galerie bei einem Glas Wein diskutiert. Ich weiß nicht mehr worüber, ich weiß nur, daß wir nicht geplänkelt und keine Show abgezogen, sondern vernünftig miteinander geredet und Erfahrungen ausgetauscht haben. Die anderen haben sich für das, was ich sagte, interessiert und aufmerksam zugehört.

Plötzlich tritt Wolfang an unseren Tisch und reißt mit einem geistreichen Witz das Wort an sich. Automatisch wenden sich alle dem bekannten Professor zu. Wolfgang labert und labert, und ich fühle die gewohnte kalte Lähmung in mir emporkriechen.

Ich war nicht fähig, mit der Faust auf den Tisch zu schlagen – »Halt die Schnauze! Du störst mit deiner Profilierungsneurose ein echtes Gespräch! Du degradierst unsere Unterhaltung mit deinen unverbindlichen Witzeleien zu einem Smalltalk!« –, aber ich war imstande, mich dem von ihm angefangenen Geplänkel zu entziehen.

Ich bin unter dem Vorwand, austreten zu müssen, aufgestanden. Ich bin durch die Ausstellungsräume gegangen und habe mir die Bilder, deretwegen die Vernissage ja eigentlich veranstaltet worden war, mit Interesse, durch keine weiteren Betrachter abgelenkt, angesehen.

Am Ende meines Rundgangs bin ich auf einen Maler gestoßen, der mit mir ein Gespräch angeknüpft hat. Wir haben uns über seine Bilder unterhalten und sind über die Schwierigkeit, dem eigenen Entwicklungsprozeß Ausdruck zu verleihen, ins Philosophieren über die Möglichkeiten des Künstlers in der Fernsehgesellschaft geraten.

Plötzlich stand Wolfgang neben uns. Er habe mich gesucht: Warum ich die Runde verlassen hätte. Es sei mir zu langweilig geworden, habe ich ruhig erklärt, innerlich kochend vor Wut. Ich hätte ihn wegschicken mögen, aber ich habe es als unschicklich empfunden, ihm vor dem Maler zu sagen, daß er mich zum zweiten Mal störte. Ich habe versucht, das Gespräch mit dem Künstler fortzusetzen, aber Wolfgang hat uns sofort mit einer modisch-progressiven Bemerkung über die moderne Kunst unterbrochen. Die Unterhaltung ist in kulturpolitische Unverbindlichkeit abgerutscht, aber der von Subventionen abhängige Maler hat dem Herrn Abgeordneten artig zugehört.

Ich habe die beiden stehen gelassen und bin zu den Gästen eine Etage tiefer zurückgekehrt. Als mir zwei Frauen aus der Frauengruppe entgegenkamen, bin ich explodiert: »Ich habe so eine Wuuuut!«

Zum ersten Mal in meinen fast siebzehn Ehejahren habe ich mich öffentlich gehenlassen: »Ich hasse diesen Mann da oben. Ich habe so eine Wuut. Nie kann er mich gelten lassen. Immer muß er mir alles vermasseln!«

Mein Wutanfall wäre beendet gewesen, wenn sich nicht eine Dame der Gesellschaft dazu gemeldet hätte: »Mein Gott, tausend Frauen beneiden Sie um Ihren Mann!«

Da bin ich ausgeflippt: »Sie beneiden mich? Ich schenk' ihn Ihnen. Nehmen Sie ihn doch! Sie können ihn haben. Probieren Sie ihn einmal aus!«

Die Leute haben mich ausschreien lassen. Vermutlich haben sie die Pikanterie der Szene genossen. »Ihr seht ja nur seine Maske!« habe ich gebrüllt.

»Sie sehen ja nur seine Maske! Leben Sie einmal mit ihm!« habe ich die Frau aufgefordert, die mich beneidenswert gefunden hatte. »Ich bin bei diesem Kerl krepiert. Siebzehn Jahre meines Lebens habe ich verplempert, ja, verplempert. Was hätte ich alles unternehmen können, statt mich in der Ehe mit diesem Mann herumzuquälen!«

Ich habe auf Olga gezeigt: »Fragt doch Olga! Olga hat ihn gerade als Liebhaber gehabt. Fragt Olga, warum sie ihn nicht behalten will!« Ich habe Olga selbst gefragt: »Warum willst du ihn nicht haben? Sag den Frauen, daß er als Urlaubsliebhaber toll sein kann. Sag uns, ob er deiner Meinung nach auch als Ehemann und Vater taugt. Verrat uns, warum du ihn nie heiraten würdest!«

Ich habe Wolfgang mit gefaßter Miene die Treppe herunterkommen sehen: »Ihr kennt ja nur seine Maske!« habe ich geschrien, »ihr kennt ja nur seine Maske!«

Wolfgang hat sich souverän gegeben. Er hat mir freundlich zugeredet und meinen Arm genommen: »Komm Judith, ich glaube, daß es jetzt besser für dich ist, wenn du nach Hause gehst und dich ein wenig hinlegst.«

Diese Tour, den nachsichtigen Arzt zu spielen und mich als Kranke hinzustellen, hat mich noch mehr erbost: »Nein, ich gehe nicht mit dir. Ich habe Angst davor, mit dir nach Hause zu gehen, weil du ein Schläger bist. Ich bleibe und sage dir hier vor Zeugen, daß ich dich in Kürze verlassen werde!«

Ich habe auf Begleitschutz bestanden. Wolfgang hatte sich zwar nach meiner Fahrt zu dem Rechtsanwalt geschworen, sich nie wieder der Gefahr auszusetzen, wegen Körperverletzung angeklagt zu werden, aber angesichts dieser Demütigung *mußte* er einfach losprügeln. Ihm war die schlimmste Blamage passiert, die einem Helden passieren konnte. Seine Frau hatte verkündet, daß sie ihn verlassen würde. Wenn jemand jemanden verließ, dann er, der Sieger, mich. Daß ich ihn als für mich unbrauchbar anderen zum Geschenk angeboten hatte, das war das Ungeheuerlichste, das einem Frauenhelden widerfahren konnte.

Ich bin erst mitgekommen, nachdem sich fünf Frauen bereit erklärt hatten, uns zu begleiten.

Am nächsten Morgen habe ich von ihm die Scheidung verlangt. Aber Wolfgang war trotz (oder wegen) des Vorfalls in der Kunstgalerie an einer Scheidung nicht interessiert. Er hatte sich die Pro und Contras während der Nacht durch den Kopf gehen lassen, und die Vorteile des Weitermachens hatten sich als bedeutender als die Nachteile erwiesen. Er hat mir zugesichert, daß er gegen meine Beziehung zu Martin nie wieder Einwände erheben würde. Er hat die Ansicht vertreten, daß unsere Ehe im großen und ganzen auf der Basis der Offenheit doch gut funktioniere, und er hat tröstend gemeint, daß man mir meinen kleinen hysterischen Anfall sicher nicht nachtragen werde. Frauen seien bekanntlich manchmal hysterisch, die Sache werde sich schon zurechtbiegen lassen.

»Ich war nicht hysterisch«, habe ich ihm erklärt, »ich war nur ich selbst. All die Jahre habe ich in der Öffentlichkeit die Fassade gewahrt und geheuchelt, gestern abend habe ich die Wahrheit gesagt. Ich werde dich jetzt verlassen. Du hast deine Scheißprofessur, dein schönstes Statussymbol, geschafft, ich fühle mich jetzt frei zu gehen.«

Es war Wolfgang unbegreiflich, daß ich, nur weil er mein Gespräch mit dem Maler unterbrochen hatte, derart explodiert war. Da er nie die Erfahrung gemacht hatte, ein Anhängsel zu sein, das Zubehör eines Ehemannes, war Hysterie die einzige Erklärung, die ihm einleuchten konnte.

Kurz bevor ich ausgebrochen bin, habe ich an mir eine Isolations-Aushalte-Therapie durchgeführt. Ich habe geahnt, daß die Isolation in Großstadt mein größtes Problem sein würde. Ich habe aufgehört, Leute zu besuchen und zu Veranstaltungen zu gehen, ich habe Einladungen abgesagt. Ich habe mich ganz zurückgezogen, intensiv Tagebuch geführt, Martin lange Briefe geschrieben und mich in Erich Fromms *Haben oder Sein* hineingekniet.

Ich habe mich auf mein Bett gelegt, die Augen geschlossen und mir alle denkbaren Notsituationen ausgemalt: Ich bin mit meinen Kindern in Großstadt. Wir haben eine kleine Wohnung in einem anonymen Mehrfamilienhaus. Ich liege mit vierzig Fieber danieder, und wir haben noch kein Telefon. Meine Kinder sitzen weinend an meinem Bett. Ich habe Bauchkrämpfe, velleicht infolge einer Lebensmittelvergiftung, weil ich immer die billigsten Sachen eingekauft habe. Ich bin fast ohnmächtig. Was passiert? Ja, da war Sarah mit ihren zehn Jahren durchaus in der Lage, an den Türen der Nachbarwohnungen zu klingeln und jemanden zu bitten, einen Arzt zu holen.

Ich habe mir das nächste Phantasiebild vorgenommen: Meine Kinder sind krank. Ich habe einen Acht-Stunden-Job und einen unsozialen Chef, der mir nicht freigeben will. Ich bleibe trotzdem zu Hause und überziehe meinen Pflegeurlaub. Ich werde entlassen. Was passiert? Ich kann Arbeitslosenunterstützung beziehen.

Bei der Notlösung »Arbeitslosenunterstützung« ist mir Wolfgangs Standardsatz: »Du kannst ja noch nicht einmal ein Formular ausfüllen!« eingefallen. Ich habe im Telefonbuch alle möglichen Ämter nachgeschlagen und Formulare angefordert, um das Ausfüllen von Anträgen zu üben.

Ich habe mir eine schlimme Situation nach der anderen vorgenommen. Und immer wieder bin ich zu dem Ergebnis gelangt, daß wir daran nicht zugrunde gehen würden: Es läßt sich alles bewältigen.

Während ich meine innere Vorbereitung auf Großstadt ziemlich gründlich betrieben habe, habe ich die organisatorische weitgehend vernachlässigt. Eine Stelle hatte ich mir besorgt, aber eine Wohnung hatte ich noch nicht gefunden. Eine Freundin aus der Frauengruppe hat mir eine Familie in Großstadt vermittelt, bei der wir vorübergehend zur Untermiete wohnen konnten. Mein größter organisatorischer Fehler war, daß ich kein Geld gespart hatte. Einige Wochen vor meinem Weggang habe ich Wolfgang gebeten, vorübergehend bei seiner Mutter oder in seinem alten Klosterzimmer zu wohnen. Ich wollte die Übersiedlung in aller Ruhe organisieren.

Wolfgang hat meine Ankündigung zunächst nicht ernst genommen. Er wollte nicht glauben, daß ich einen Job gefunden hatte. Ich habe ihm meinen Arbeitsvertrag mit der Volkshochschule gezeigt und mir den Hinweis auf die »sozialistische Vorherrschaft« in Großstadt nicht verkneifen können: »Du brauchst nicht zu versuchen, gegen mich zu intervenieren. Diesen Job habe ich bekommen, *obwohl* ich mit dir verheiratet bin.«

Wolfgang hat mir trotzdem nicht geglaubt. Er hat den Arbeitsvertrag als meine Trumpfkarte im Kampf um mehr Rechte für mich in der Ehe gewertet, als Mittel, ihn dazu zu erpressen, regelmäßig Zeit für die Kinder aufzubringen. Es war für ihn unfaßbar, daß eine Frau die Position einer gesellschaftlich angesehenen Professorengattin zugunsten einer niedrigen Bürotätigkeit aufgeben wollte und mutwillig einen eklatanten materiellen Abstieg anvisierte.

Wieder einmal hat sich mein Ritterrüstungstraum bewahrheitet. Wir konnten uns einander nicht verständlich machen. Er konnte und konnte es nicht begreifen, daß ich auf seine Heiligtümer, die Karriere und den Status, so leicht verzichten wollte.

Als er schließlich kapierte, daß es mir ernst war, daß ich ihn nicht erpressen, sondern loswerden wollte, hat er mit Trotz reagiert: »Hau schon ab! Na los! Pack schon deine Koffer. Mir ist es nur recht. Aber die Kinder bleiben selbstverständlich bei mir!« Jedermann werde einsehen, daß man Kinder nicht mitten im Schuljahr verpflanzen könne, mit ihnen in eine fremde Stadt ziehen, ohne eine Wohnung gefunden zu haben: »Ich als Vater werde das nicht dulden.«

Als es ernst wurde, hat Wolfgang, den ich siebzehn Jahre lang angebettelt hatte, sich wenigstens gelegentlich um die Kinder zu kümmern, plötzlich jeden Satz mit den Worten »ich als Vater« eingeleitet. Schließlich hat er mir einen »Vaterschaftsprozeß« angedroht. Es sei sowieso ungerecht, daß die Kinder immer der Mutter zugesprochen würden. Er als Jurist werde der Welt zeigen, wie man als Vater um seine Kinder kämpft.

Wolfgang hat seine Mutter, seine Tante und die gesamte Verwandtschaft gegen mich mobilisiert. Es hat ein wahres Kesseltreiben gegen mich begonnen. Man hat mich egoistisch und verantwortungslos beschimpft und mich immer wieder »im Interesse der Kinder« zur Einsicht ermahnt: »In jeder Ehe gibt es mal Schwierigkeiten. Das läßt sich doch alles wieder ausbügeln.«

Da ich nicht umzustimmen war, haben Oma und Tante im Verein mit dem Vater angefangen, auf die Kinder einzureden. Man hat ihnen erzählt, daß Großstadt eine gräßliche Stadt sei – »nirgends ein Baum, nirgends ein Spielplatz, stinkende Autos überall« –, daß sie von nun an den ganzen Tag in der Schule oder die Nachmittage in einem Hort verbringen müßten, daß die Mutter nie da und abends total erschöpft sein würde. Man hat den Kindern nichts vorgelogen. Man hat die Fakten aufgezählt, aber man hat diese Fakten in den teuflischsten Farben ausgemalt. Man hat den Kindern eine höllische Angst vor dem Leben in Großstadt eingeimpft.

Aufgrund dieser massiven Indoktrination durch Wolfgangs Verwandtschaft haben Sarah und Maria mich angefleht, doch in Mittelstadt zu bleiben, doch nicht wegzugehen von der Oma, von dem Papa, von den vielen Freunden, sie doch nicht in eine fremde Schule zu stecken, ihnen doch nicht die Spielkameraden von Mittelstadt zu nehmen...

Dieser Versuch, die Kinder als Mittel gegen mich einzusetzen, hat meinen Abscheu vor Wolfgang so verstärkt, daß ich ihn buchstäblich nicht mehr riechen konnte. Mir ist übel geworden, wenn ich im Wohnzimmer sein exklusives Herrenparfüm roch.

Ich habe die Tage bis zu meinem Aufbruch, mit dem mein neues Leben beginnen sollte, gezählt.

Der Kettentraum, den ich in den letzten Jahren mehrmals geträumt habe, ist mir Tag und Nacht durch den Kopf gegangen:
Ich liege nackt in einer Zelle, in einem dunklen, feuchten, vergitterten Gefängnisraum. Ich habe Angst und schäme mich, weil ich nackt bin. Ich warte auf die Verhandlung. Ich weiß, daß ich irrtümlich eingesperrt worden bin und daß man mich nach der Verhandlung freisprechen wird. Ich weiß, daß die Verhandlung kommen wird: Du mußt nur noch ein bißchen Geduld haben, du mußt nur noch etwas warten, du mußt diesen Zustand des Gefesseltseins und des Nacktseins nur noch kurze Zeit aushalten. Bald kommt die Verhandlung und dann wird sich alles aufklären.
Plötzlich verkrampft sich mein Fuß, so daß ich mich bewegen muß. Aufgrund dieser Bewegung klirren meine Ketten. Im Hintergrund des modrigen Raumes tauchen schemenhaft Figuren auf, die eine bedrohliche Haltung annehmen, so als ob sie sich auf mich stürzen wollten. Daraufhin bin ich sofort wieder bewegungslos, die Gestalten weichen zurück.
Aber mir ist es unmöglich, bewegungslos zu bleiben. Meine Schulter schmerzt, ich muß mich auf die andere Seite rollen. Wieder klirren meine Ketten, die bedrohlichen Figuren tauchen im Hintergrund der Zelle auf und wollen sich auf mich stürzen. Verschreckt halte ich in meiner Bewegung inne und konzentriere mich wieder darauf, ganz ruhig zu liegen.
Obwohl die Angst vor den bedrohlichen Gestalten mir die Kehle zuschnürt, habe ich in meinem tiefsten Inneren ein gutes Gefühl: Die Verhandlung wird kommen. Es wird sich herausstellen, daß ich irrtümlich eingesperrt worden bin. Das oberste Gericht wird mich freisprechen.

Am stärksten zugesetzt haben mir die Attacken meiner siebzehnjährigen Tochter Pia. Sie hat mich als »egoistische Sau« beschimpft und mich auch physisch bedroht: »Du verläßt Mittelstadt nicht lebend! Du bist überhaupt keine richtige Mutter. Wenn du eine richtige Mutter wärst, dann wäre dir das Wohl deiner Kinder wichtiger als dein eigenes Wohlergeben. So schlecht geht es dir außerdem gar nicht. Es geht dir sogar viel besser als vielen anderen Frauen. Du kannst uns das nicht zumuten. Du darfst die Familie nicht auseinanderreißen!« Pia hat den Sessel hochgehoben und angedroht, ihn über meinem Kopf zu zertrümmern: »Du verläßt Mittelstadt nicht lebend!«

Die entsetzlichen Vorwürfe meiner großen Tochter haben mich an den Rand eines Nervenzusammenbruchs getrieben. Ich habe mich selbst vor mir gesehen, wie ich am Heimtor meine Mutter abgewiesen habe: »Du bist schuld an allem. Denk bloß nicht, daß ich jetzt mit dir Sonntagsspaziergänge mache und Tochter spiele! Hau ab, ich hasse dich! Du warst nie eine Mutter zu uns!«

So wie ich meiner Mutter hat Pia mir ihren Haß ins Gesicht geschrien. Sie ist mit Fäusten auf mich losgegangen: »Du verläßt Mittelstadt nicht lebend! Ich hasse dich! Du bist gar keine Mutter! Ich hasse dich, hasse, hasse, hasse dich!«

Wir haben in der Frauengruppe über den »Vaterschaftsprozeß«, mit dem Wolfgang einen interessanten Präzedenzfall schaffen wollte, diskutiert. Ich habe mir die Frage gestellt, ob es nicht wirklich sinnvoller wäre, die Kinder in Mittelstadt zu lassen. Ich habe mit der Vorstellung, allein aufzubrechen, geliebäugelt. Mir war klar, daß sämtliche Schwierigkeiten, die in Großstadt auf mich zukommen würden, kinderbedingte waren: als Einzelperson hätte ich kein Wohnproblem, als Einzelperson hätte ich keine finanziellen Sorgen, ohne Kinder wäre ich nicht doppelt belastet. Was konnte ich den Kindern schon bieten? Wolfgang, als der ökonomisch Starke, könnte ihnen die beste Ausbildung sichern, teure Hobbys und Reisen finanzieren und sie später aufgrund seiner politischen Beziehungen beruflich bestens lancieren. Er könnte gegen ein hohes Gehalt eine gute Haushälterin engagieren, die die Kinder nicht einfach abfertigt, sondern sich redlich bemüht, ihnen die Mutter zu ersetzen...

»Wenn du auch nicht glaubst, eine ideale Mutter zu sein«, haben die Frauen zu mir gesagt, »so bist du doch die einzige Bezugsperson deiner Kinder. Du kannst sie nicht bei deinem Mann lassen, bei einem Mann, der überhaupt keine Beziehung zu ihnen hat.«

Mein Bauch hat mir gesagt, daß ich die Kinder mitnehmen muß, aber mein Kopf hat immer wieder Gegenargumente gesammelt, vor allem finanzielle: Kann ich es verantworten, meine Kinder in materielle Armut zu stürzen?

Ausschlaggebend war für mich die Gewißheit, daß Wolfgang, selbst wenn er es wirklich wollte, den Kindern nie ein Vater sein würde. Ich war nie die Mutter gewesen, von der ich als Kind immer geträumt hatte, ich war nie die Glucke gewesen, die ganz in der Behütung ihrer Küken aufgeht. Aber ich hatte mich meinen Kindern gegenüber immer verantwortlich gefühlt. Selbst Pia, die ich in ihren ersten Lebensjahren innerlich abgelehnt hatte, war von mir nicht nur gefüttert worden. Ich hatte keine Liebe für sie empfinden können, aber ich hatte mich angestrengt, mir die größte Mühe gegeben, eine Mutter für sie zu sein. Und genau das würde Wolfgang, der nie Opfer brachte, nicht tun: Er würde sich nicht abmühen für die Kinder, er würde nicht abends eilig nach Hause hetzen, um noch für ein kleines Gespräch da zu sein. Er würde keine Kneipendiskussion opfern für seine Kinder; denn sie interessierten ihn im Grunde gar nicht.

»Eigentlich interessieren sie mich gar nicht.« Dieses Geständnis des Vaters hat meine Kopfargumente entkräftet und auch meinen Verstand davon überzeugt, daß ich die Kinder nicht bei Wolfgang lassen durfte.

Ich habe Elisabeth Dessai von meinen Versuchen, die Ritterrüstung zu durchbrechen und an ihn heranzukommen, erzählt. In diesen hartnäckigen Gesprächen hatte ich ihn immer wieder gefragt, was seine Erklärung, er liebe mich, eigentlich meinte: Wie schaut das aus, dieses Gefühl? Wie fühlt sich dieses Gefühl an? Wo sitzt es denn? Wie äußert es sich. Wie *äußert* es sich? Was bist du bereit zu tun aus Liebe zu mir? Wieviel Zeit bist du, den Kindern zu geben, bereit, die du angeblich liebst? Hartnäckig hatte ich immer wieder gebohrt, und er hatte schließlich gestanden, daß sie ihn nicht interessierten: »Ich hätte nie heiraten dürfen. Die Kinder interessieren mich im Grunde nicht. Und was du von mir als Vater verlangst, werde ich nie tun.«

Ich habe Wolfgang an sein Geständnis erinnert:

»Dein Vaterschaftsprozeß ist für mich keine Drohung: denn ich empfinde gar nicht so wie andere in Scheidung befindliche Frauen, die von sich sagen, ohne die Kinder nicht leben zu können. Wenn du ein guter Vater wärst, würde ich vielleicht freiwillig auf die Kinder verzichten. Dein Vaterschaftsprozeß ist eine Bedrohung für die Kinder, für die beiden Kleinen zumindest. Und ich werde Sarah und Maria mitnehmen, weil ich es nicht verantworten kann, sie dir auszuliefern.«

Mein Rechtsanwalt hatte mir geraten, Wolfgang entscheiden zu lassen, wer welche Gegenstände behält. Ich habe ihn also aufgefordert, sich seinen Teil nach Belieben auszusuchen. Die Frauen der Gruppe haben sich darüber empört, daß er sich den

Flügel, die kostbaren Bilder, die altfranzösische Polstergarnitur und die guten Teppiche genommen und mir den Schrott und die Küche gelassen hat. Aber ich habe mich nicht darüber geärgert. Ich war froh, meinen Ehemann loszusein, mit Flügel oder ohne. Außerdem habe ich mir gesagt, daß in der Wohnung, in der wir vorübergehend zur Untermiete leben würden, kein Platz für große Möbelstücke wäre.

Den Umzug haben die Frauen der Gruppe managt. Eine hat die Kinder zu sich genommen, die andere hat über private Kontakte einen kleinen Lastwagen besorgt, vier oder fünf haben mir beim Verpacken und Verladen geholfen – ich bin praktisch kostenlos umgezogen.

Pia? Nein, Pia ist nicht mitgekommen. Pia war siebzehn und hat sich im Gegensatz zu ihren beiden kleinen Schwestern den materiellen Abstieg konkret vorstellen können. Formal hat sie ihre Entscheidung, in Mittelstadt zu bleiben, damit begründet, daß sie sich vor dem Abitur keinen Schulwechsel leisten könne. Meine große Tochter war gespalten. Sie haßte mich, weil ich die Familie auseinandergerissen hatte, aber der Vater war für sie eine fremde Person.

Für uns wäre es besser gewesen, wenn Pia mitgekommen wäre als fast erwachsene zweite Bezugsperson für Sarah und Maria, an denen sie sehr hing. Aber ich habe sie nicht belügen mögen. Ich wollte mich nicht dem Vorwurf aussetzen, sie getäuscht zu haben. Deswegen habe ich ihr die zukünftige Situation in Großstadt ungeschminkt dargestellt: »Du wirst entweder mit mir oder mit den beiden Kleinen in einem Zimmer schlafen müssen. Du wirst dir keine Kleider kaufen können (Pia war damals sehr modebewußt), du wirst abends aus finanziellen Gründen daheim bleiben müssen. Nur sehr selten wirst du tanzen gehen können...«

Pia wollte sich nicht entscheiden. Sie wollte, daß ich dablieb. Sie wollte sich nicht in Armut begeben, aber sie wollte auch nicht ohne die Schwestern, zu denen sie eine fürsorglich-enge Beziehung hatte, beim Vater bleiben. Sie hatte die Wahl zwischen zwei schlechten Möglichkeiten, und sie hat mich dafür gehaßt, daß ich sie vor die Alternative Schwestern oder Wohlstand stellte. Sie hat mich von morgens bis abends beschimpft.

Immer und immer wieder hat sie mich als Egoistin beschimpft und mich als Nicht-Mutter verflucht. Als sie mich wieder einmal tätlich angegriffen hatte, als sie wieder einmal mit dem erhobenen Sessel auf mich zugegangen war und mir angedroht hatte, mich im Fall, daß ich meinen Entschluß nicht revidierte, umzubringen, habe ich entnervt die Polizei angerufen.

Ich bin zum Telefon gegangen und habe zu Pia gesagt: »Du bedrohst mich. Ich habe Angst vor dir. Du bist physisch stärker als ich, und du bist momentan von Haßgefühl gegen mich erfüllt. Du hast gesagt, daß du mich umbringen willst. Ich möchte heute nacht schlafen können, ich habe noch viel zu ordnen, denn mein Entschluß, nach Großstadt umzusiedeln, steht fest. Ich wünsche, daß du heute nacht bei der Oma schläfst. Bitte, geh jetzt zur Omi, sonst rufe ich die Polizei!«

Pia hat mir überhaupt nicht geglaubt und ihre Beschimpfungen fortgesetzt. Daß ich imstande sein könnte, wirklich die Polizei in unsere Wohnung zu holen, hat sie für völlig unmöglich gehalten.

Ich habe gewählt und gehofft, daß sie nun einsichtig zur Großmutter fahren würde. Aber sie hat mein Telefonieren als Scheinmanöver gedeutet und nicht aufgehört, mich, die »egoistische Sau«, anzugreifen und Gegenstände durch das Zimmer zu schleudern.

»Du bedrohst mich«, habe ich wiederholt, »und ich werde jetzt das tun, was jeder normale Staatsbürger tut, wenn er bedroht wird, nämlich die Polizei rufen.«

Pia hat sich von meinem »Spiel mit dem Telefon« nicht beeindrucken lassen und weiter getobt: »Du verläßt Mittelstadt nicht lebend! Du reißt die Familie nicht auseinander!«

Ich habe die Polizei angerufen, und wenige Minuten später standen zwei Beamte vor der Tür. Ich habe mich sagen hören, daß ich von meiner Tochter bedroht werde: »Bitte, schützen Sie mich vor ihr und bringen Sie sie zu ihrer Großmutter.«

Die Polizisten haben gar keine Fragen gestellt und meiner Tochter sachlich die Anweisung gegeben, ihnen zu folgen. Pia hat mich sprachlos angestarrt, ihre Tasche genommen und sich von den Polizeibeamten zur Oma fahren lassen.

Ich habe mich elend gefühlt. Das ist der endgültige Bruch, habe ich zur mir gesagt: Du hast deine Tochter verloren. Benommen habe ich mit dem Sortieren der Verpackungsgegenständen weitergemacht: Du hast Pia verloren, und du wirst dich dein Leben lang dafür hassen.

Mehrere Frauen der Gruppe haben mich wegen der Polizeiaktion scharf kritisiert. Diese Verzweiflungstat sei bei allem Verständnis für meine Angst und meine Streßsituation unverzeihlich. Ich habe ihnen recht gegeben und mich noch schuldiger gefühlt.

Auch Nicole hat meine Tat heftig mißbilligt: »Aber Pia ist so ein vernünftiges und gutes Mädchen. Sie wird einsehen, daß sie mit ihren Ausfällen gegen dich eine Nummer zu weit gegangen ist. Du hast ihr eine Grenze gesetzt. Vielleicht war es gut so für sie.«

Auf der Schnellstraße nach Großstadt bin ich den Stich Pia kurzfristig losgeworden. Überwältigt von dem Glücksgefühl, nie wieder in Ehe leben zu müssen, habe ich das Gaspedal durchgedrückt und in rauschhaft halsbrecherischer Fahrt mit meinem klapprigen R4 BMWs dutzendweise überholt: Endlich aus der Haft entlassen. Endlich frei! Das oberste Gericht hat dich endlich freigesprochen.

Kampf

In den ersten Monaten bin ich von meiner konkreten Situation in Großstadt schier erdrückt worden.

Mein Hauptproblem war das Geld. Nach verzweifeltem Suchen – wer nimmt schon eine alleinstehende Frau mit zwei Kindern? – habe ich mit dem Gedanken an Untervermietung eine Vierzimmerwohnung in zentraler Lage gemietet. Tatsächlich habe ich auch sofort zwei Studentinnen gefunden, die sich mit mir Wohnung und Miete teilen wollten. Jede bekam ein Zimmer, Sarah und Maria zusammen eins, ich habe im Wohnzimmer geschlafen.

Obwohl wir uns gut verstanden, haben die beiden Studentinnen mir schon nach zwei Wochen erklärt, daß sie sich auf die Suche nach einer besseren Wohnung begeben wollten: die Düsterkeit sei zu deprimierend, das Gerümpel im Treppenhaus unerträglich, das Bad abstoßend.

Ich konnte es ihnen nicht verdenken, daß sie in dem abbruchreifen Haus, in dem wir uns ja genauso unwohl fühlten wie sie, nicht ausharren wollten, aber ihre Ankündigung hat mich nervös gemacht: Würde ich Nachfolgerinnen finden? Würde ich bald allein für die gesamte Miete aufkommen müssen und wegen Zahlungsunfähigkeit aus der Wohnung geworfen werden?

Die Kinder haben über die düstere Wohnung noch mehr gejammert als meine Untermieterinnen. Maria weinte, daß sie es so traurig mache, den ganzen Tag über bei elektrischem Licht herumzusitzen. Sarah hatte in der Umgebung nicht einen einzigen Spielplatz gefunden und hielt mir Abend für Abend vor, daß in Mittelstadt alles viel schöner gewesen sei.

Der Gedanke an Pia hat mir keine Ruhe gelassen. Wenn ich abends nach Hause kam und die Kleinen mich mit ihrer Sehnsucht nach den guten Freunden in Mittelstadt überfielen, habe ich an meine große Tochter gedacht, der ich nie genug Zuwendung gegeben und die ich von der Polizei hatte abholen lassen.

Ich verdiente nicht nur wenig, meine Tätigkeit in der Volkshochschule ödete mich auch an. Ich war damit beschäftigt, die Teilnehmergebühren für die Englischkurse zu kassieren und einen Lehrer für den Technikkurs ausfindig zu machen. In Mittelstadt hatte ich bei dem Katholischen Bildungswerk selbständig Kursprogramme aufgestellt.

Maria hat angefangen, am Daumen zu lutschen. Auch Sarah war verstört. Beide konnten in der neuen Schule keine Spielfreunde finden.

Ich kannte niemanden in Großstadt und habe die Frauengruppe vermißt. Die Frauen aus Mittelstadt haben mir geschrieben, aber ich habe keinen Mut gehabt, ihnen zu antworten. Sollte ich ihnen mitteilen, daß ich mich gar nicht »frei« fühlte, sondern geknebelt, daß ich nachts von unbezahlten Rechnungen träumte?

Trotz des in Mittelstadt geübten Isolationstrainings habe ich meine Einsamkeit nicht aushalten können. Auf der Straße habe ich mich manchmal umgedreht nach mir selbst: Gibt es mich überhaupt? Warum nimmt mich keiner wahr? Ich bin Judith Manmann-Jannberg. Ich bin nach Großstadt gekommen. Schaut mich an, nehmt Notiz von mir. Aber niemand hat mich gekannt.

Mein Auto ist eingegangen. Der alte R 4 war für mich ein Stück Heimat gewesen. Auf einer Spielaktion hatten die Kinder ihn bunt gemalt mit Motiven der Bauernmalerei meiner Heimat und als Überraschung für mich auf die Rückwand eine kleine Liebeserklärung gepinselt: »Wir lieben Judith.« Der bemalte R4 mit der Mittelstädter Nummer war ein Stück von mir gewesen. Ich habe um ihn geweint wie ein Kind um seine Lieblingspuppe.

Martin hat mir das Geld für einen anderen Gebrauchtwagen geborgt. Das waren Schulden, die nicht drängten. Aber ich hatte nicht nur bei Martin Schulden. Ich hatte viele kleine Rechnungen nicht bezahlt, ich war mit der Miete in Rückstand geraten, auf meinem Tisch lag die Mahnung des Elektrizitätswerks.

Ich konnte mit meinem Gehalt als Sachbearbeiterin einfach nicht auskommen. Während meines Jahres allein und erneut in den letzten Monaten meiner »Ehe« hatte ich mich darin geübt, mit wenig Geld leckere Mahlzeiten zu fabrizieren. Aber obwohl wir äußerst billig aßen, kamen wir finanziell nicht zurecht.

In meinem Tagebuch gibt es aus dieser ersten Zeit in Großstadt eine Eintragung, die nur aus einem einzigen Wort besteht: Geld!

Weil ich kein Geld hatte, konnte ich nicht nach einer helleren Wohnung Ausschau halten. Weil ich kein Geld hatte, konnte ich zum Ausgleich mit den Kindern keine Wochenendtouren ins Grüne unternehmen. Weil ich kein Geld hatte, konnte ich den Kindern keine Ferienreise bieten.

Die Art meiner Berufstätigkeit deprimierte mich, ich hatte das Bedürfnis, etwas zu tun, was nicht nur nützlich, sondern auch für mich persönlich sinnvoll war. Da mich die sture Buchführungsarbeit nervte und da ich das Gefühl hatte, meine Isolation nicht länger ertragen zu können, habe ich dem Vorstand der Volkshochschule vorgeschlagen, einige Frauenkurse einzurichten.

»Braucht man denn so etwas? Das hat doch gar keine Chance!« Mein Vorschlag ist nicht gerade auf Begeisterung gestoßen. Aus taktischen Gründen habe ich ein sehr allgemein gehaltenes Konzept vorgelegt, das dann schließlich mit großen Bedenken genehmigt wurde.

Als in der Lokalpresse der erste begleitende Werbeartikel erschien, der meine feministische Zielsetzung (»Emanzipation kann man lernen«) deutlich machte, war der Vorstand so erschreckt, daß er die Kurse eilig wieder abblasen wollte. Aber die Absetzung meines Programms war nicht mehr möglich, denn innerhalb weniger Stunden hatten sich mehrere dutzend Frauen zur Teilnahme gemeldet.

Meine Frauenkurse waren von Anfang an ein großer Erfolg. Aber durch sie habe ich meine feste Stelle als Sachbearbeiterin gefährdet, meine einzige sichere Einkommensquelle. Ich habe schon bald gespürt, daß man danach trachtete, die »Feministin« loszuwerden.

Ich hatte entsetzliche Angst davor, meine Stelle zu verlieren, aber die Frauenkurse waren für mich eine »innere Notwendigkeit«. Martin hat mich abwechselnd mutig und leichtfertig genannt. Aber ich konnte einfach nicht anders – ich mußte »agitieren«.

Mein erster Frauenkurs war kaum angelaufen, als ich von zwei Vertretern der konservativen Partei zu einer Podiumsdiskussion eingeladen wurde. Es ging um »Die zweite Karriere der Frau«. Damit war der Wiedereinstieg in den Beruf gemeint, den ich selbst gerade versuchte.

Zu Beginn der Tagung gab es einen Begrüßungscocktail. Die Herren der Partei rissen sich darum, mich zu bedienen. Als ich mein leeres Glas abstellte, rannten drei los, um mir ein neues zu holen. Als ich mir eine Zigarette nahm, flammten überall Feuerzeuge auf. Als ich mein Programmheft fallen ließ, bückten sich mehrere »Persönlichkeiten des öffentlichen Lebens«, um es für mich aufzuheben. Ich habe mir die so dienstbeflissenen Herren der Reihe nach angeschaut und mich gefragt: Wer bedient bei euch zu Hause?

Die Herren alberten über die Tagung, die sie als unwichtige Pflichtübung ansahen. Es ging ja nur um Frauenprobleme. Einer wollte mir ein ganz besonderes Kompliment machen. Er habe gehört, daß ich mich sehr engagierte: »Sie sehen aber gar nicht so aus wie eine Frauenrechtlerin!«.

Die dümmliche Arroganz dieser Parteiherren hat mich in Fahrt gebracht. Als mir das Mikrofon für mein Zweiminuten-Statement gegeben wurde, habe ich es fest in beide Hände genommen. Mein Vorredner hatte mit glühender Unverbindlichkeit von der »schönsten aller Aufgaben« geschwärmt. Ich habe mich direkt an ihn gewandt: »Warum haben Sie selbst nicht darum gekämpft, die schönste Aufgabe, das Kinderhüten, zu übernehmen? Um etwas Attraktives reißt man sich doch?! Warum haben Sie sich mit dem lästigen Job eines Industriemanagers abgefunden, statt den schönsten aller Berufe, der sich Ihnen daheim anbot, zu ergreifen? Könnte es sein, daß Sie hier auf dem Podium eben gelogen haben? Daß Sie gelogen haben, als Sie von der Hausarbeit schwärmten? Daß Sie den Beruf, den Sie als den schönsten gepriesen haben, in Wirklichkeit gar nicht attraktiv finden?«

Und dann habe ich den Zuhörern den konkreten Alltag meiner »ersten Karriere« als Anhängsel geschildert. Ich habe die Anwesenden darüber informiert, daß ich gerade dabei sei, meine »zweite Karriere als Frau« zu starten: »Ich bin jetzt fast vierzig Jahre alt und verdiene weniger als ein achtzehn- oder neunzehnjähriger Facharbeiter kurz nach Abschluß der Lehre. Wer möchte mit mir tauschen? Wer möchte seinen ekligen, stressenden Job in irgendeinem Vorstand eintauschen gegen meine tolle Karriere? Ich bitte um Handzeichen!«

Natürlich hat kein Mann die Hand gehoben. Einzelne Frauen haben heimlich unter dem Tisch Beifall geklatscht.

»Warum meldet sich denn niemand?« habe ich mich gewundert, »wir sprechen doch heute von der zweiten Karriere der Frau. Eine Karriere ist doch etwas Erstrebenswertes. Ich habe eine typische anzubieten. Wer will sie? Warum meldet sich niemand? Könnte es sein, daß Ihnen beim Drucken des Programms ein kleiner Fehler unterlaufen ist? Könnte es sein, daß Sie statt Karriere Misere meinten? Daß wir uns heute hier versammelt haben, um die ›zweite Misere‹ der Frau zu erörtern?«

Die Stimmung war betreten. Ich hatte den Herren, die zum Absitzen einer Pflichtübung erschienen waren, den leichten Nachmittag verdorben.

Diesen »Auftritt« hatte ich nicht geplant gehabt. Ich war müde zum Tagungshaus gefahren, um mir mit einem kurzen Statement ein kleines Honorar zu verdienen. Aber die Arroganz der Herren, die während des Begrüßungscocktails ihr absolutes Desinteresse an einer Verbesserung der Stellung der Frau zur Schau getragen hatten und mich mit ihrem dümmlichen Geplätscher an die Empfänge, Cocktails und Eröffnungen von Mittelstadt erinnerten, hatte mich persönlich verletzt. Meine Attacke war unvermeidlich. Ich konnte nicht anders, ich mußte die Verlogenheit dieser Tagung aufbrechen.

Siebzehn Jahre lang hatte ich mich in der Ehe zu einem Nichts degradieren lassen – es war aus dieser Erfahrung heraus einfach nicht möglich, taktische Überlegungen anzustellen, wenn ich mit einer Haltung konfrontiert wurde, die sich gegen die Bestrebungen der Frauen, sich zu kompletten Menschen zu entwickeln, richtete.

Auch die Sozialdemokraten haben mich, durch meine erfolgreichen Frauenkurse aufmerksam geworden, angesprochen und gebeten, doch in der Partei aktiv zu werden. Da ich gut reden könne und ein »gewisses Charisma« hätte, könne man sich echte Aufstiegschancen für mich ausrechnen.

»Was für Arbeit leistet ihr?« habe ich die sozialdemokratischen Frauen gefragt, »ist es nicht so, daß ihr Einfluß und Posten nur unter der Bedingung erlangt, daß ihr vor dem Betreten der Arena eure ureigensten Anliegen an der Garderobe hängen laßt?«

Das Funktionieren dieser Frauen war für mich abschreckend. Bei einigen hatte ich das Gefühl, mit einem Mann zu sprechen. Nicht mit einem Mannweib, nicht mit einem Menschen, der neben den weiblichen auch seine männlichen Anteile entwickelt hatte, sondern mit einer Person, die mit einem weiblichen Körper ausgestattet wie ein Mann argumentierte, mit einer Person, die sich den Männernormen uneingeschränkt unterworfen hatte und ihre Energien dafür einsetzte, den männlichen Unterdrückungsapparat zu festigen.

»Ich habe noch keine klaren Zielvorstellungen über meine zukünftige Arbeit«, habe ich den sozialistischen Frauen gesagt, »ich weiß nur, was ich *nicht* will. Ich will mich nicht selbst verraten.«

Meine »Radikalität« hat Martin zutiefst erschreckt. Martin hat mir bei dem Umzug innerhalb von Großstadt geholfen, er hat mich in formalen Angelegenheiten beraten, er ist oft für mehrere Tage nach Großstadt gekommen, um mir über Anfangsschwierigkeiten hinwegzuhelfen. Aber als die Anfangsschwierigkeiten kein Ende nehmen wollten und ich immer verzweifelter wurde angesichts der Unmöglichkeit, finanziell zurechtzukommen, aber gleichzeitig »radikal« zusätzliche Verdienstmöglichkeiten ausschlug und darüber hinaus meine feste Stelle als Sachbearbeiterin durch die »Tendenz« meiner Frauenkurse aufs Spiel setzte, hat er sich, verängstigt, immer mehr zurückgezogen: »Du kommst mir vor wie eine Ertrinkende, die sich an mich klammert. Ich habe Angst, mit dir zusammen unterzugehen. Ich lasse los, um wenigstens mich zu retten.«

Seine Feigheit hat mich enttäuscht. In den letzten Monaten meines Ablöseprozesses hatte auch Martin starke Bestrebungen gezeigt, endlich seine Lebenspraxis mit seiner Theorie in Einklang zu bringen. Aber je konkreter er sich mit den Möglichkeiten einer Veränderung seines Lebens auseinandersetzte, desto deutlicher empfand er sich als der Hamster, der in seinem Traum die Katze Freiheit nicht überlebt hatte.

In den sechs Jahren unserer Beziehung waren wir Gleiche gewesen, zwei Menschen, die auf dem Weg waren, zwei Menschen im Aufbruch. Seitdem ich den entscheidenden Schritt getan und Wohlstand und Sicherheit hinter mir gelassen hatte, waren wir Ungleiche. Und meine neue Realität war für Martin nicht nur abschreckend und beängstigend, sie war ihm auch in Erinnerung an unsere vielen Gespräche und großen Planungen peinlich. Ich war sein personifizierter Selbstvorwurf geworden.

Mein Ausbruch war für ihn eine Provokation. Ich hatte das getan, was er für sich selbst anstrebte. Er lehnte die Institution Ehe als »repressiv« ab, aber er blieb formal in der Ehe. Er hielt die Amtskirche für schädlich, aber er spielte auf öffentlichen Veranstaltungen seine Rolle als »Linkskatholik« weiter. Er empfand seine Tätigkeit an der Universität zunehmend als Prostitution, aber er machte weiter im etablierten Wissenschaftsbetrieb.

Ich war bitter enttäuscht über seinen Rückzug, aber Haßgefühle gegen ihn habe ich nicht entwickelt. Ich war enttäuscht. Seine Angst, mit mir zusammen »zu ertrinken«, war für mich das Ende einer Täuschung. »Wie kann er es aushalten, aus Bequemlichkeit so unredlich zu leben?« habe ich mich in meinem Tagebuch gefragt, »und wie kann er nach sechsjähriger inniger Freundschaft die ›Ertrinkende‹ im Stich lassen?«

»Du hast Martin überschätzt«, habe ich damals zu mir gesagt, »er ist feige.«

Ich hatte kein Verständnis für seine Schwäche: Warum kann er nicht, was ich kann? Er wollte aufbrechen, er wollte sich ablösen – warum tut er es nicht? Heute weiß ich, daß das Können vor allem vom Leidensdruck abhängt:

Martin konnte die Sicherheit nicht aufgeben, weil seine Situation ihm nur unangenehm war. Und ich bin nicht ausgebrochen, weil ich einen so starken Charakter und einen so großen Mut hatte, sondern weil ich meine Lebenssituation in Mittelstadt nicht mehr ertragen konnte, weil die Ehe für mich nicht nur unangenehm, sondern *unerträglich* geworden war. Während Martin viel zu verlieren hatte, konnte ich mich nur verbessern: Was dir in Großstadt auch immer widerfahren mag – schlimmer als bei Wolfgang in Mittelstadt kann es dir nicht gehen.

Während Martin mich nach einem halben Jahr Großstadt als »Ertrinkende« empfunden hat, habe ich selbst mich als verzweifelte Schwimmerin gesehen, als eine total erschöpfte, halb erfrorene Schwimmerin ohne klaren Zielpunkt, als eine, die sich abstrampelt, um zu überleben, als eine, die sich mit jedem Zug weiter entfernt von der sicheren Küste, an die sie ums Verrecken nicht zurück will, als eine, die bei aller Verzweiflung weiß, daß sie nicht ertrinken wird.

Ich habe Zwischenbilanz gezogen: Es geht dir viel schlechter, als du es dir in deinen Phantasiebildern ausgemalt hast. Du kochst billig und kaufst nichts Unnötiges, du begnügst dich mit einer halben Mietwohnung und kommst trotzdem mit deinem Geld nicht aus. Die Kinder sind unglücklich, Maria ist Daumenlutscherin geworden. Die Kinder sind einsam. Du bist einsam. Mit deinen »radikalen« Auftritten hast du deine Chefs verärgert. Bald wird man dir kündigen, und wovon lebst du dann? Von der Arbeitslosenunterstützung, die noch niedriger ist als dein Gehalt? Martin hat dich verlassen, du hast keinen schützenden Vertrauten mehr...

Die kreisenden Ringe haben mich wieder heimgesucht. Ich bin wie in Ehezeiten nachts hochgefahren. Die Verlassenheitsängste meiner Kindheit haben mich ein letztes Mal mit voller Wucht niedergeschlagen. Von drückenden Herzschmerzen geweckt, bin ich wie früher in Mittelstadt nachts um Luft ringend durch die Wohnung geirrt. Die unbezahlten Rechnungen haben mich verfolgt, und ich habe keinen Ausweg gesehen.

Als ich wieder einmal dabei war, herumzurätseln, ob es klüger sei, erst die Telefonrechnung oder erst die Stromrechnung zu begleichen, klingelte es: Mein früherer Eigentümer stand mit einem großen Blumenstrauß vor der Tür.

Wolfgang hat sich in unserer ärmlichen Wohnung umgesehen, erfahren, daß die Kinder schon schliefen, Grüße von »vielen, vielen Freunden« übermittelt, mein Aussehen kränklich genannt und die mitgebrachte Sektflasche geöffnet. Er hat mir einen Vorschlag gemacht: »Komm zurück. Wir fangen ganz neu an!«

Ich bin tatsächlich wankend geworden; denn die Köder, die er ausgeworfen hat, waren nicht mehr die kleinen Knochen von früher: Ich sollte das Begabtenabitur machen und Psychologie studieren dürfen. Ich sollte eine Haushälterin haben und ein festes Taschengeld bekommen: »Dann kannst du ganz in Ruhe und frei von Haushaltsarbeiten deinem Studium nachgehen.« Er habe inzwischen eingesehen, daß er nicht einerseits Freundinnen haben und andererseits dagegen sein könne, daß ich einen Freund habe. Er werde meine Beziehung zu Martin nie wieder stören. Ich dürfe ihn sogar in unsere Wohnung einladen: »Warum denn nicht? Es war kindisch von mir, eifersüchtig zu sein.«

Ich habe mir eine Bedenkzeit erbeten. Und ich habe hin und her überlegt. Elisabeth Dessai erinnert sich sicher an die Überlegungen, die ich in der folgenden, gemeinsam durchdiskutierten Nacht vorgetragen habe: Für Sarah und Maria wäre es am besten, wenn ich zurückginge. Wäre es für die Kinder wirklich das beste? Ist es nützlich für Kinder, in einer Fassadenehe aufzuwachsen? Ist es schädlich für Töchter, den Überlebenskampf einer Frau hautnah mitzuerleben? Oder: Ich hatte mir immer gewünscht, ein Studium zu absolvieren. Das Angebot Haushälterin ist ein tolles Angebot. Aber wer garantiert mir, daß Wolfgang sein Versprechen hält? Darf ich ihm nach meinen Erfahrungen mit ihm vertrauen? Ich wollte immer studieren, aber will ich jetzt als Neununddreißigjährige noch ein Studium beginnen? Was nützt mir ein Hochschulabschluß mit fünfundvierzig? Könnte ich es ertragen, während der Studienjahre von Wolfgang finanziell abhängig zu sein?

Ich habe sein Angebot nicht angenommen. Es geht dir zwar nicht gut, habe ich tagebuchschreibend festgestellt, aber in Mittelstadt würde es dir nur schlechter ergehen. Du hast eine Menge Schwierigkeiten, aber du bist eine eigenständige Person.

Die Aussicht auf ein neues Leben in Ehe und Abhängigkeit hat meinen Kampfgeist gestärkt: Was Millionen Frauen geschafft haben, kannst du auch schaffen. Was Millionen Geschiedene überlebt haben, wirst du auch überleben.

Einige Tage nach Wolfgangs überraschendem Besuch hatte ich einen Traum:
Ich wandere ziel- und planlos auf einer breiten Straße dahin. Sarah und Maria sind bei mir. Plötzlich fühle ich, daß die Richtung nicht mehr stimmt. Doch da, wo es mich hinzieht, ist es finster. Ich gehe trotzdem in die Gefahr hinein und ziehe die Kinder mit. Sie klammern sich an mich und bitten mich weinend, wieder umzukehren. Ich habe Angst, aber ich gehe weiter. Irgend etwas zwingt mich, die eingeschlagene Richtung beizubehalten. Wir kommen an eine Schlucht, über die ein dünner, brüchiger Steg führt. Der Steg wackelt bei jedem Schritt, ich habe große Mühe, die Balance zu halten. Plötzlich sehe ich, daß sich mir eine Hand entgegenstreckt, aber als ich nach ihr greifen will, zieht sie sich plötzlich zurück.
Es gelingt uns, die Schlucht zu überqueren. Ich sehe ein Buschmesser in meiner Hand und beginne, das Gestrüpp zu durchschneiden. Ich sehe Lichter auftauchen, aber ich weiß nicht, ob es Irrlichter sind. Es geht steinig und mühsam bergauf. Wieder sehe ich die Hand. Aber als ich nach ihr zu greifen versuche, zieht sie sich wieder zurück.
Wir schwitzen und keuchen, die Kinder jammern, wir kommen unendlich langsam voran. Ich bin zum Umfallen erschöpft, aber ich habe das Gefühl, bald durch zu sein. Als sich die Hand wieder zeigt, möchte ich nicht mehr nach ihr greifen.
»Dieser Traum hat mich informiert«, habe ich in mein Tagebuch geschrieben, »Martin hat sich mir entzogen, und ich habe gesehen, daß ich auch ohne ihn zurechtkomme. Bin ich aus der Ehe ausgebrochen, um mich jetzt von einem anderen Mann stützen zu lassen? Ich habe nicht mehr nach Martins Hand gegriffen, ich möchte auch von ihm nicht geführt werden.«
Martins Rückzug verdanke ich die Erfahrung, daß ich auch ganz ohne Mann leben kann. Nach diesem Traum habe ich Martin nicht minder vermißt, aber ich habe angefangen, seinen Rückzug als für mich positiv zu werten: Du hast Wolfgang nicht verlassen, um ein Bäumchen-wechsle-dich-Spiel zu machen. Du »klammerst« dich nicht an Martin, und du bist keine »Ertrinkende«.

Durch den Verlust meines vertrauten Freundes haben sich meine Verlassenheitsgefühle in Großstadt so verschärft, daß ich manchmal fast rasend geworden bin vor physischen Schmerzen: Herzstechen, Herzflattern, Atemnot, Erstickungsanfälle.

Da ich niemanden kannte, habe ich mich abends in der Küche bei meinen beiden Untermieterinnen ausgeweint. Eine der beiden, eine Psychologiestudentin, hat mich eines Tages aufgefordert, mit ihr ein »katathymes Bild« zu machen: »Ich habe dich heute nacht wie eine Wahnsinnige aufschreien gehört. Ich möchte versuchen, dir zu helfen. Das katathyme Bild ist eine Methode, sich über seinen Ist-Zustand zu informieren. Leg dich hin und versuche, dich ganz zu entspannen! Du wirst jetzt nach meiner Anleitung Phantasiebildern begegnen.«

Bereitwillig habe ich mich für ihr Experiment, über das sie an der Uni eine Seminararbeit schreiben mußte, zur Verfügung gestellt.

»Du bist auf einem Wege«, fing Gisela an, »stell dir eine Straße vor. Du siehst jetzt einen Schlüssel auf deinem Weg.«

Der Schlüssel, den ich gesehen habe, war ein prächtig verzierter schmiedeeiserner Schlüssel. Ich habe ihn interessiert betrachtet, aber ich habe ihn nicht aufgenommen.

»Jetzt siehst du einen Krug.««

Ich habe den Krug aufgenommen, von dem Wasser getrunken und ihn wieder abgesetzt. Ich habe ihn hinter mir gelassen, er war mir zu beschwerlich.

Der Krug sei das Symbol für Weiblichkeit, hat mir die Psychologiestudentin erklärt, der Schlüssel das Symbol für Männlichkeit.

»Du siehst jetzt ein Tier.«

In meiner Phantasie wollte kein Tier auftauchen.

»Du siehst jetzt ein Tier oder mehrere Tiere.«

Und plötzlich habe ich Ameisen gesehen. Unzählige Ameisen. Die ganze Straße war übersät mit Ameisen. Ich habe mich hingekniet und zugesehen, wie sie zuhauf über die Straße rennen und furchtbar geschäftig tun. Sie haben mir den Eindruck gemacht, überhaupt kein Ziel zu haben: »Die rennen herum wie aufgezogen. Denen muß irgendein Programm eingebaut sein, nach dem sie in diesen albernen Zickzacklinien wie besessen herumrennen, ohne beieinander zu verharren und miteinander zu kommunizieren.«

Meine Untermieterin Gisela hat die Ameisen als Symbol für die Menschenmassen in den Hauptstraßen gedeutet: »Dieses Bild zeigt mir, daß dein momentan größtes Problem deine

Einsamkeit ist, daß die Anonymität des Großstadtlebens dich noch stärker drückt als deine Geldnot.«

»Du kannst recht haben«, habe ich ihr zugestimmt, »gestern abend bin ich in irgendein Theaterstück gegangen, ohne vorher ins Programmheft geschaut zu haben. Die Szenen sind an mir vorbeigerauscht, weil ich verzweifelt damit beschäftigt war, das Publikum nach bekannten Gesichtern abzugrasen: Das kann doch nicht sein, daß dich hier niemand kennt, daß du hier absolut niemanden findest, mit dem du reden könntest.«

»Du siehst jetzt das Meer«, fuhr Gisela fort, »vor dem Meer siehst du eine Mauer.«

Das Meer, das ich gesehen habe, war ein wild bewegtes Meer mit weißen Schaumkronen. Es war schön zu schauen, aber es hat mich nicht gelockt. Es hat mich nicht zum Baden eingeladen. Ich hatte keine Lust, die strahlend weiße südländische Mauer zu überklettern. Ich habe mich damit begnügt, an die Mauer gelehnt auf das schöne wilde Meer zu schauen. Ich hatte keine Sehnsucht, einzutauchen in die Wellen.

Das Meer sei das Symbol des Todes, hat Gisela erklärt. Mein Verhalten zeige ihr, daß ich nicht selbstmordgefährdet sei: »Du fühlst dich elend in deiner momentanen Lage, aber du denkst nicht an Selbstmord. Du bist willens, dich durchzubeißen, um aus dem Engpaß herauszukommen.«

Meine Wohnungsgefährtin hat mir empfohlen, verstärkt das zu tun, was ich bereits versuchte. »Bau deine Frauenkurse aus und versuche, mit den Teilnehmerinnen privat in Kontakt zu kommen.«

Durch meine Krankheit habe ich eine Frau kennengelernt, die mit drei Kindern von der Sozialhilfe lebte und im Gegensatz zu mir finanziell zurechtzukommen schien. Ich habe für mich einen Vergleich gezogen: Sie hat kein Auto, dafür muß sie eine höhere Miete bezahlen. Außerdem ernährt sie drei Kinder, ich zur Zeit nur zwei. Wir haben wahrscheinlich insgesamt gesehen die gleichen monatlichen Belastungen. Warum schafft sie, was ich nicht schaffe?

Ich habe sie direkt angesprochen: »Erzähl mir, wie du das managst. Ich möchte von dir lernen.«

Wir haben ein Glas Bier zusammen getrunken und unsere Einnahmen gegeneinander aufgelistet. Sie hat festgestellt, daß sie mit Wohngeld und der Unterstützung, die ihr geschiedener, offiziell zahlungsunfähiger Mann schwarz für sie und die Kinder zahlte, fast 200 Mark mehr hatte als ich.

Diese Rechnung hat mich ungemein erleichtert. Jedesmal,

wenn ich diese Frau in der Gruppe gesehen hatte, war ich in Verzweiflung geraten: Du bist total unfähig! Eine Sozialhilfeempfängerin kommt klar über die Runden mit drei Kindern, und du hast mit zwei Kindern und einer billigen Wohnung Schulden! Natürlich war ich davon ausgegangen, daß sie noch weniger Geld hatte als ich.

Nach diesem Gespräch habe ich aufgehört, mir ein besonderes Unvermögen, sparsam zu haushalten, vorzuwerfen. Ich habe meine Schulden noch einmal analysiert. Meine Schulden waren verschleppte Schulden, die in den ersten zwei Monaten angelaufen waren und die ich bisher erst geringfügig abgebaut hatte. Ich habe mir einen Befehl erteilt: Du kritisierst dich nicht länger, weil dein Schuldenberg zu langsam schrumpft! Du bewunderst dich, weil er nicht gewachsen und schon leicht geschrumpft ist!

Nach dem kleinen Bier mit der Sozialhilfeempfängerin habe ich an einer Bude einen Karton Negerküsse gekauft und meinen über diesen »Luxus« verwunderten Kindern erklärt: »Wir kommen jetzt gut aus.«

Die Drohung meiner beiden Untermieterinnen, die nun schon fast ein Jahr bei uns lebten, die düstere und unzumutbare Wohnung so bald wie möglich zu verlassen, hat mich nicht länger nervös gemacht. Ich würde nicht allein zurückbleiben und verzweifelt nach neuen Studentinnen suchen. Ich würde selbst umziehen und die Kinder in eine freundlichere Wohnung bringen.

Sarah und Maria hatten sich ein Einfamilienhaus in den Kopf gesetzt. Sie waren von der Unbezahlbarkeit nicht zu überzeugen. In Sarahs Klasse gab es zwei Kinder, die ein Haus »mit richtigem Garten« hatten und dafür nur eine relativ kleine Miete aufbrachten. Man müsse nur ordentlich suchen, lautete die Devise meiner Kinder.

Unser Auszug aus der düsteren Wohnung wurde dringlich, nachdem Wolfgang seine Idee, einen Vaterschaftsprozeß vorzuexerzieren, wieder aufgenommen hatte.

Mein früherer Eigentümer hatte in Mittelstadt Wetten abgeschlossen: Innerhalb eines Jahres sei ich reumütig zurückgekehrt. Mir selbst hatte er verheißen, daß ich noch auf Knien »gekrochen« kommen würde. Als sich mein erstes Jahr in Großstadt dem Ende näherte, erschien Wolfgang, um mir ein noch besseres Angebot zu machen: Ich sollte nicht nur eine Haushälterin, ein hohes Taschengeld und ein Studium haben, ich sollte darüber hinaus getrennt wohnen dürfen. Er wollte eine Villa mit zwei Wohnungen bauen. Mit einer großen für mich und die Kinder und einer kleinen für sich: »Komm zurück, Judith! Wir fangen ganz neu an!«

Wolfgang hat mir von den vielen Bekannten erzählt, die sich »dauernd« nach mir erkundigten: »Du ahnst nicht, wie viele Leute dich vermissen!« Seitdem ich weggegangen sei, kümmere die Frauengruppe so vor sich hin, was doch nun angesichts der »Unterdrückung der Frau in unserer Gesellschaft« wirklich schade sei. »Und denk doch mal an die Kinder!« Immer wieder hat er mich beschworen, die Familie »im Interesse der Kinder« wieder zusammenzufügen.

Ich habe ihn reden lassen, und ich habe meinen früheren Eigentümer dabei angesehen. Der Gedanke, in eine Ehe zurückzukehren, war mir inzwischen so fremd geworden, daß ich Mühe hatte, nicht herzlich aufzulachen.

Als Wolfgang begriff, daß ich mit guten Worten und großen Versprechungen nicht mehr zurückzuholen war, hat er auf die Kampfkarte gesetzt: »Gut, dann werde *ich* jetzt die Scheidung einreichen. Und ich werde um meine Kinder zu kämpfen wissen!«

Ich war froh darüber, daß er die Scheidungsformalitäten für uns erledigen wollte. Aus Geld- und Zeitmangel hatte ich mich bisher damit begnügt, getrennt zu leben. Ich war daran interessiert, klare Verhältnisse zu schaffen, ich wollte die Scheidung. Aber ich hatte Angst vor dem Vaterschaftsprozeß.

Wolfgang hatte angedeutet, daß die »Sub-Standard-Wohnung« der Gesundheit seiner Kinder abträglich sei. Ich habe den Punkt »Wohnverhältnisse« mit meinen Untermieterinnen besprochen, und beide haben meine Bedenken geteilt. Gisela hielt es für ihre Pflicht, mich vor Illusionen zu warnen: »Dein Exi wird behördlich feststellen lassen, daß du, verantwortungslos wie du bist, deinen Kindern ein Loch zumutest.«

Nervös geworden habe ich die Frauen meines Kurses gebeten, mir bei der Suche nach einer anderen Wohnung zu helfen. Ich dachte an irgendeine, die als »normal« gelten konnte, aber meine Kinder dachten an ein Haus mit Garten.

Ich habe mir ausgemalt, daß auf Wolfgangs Betreiben hin eine Fürsorgerin der Behörde losgeschickt wird. Sie erscheint am frühen Nachmittag und nimmt zu Protokoll: »Die beiden Minderjährigen, die einen stark gestörten Eindruck machten (die Jüngere ist Daumenlutscherin!), wurden von mir allein und unbeaufsichtigt in gesundheitsschädlichen Wohnverhältnissen angetroffen. Es handelt sich um eine Vierzimmerwohnung in einem abbruchreifen Haus, die sich die Mutter, die ganztägig arbeitet, mit zwei Studentinnen teilt. Die spärliche und primitive Möblierung erinnert an sogenannte Wohnkommunen...«

Meine beiden Mitbewohnerinnen haben das Protokoll der Fürsorgerin weitergesponnen: »Lesbische Beziehungen sind nicht auszuschließen...« Ich habe mit ihnen über die möglichen Andichtungen der »Fürsorgerin« gelacht, aber unser Abendbrotspiel »Die Wohnung wird inspiziert« hat mich erneut in Angst und Schrecken versetzt.

Ich habe die Kinder über den Stand der Dinge aufgeklärt: »Wolfgang plant einen Vaterschaftsprozeß. Möglicherweise erscheint bei uns demnächst eine Amtsperson, um sich über euren Zustand zu informieren...«

Sarah fand es »unverschämt« von Wolfgang, daß er sie einfach zurückholen wollte, »ohne mich zu fragen!«.

Wenn er glaube, sie gehe einfach so mit, dann habe er sich aber »geschnitten«. Die schlechte Wohnung sei doch seine Schuld, meinte Sarah: »Er braucht uns doch bloß Geld zu geben– schon wohnen wir gesund in einem Haus mit Garten!«

Die Kinder haben versucht, mich zu beruhigen. Sie würden sich auf keinen Fall wegbringen lassen – »auch nicht mit Gewalt«. Außerdem würden sie in Kürze auf ein gutes Wohnangebot stoßen. Sie haben sich mit mir solidarisiert und aufgehört, mir abends vorzuschwärmen, wie schön doch alles in Mittelstadt gewesen sei.

Sarah hat die Annoncen in der Zeitung studiert. Sie gab zu, daß die angebotenen Einfamilienhäuser eine Nummer zu teuer waren für uns, aber: »Wir könnten ja was dazu verdienen. Reklameblätter für den Supermarkt austeilen oder so was.«

Wir haben gesucht und gesucht. Die Frauen meines Kurses haben mir mehrere Etagenwohnungen in Neubauten vermittelt, aber die Vermieter wollten keine alleinstehende Mutter.

Nachdem ich durch die Kurse ein paar gute Freundinnen gefunden hatte, fühlte ich mich stabiler und in der Lage, Martin, der die »Ertrinkende« im Stich gelassen hatte, nachsichtig und mit Wohlwollen zu begegnen. Ich habe ihn daran erinnert, daß ich in meiner Jugend Bezirksmeisterin im Rückenschwimmen gewesen war und ihm geschrieben, daß Leistungsschwimmer nicht so leicht absaufen.

Die Anerkennung und Zuneigung, die ich in meinen Frauenkursen erfuhr, haben mich ungemein gestärkt. Diese Kurse waren einigen Herren ein Dorn im Auge, aber sie konnten nicht mehr abgesetzt werden. Die Frauen haben durch ihre rechtzeitige Anmeldung eine große Nachfrage demonstriert und mit ihrem Interesse durchgesetzt, daß weitere Kurse eingerichtet wurden. Eine promovierte Teilnehmerin meines ersten Kurses hat sich als Leiterin angeboten. Auch ihr Kurs war sofort voll belegt. Daraufhin sind, ein halbes Jahr später, weitere zwei Parallelkurse eingerichtet worden. Aufgrund der enormen Nachfrage habe ich angefangen, mir auszumalen, eines Tages meinen Lebensunterhalt allein durch Frauenkurse, durch Arbeit mit und für Frauen, verdienen zu können.

Martin hat mich besucht und mich daran erinnert, daß ich mir notfalls immer von ihm Geld leihen könne. Das werde wahrscheinlich nicht nötig sein, habe ich ihm erklärt: »Ich habe meinen Schuldenberg fast abgebaut. Mein Konto macht einen ausgeglichenen Eindruck. Wir kommen jetzt aus und werden uns bald eine bessere Wohnung mieten.« Ich habe ihm angekündigt, bald mit der Rückzahlung des Betrages, den er mir für meinen Gebrauchtwagen geliehen hatte, zu beginnen.

Martin hat sich nach meinen Herzbeschwerden und nach den kreisenden Ringen erkundigt. Ich konnte ihm sagen, daß ich nur noch ein- oder zweimal in der Woche unter Angstzuständen und Atemnot litt.

Wiederum hat er mich inständig ermahnt, nicht durch »kämpferisch feministisches« Auftreten meine Entlassung als Sachbearbeiterin zu provozieren. Und ich habe ihn aufgefordert, doch nun endlich einmal couragiert seine privilegierte Stellung in einem von ihm abgelehnten System aufs Spiel zu setzen.

»Du siehst abgekämpft und erholungsbedürftig aus«, hat Martin sich gesorgt, »es geht dir nicht gut.« Und ich habe ihn auf seinen Bauchansatz aufmerksam gemacht: »Super geht es mir nicht, aber es geht mir auch nicht schlecht. Ich habe Freundinnen gefunden, die Arbeit in den Kursen befriedigt mich, und ich fühle mich, obwohl der Volkshochschulvorstand bereits meine Entlassung plant, im großen und ganzen sicher.«

Martin hat für die Politik der sanften Schritte plädiert: »Ich bewundere deinen Mut und deine Kompromißlosigkeit, aber dein Vorgehen ist einfach zu aggressiv!«

»Du selbst hast die alte Judith in mir zum Leben erweckt«, habe ich gekontert, »und ich bin dir dankbar dafür.« Ich habe ihm erklärt, daß ich, nur um meine Stelle als Sachbearbeiterin nicht zu gefährden, in meinen Kursen nicht Aufopferung und Demut predigen würde.

Martin hat gemeint, daß Wolfgangs Vaterschaftsprozeß durchaus eine Bedrohung für uns darstelle. Er könne sich den besten Rechtsanwalt leisten, hätte als Professor und Abgeordneter einen Ansehensbonus und könne auf die Meinung der überwiegend konservativen Gerichte bauen, die kaum geneigt sein dürften, eine aggressiv auftretende Feministin für eine gute Mutter zu halten.

Meine Sorgen wegen des Vaterschaftsprozesses haben sich durch Olgas Besuch erledigt. Olga kam gleich zum Thema: »Also, deine Kinder sind dir sicher!«

Wolfgang hatte in seinem engeren Bekanntenkreis, zu dem auch Olga und ihr Mann gehörten, ausgiebig erläutert, wie er um seine Kinder »kämpfen« wollte. Olga war dabei unangenehm aufgefallen, daß er nach den Wünschen der Kinder überhaupt nicht gefragt hatte. »Auf die Palme gebracht« hatte sie sein Plan, mich als verantwortungslos und deswegen ungeeignet darzustellen.

Olga hat mir ein Blatt Papier überreicht: »Das ist die Liste der Frauen, die er bis zu unserem gemeinsamen Urlaub in Griechenland vernascht hat.«

Sie hatte ihn in Griechenland ausgehorcht. Sie hatte ihm das Kompliment gemacht, ein glänzender Liebhaber zu sein und ihn dazu angestachelt, die Namen der Frauen preiszugeben, die er »herumgekriegt« hatte.

»Siebzehn Stück, wie du siehst«, meinte Olga trocken, »lies dir die Namen durch. Es mangelt nicht an Ehefrauen wichtiger Parteimänner.«

Olga meinte, daß sei doch wohl die Höhe, während der Ehe der Frau die Kinder aufzuhalsen und sie ihr dann nach der Scheidung wegzunehmen, »nur weil man sich auf interessante Weise politisch profilieren oder wegen einer verlorenen Wette Rache nehmen will!« Ich könne mir mit der Wohnungssuche Zeit lassen: »Er wird dir keine Person vom Amt ins Haus schicken. Ich habe gestern mit ihm Klartext geredet.«

Olga hatte ihrem Urlaubsliebhaber erklärt, daß sie seinen Vaterschaftsprozeß als Gelegenheit nützen würde, der Welt kundzutun, was für ein toller Mann er während der Ehe gewesen war: »Ich werde vor Gericht aussagen, daß ich mit dir in Griechenland geschlafen habe, und ich werde dem Gericht auch die anderen sechzehn Frauen nennen, die schon vor mir die Ehre hatten.«

Olga hatte sich selbst auch auf die Liste seiner Ehebrüche

gesetzt: »Du kannst mit dem Papier machen, was du willst. Dein Mann weiß, daß ich es dir heute aushändige.«

Sie hat meinen Dank abgewimmelt: »Ein ganz normaler Akt von Solidarität unter Müttern.«

Olgas Argumentation hat mich überzeugt und mich von der Angst vor dem Vaterschaftsprozeß befreit: Nie und nimmer würde mein karriereversessener früherer Eigentümer es wagen, den Zorn der von ihm gehörnten einflußreichen Männer auf sich zu laden.

Tatsächlich ist Wolfgang bei den späteren Scheidungsgesprächen immer davon ausgegangen, daß Sarah und Maria bei mir bleiben.

Nach Olgas Besuch habe ich mich an mein Tagebuch gesetzt und erneut Zwischenbilanz gezogen: »Es geht mir besser als je zuvor in den letzten siebzehn Jahren. Ich bin unabhängig von meinem Mann, ich bin unabhängig von einem Mann. Die Kinder wollen bei mir bleiben, die Kinder werden bei mir bleiben. Ich habe keine Schulden mehr. Ich bin in der Lage, einen Umzug zu bezahlen. Wir können uns eine Wohnung mit viel Licht suchen. Ich bin nicht mehr einsam. Ich habe jetzt auch in Großstadt gute Freundinnen, auf die ich mich verlassen kann. Ich habe nur noch ein großes Problem: Pia. Ich werde mit Pia Kontakt aufnehmen, mein Kopf ist jetzt klar genug.«

Pia ist mir zuvorgekommen. Sie hat mir geschrieben und ist nach Großstadt gefahren. Wir haben die Gespräche geführt, die ich ihr in Mittelstadt vergeblich angeboten hatte.

»Es tut mir leid«, habe ich zu ihr gesagt, »es tut mir so weh, daß du kein besseres Nest gehabt hast. Ich habe dich, als du klein warst, wenig geliebt. Ich habe nicht mehr Liebe gehabt für dich. Ich weiß, daß du viel mehr verdient hättest, daß ich viel mehr für dich hätte tun müssen, daß ich dich hätte zärtlicher lieben müssen – aber da war nicht mehr da, ich hätte es nur vorheucheln können. Alles, was ich jetzt tun kann, ist, daß ich dir das jetzt gestehe und dich bitte, fangen wir an, wo wir sind. Du bist ein prächtiges Mädchen geworden, ich respektiere dich. Und schau mich an: Ich bin nicht mehr so frustriert. Ich werde mich bald glücklicher fühlen und gut zu dir sein können. Überleg, ob es dir nicht möglich ist, mir zu verzeihen. Ich konnte es nicht besser machen, es war ein Unvermögen. Ich habe dich verantwortlich gemacht für das Elend meiner Ehe und dich innerlich abgelehnt...«

Wir haben angefangen, uns regelmäßig zu schreiben. Wir

sind manchmal miteinander tanzen gegangen. Sie hat angefangen, mir von ihren Freunden und ihren Problemen zu erzählen. Sie hat sich wieder wie früher um die kleinen Schwestern gekümmert, sie hat mit Sarah und Maria telefoniert und ihnen Geschenke geschickt. Sie hat Maria angespornt, sich schulisch zu verbessern...

In dem Maße, wie ich mich besser fühlte, ist es auch den beiden Kleinen besser gegangen. Sarah ist eine sehr gute Schülerin geworden, Maria ist nicht sitzengeblieben und hat immer seltener am Daumen gelutscht. Beide haben sich mit der neuen Situation identifiziert. Sarah hat meine Kontoauszüge studiert, sie hat Rechnungen und Mahnungen kontrolliert und Sparvorschläge entwickelt. Wenn Maria ein kaum angefangenes Heft wegwerfen wollte, hat sie sich über die »kolossale Verschwendung« aufgeregt. Maria hat ihrerseits angefangen, darauf zu achten, daß Sarah oder ich kein unnützes Geld ausgaben.

Je deutlicher die Kinder begriffen haben, daß wir knappen mußten, weil der Vater sein Geld für sich behielt, desto intensiver haben sie sich mit mir solidarisiert. Sarah: »Okay, er hat eine Wut auf dich. Aber warum läßt er dann *uns* arm leben?«

Wir haben ein »Einfamilienhaus mit Garten« gefunden. Man könnte auch sagen: »Wir haben eine Zweizimmerwohnung gemietet. Denn das ganze »Haus« besteht nur aus Küche, Bad und zwei Zimmern. Es hat mich bei der Besichtigung eher an eine Hütte erinnert, aber die Kinder wollten es partout. Sie haben den großen wilden Obstgarten gesehen und sofort an Tierhaltung gedacht.

Die Kinder sind an der frischen Luft aufgeblüht. Sie haben den kleinsten Sonnenstrahl bewußt genossen, sie haben im Garten gespielt und Blumen gepflanzt, sie sind auf die Bäume geklettert und haben auf der Wiese gewagte Turnübungen ausprobiert.

Mit der zunehmenden Zufriedenheit meiner Kinder sind meine Herzschmerzen allmählich verflogen. Auch für mich lag das Häuschen günstig: ich hatte weniger als zwei Kilometer bis zur Anstalt.

Ja, zur Fernsehanstalt bin ich durch einen Zufall gekommen. In dem ersten Halbjahr meiner totalen Isolation bin ich beim Einkaufen einmal auf einen früheren Bekannten aus Mittelstadt gestoßen. Begierig nach Kontakten, habe ich seine Einladung, ihn zu besuchen, gern angenommen. Da seine Frau ihn verlassen wollte und ich gerade meinen Mann verlassen hatte, sollte das Gespräch mit mir der Klärung dienen.

Ich bin also zu den beiden gefahren und habe ihnen zugehört. Es ist mir gelungen, sie einigermaßen auseinanderzuhalten und sie dazu zu bringen, sich nicht mit Vermutungen und Vorwürfen zu zerfleischen, sondern ihre Wünsche und Probleme in ruhiger Form zu analysieren. Ich habe hauptsächlich zugehört und nur gelegentlich eine Frage gestellt. Ähnlich wie Elisabeth Dessai jetzt durch ihr Zuhören und gelegentliches Zwischenfragen hilft, mir Klarheit über mein Leben zu verschaffen, habe ich damals den beiden geholfen, Abstand zu sich selbst und ihrer Situation zu finden und sich der Sicht des Kontrahenten zu öffnen.

Ich habe mich bemüht, neutral zu sein und auch für den Mann Verständnis aufzubringen, der sich »verraten« fühlte von seiner Frau, die plötzlich Ansprüche stellte, mit der er bei der Eheschließung nicht gerechnet hatte.

Der Bekannte hatte, als er heiratete, an eine traditionelle Ehe – Mann verdient, Frau bedient – gedacht, und beide hatten auch einige Jahre nach diesem Schema ohne besondere Konflikte gelebt. Aber nun wollte die Frau ihn plötzlich verlassen, weil ihr das nicht mehr paßte und weil seine Bemühungen, sich ihren neuen Erwartungen anzupassen, ihr nicht genügten.

Durch die Begegnung mit den beiden, die im Begriff waren, ihre Ehe aufzulösen, ist mir die Sicht meines früheren Mannes begreiflicher geworden. Auch dieser Ehemann berief sich auf den »ungeschriebenen Vertrag« der Aufgabenteilung. Er hatte gedacht, wie sein Vater leben zu können, und sie hatte ihm vor der Hochzeit auch nicht zu erkennen gegeben, daß sie ein anderes Leben als das ihrer Mutter zu führen beabsichtige.

Er fühlte sich »betrogen«: Während er sich an die unausgesprochene Abmachung gehalten und immer treu für das materielle Wohl der Familie gesorgt habe, sei sie zu einer »Verräterin« geworden. Schon nach zwei Ehejahren habe sie angefangen, sich anders zu verhalten, als sie es indirekt – durch die Haltung vor der Hochzeit – versprochen hatte. Statt ihn abends liebevoll zu empfangen, habe sie nur noch herumgemotzt: Das Angebundensein zu Hause »stinke« ihr langsam: »Wozu habe ich denn studiert?!«

Ich habe dem Mann klarzumachen versucht, daß er nicht »betrogen« worden sei: »Der Mensch ist ein Mensch in der Entwicklung. Deine Frau hat das, was du Vertragsbruch nennst, nicht geplant. Konfrontiert mit der Realität der Nur-Hausfrau hat sie gelitten und sich ihrerseits betrogen gefühlt. Deine Frau hat nicht vorausgesehene Erfahrungen gemacht und ist aufgrund dieser negativen Erfahrungen zu einer neuen Theorie gekommen.«

Sie verlangte von ihm, daß er seine Berufstätigkeit entweder ganz – »so wie ich es mußte!« – oder aber so weit einschränkte, daß sie ihre wieder voll aufnehmen konnte. Sie wollte nie wieder als die »Frau des Redakteurs Z.« angesprochen werden: »Vor meiner Ehe war ich selber wer!«

Ich habe mich bemüht, dem Mann verständlich zu machen, daß sie einen emanzipatorischen Entwicklungsprozeß hinter sich habe und daß er nachziehen müsse: »Sie ist eine neue Frau geworden, aber du bist ein alter Mann geblieben. Jetzt paßt ihr nicht mehr zusammen. Es wäre absurd zu erwarten, daß sie sich zurückentwickelt, du mußt ihren Entwicklungsvorsprung aufholen. Das ist deine einzige Chance, wenn du die Ehe erhalten möchtest.«

Er hat mir aufmerksam zugehört. Er muß gespürt haben, daß ich nicht darauf aus war, ihn herunterzumachen. Er hat nicht beleidigt reagiert, sondern meine Ausführungen »einsichtig« genannt.

Als ich mich verabschieden wollte, hat er mich gefragt, ob ich Lust hätte, mit ihm zusammenzuarbeiten. Er hatte den Auftrag erhalten, eine neue Sendereihe für das Fernsehen zu entwerfen und vorzubereiten: »Da du als bewußte Frau eine Sicht einbringen kannst, die mir notwendigerweise fremd ist, müßte unsere Kooperation sehr fruchtbar werden.«

Die Tätigkeit hat mich natürlich gelockt, aber sein Angebot hatte einen großen Haken: Er konnte mich nur als »freie Mitarbeiterin« engagieren. Ich hätte nach Abschluß unserer Kooperation keinen Anspruch auf weitere Arbeitsaufträge und müßte damit rechnen, arbeitslos zu werden.

Ich habe sein Angebot nicht angenommen. Gerade in Großstadt angekommen, hatte ich nicht den Mut, mich auf eine finanziell so unsichere Sache einzulassen. So klein mein Gehalt als Sachbearbeiterin auch war – es war ein festes und regelmäßiges Einkommen, das mir mit Sicherheit an jedem Monatsersten zur Verfügung stand für die Überweisung der Miete, für die Ernährung meiner Kinder...

Nachdem ich den »Vaterschaftsprozeß« als erledigt abgehakt und mich mit meiner großen Tochter Pia versöhnt hatte, nachdem ich meinen Schuldenberg abgetragen und meine Verlassenheitsängste abgebaut hatte, fühlte ich mich innerlich stabil genug, ein neues Wagnis einzugehen.

Der Anstoß, das Fernsehangebot anzunehmen, kam von der Volkshochschule. Ehemänner hatten sich darüber beschwert, daß ich die Frauen in meinen Kursen zur »Aufmüpfigkeit« animierte – man gab mir zu verstehen, daß ich nicht mehr »tragbar« sei.

Von Arbeitslosigkeit bedroht, habe ich meinen Bekannten angerufen: »Kannst du mich noch einsetzen?« Er, erfreut: »Du kannst morgen anfangen.«

Ich habe meine Stelle als Sachbearbeiterin gekündigt, aber ich habe, indem ich die Frauen mobilisiert habe, auf den Kursen zu bestehen, dafür gesorgt, daß ich die »Nebentätigkeit«, derentwegen man mich loswerden wollte, weiter ausüben konnte. Die Frauen haben sich scharenweise in meine Kurse eingetragen. Wenn man sie gestrichen hätte, wäre, auf Betreiben der Teilnehmerinnen, die Lokalpresse aktiv geworden.

Ich bin also ins kalte Wasser gesprungen. Ich hatte nicht die geringste Ahnung von Fernseharbeit. Trotzdem war ich ziemlich unbekümmert. »In deinem Alleinjahr hat man dich auch mit einem Arbeitsangebot überrascht, für das du nicht ausgebildet worden warst. Und du hast die neuen Aufgaben in kurzer Zeit und sehr erfolgreich gemeistert«, so habe ich mir in meinem Tagebuch Mut gemacht, »was soll schon dabei sein, in einem Team eine Fernsehreihe zu entwickeln?!« Es hat mir gefallen, mich mit einem Kopfsprung eintauchen zu sehen ins unbekannte Gewässer: »In deiner Jugend hast du dich als Schwimmerin auch nie damit abgegeben, erst vorsichtig mit dem Zeh hineinzutappen und zu fragen: Ist es auch warm genug?«

Mit meiner festen Stelle habe ich die »Standbeintheorie« aufgegeben, die ich mir einige Jahre zuvor angeeignet hatte und die sagte, jeder Mensch brauche ein Standbein. Dieses Standbein muß irgendwo fest verankert sein – in der Ursprungsfamilie, im Ehepartner oder im Beruf. Das Standbein bedeutet Sicherheit: Hier bin ich geborgen, hier habe ich jemanden, auf den ich mich verlassen kann. Wenn man ein Standbein hat, kann man das andere Bein als Spielbein benutzen. Das Spielbein ist zum Experimentieren da. Mit dem Spielbein taste ich das Terrain ab, mit dem Spielbein suche ich neue Dinge zu erfahren, Abenteuer zu erleben. Dieses Spielbein kann so lange ungefährdet herumexperimentieren, als das Standbein fest verankert ist.

Nachdem ich meine feste Stelle gekündigt hatte, mußte ich

die Standbeintheorie für mich umpassen. »Wieso muß mein Standbein *außer* mir verankert sein?« habe ich mich in meinem Tagebuch gefragt, »ist mir nicht in dem letzten Jahr bewußt geworden, daß ich ein Standbein *in* mir habe? Wovor habe ich eigentlich Angst? Was kann mir passieren? Was passiert, wenn ich in das Fernsehteam eintrete und nach Beendigung des Projekts arbeitslos werde?«

Ich habe die Frage mit den Frauen der Kursgruppe diskutiert. Ich habe mich darauf besonnen, daß man seinen Lebensunterhalt auch durch körperliche Arbeit verdienen kann. Ich habe den Frauen von dem Gespräch zwischen meinem Vater und der Heimleiterin erzählt. Mein Vater hatte es nicht für nötig gehalten, mir eine Ausbildung zu geben: »Die Judith ist groß und stark, die kann arbeiten gehen.« Und mit Arbeit hatte er körperliche Arbeit gemeint.

Die Frauen meinten, daß ich durch körperliche Arbeit, zum Beispiel durch Putzen, mindestens ebensoviel, wenn nicht mehr verdienen würde als durch meine Büroarbeit als Sachbearbeiterin.

Was ist schlimm daran, putzen zu gehen? haben wir uns gefragt. Wir sind die ganze Berufsskala für Frauen ohne höhere Schulbildung, die eilig eine Stelle brauchen, durchgegangen und zum Schluß bei dem Beruf Klofrau gelandet.

Was ist schlecht an dem Beruf Klofrau? Er hat kein Prestige. Wie wichtig ist mir, die ich die Position einer Professorengattin verlassen habe, das gesellschaftliche Ansehen?

Klofrau ist auf jeden Fall keine anstrengende Arbeit, haben wir uns gesagt. Als Klofrau kann man während der Arbeitszeit Bücher lesen. Klofrau ist eigentlich ein toller Job, hat eine gemeint: »Untergrundarbeit im wahrsten Sinne des Wortes.«

Hat es mich nicht immer frustriert, daß ich mit meinen Kursen fast nur Mittelstandsfrauen erreiche? Habe ich mir nicht immer gewünscht, zu Frauen aus allen Schichten Kontakt aufzunehmen? Ich bin eine Agitateurin. Ich habe ein großes Verlangen danach, auch die Schicht zu erreichen, aus der ich selber stamme. Als Klofrau habe ich diesbezüglich bessere Möglichkeiten als im Büro der Volkshochschule. Aufs Klo muß jede Frau.

Ich habe mir ausgemalt, wie ich die Klos von innen mit aufmüpfigen Parolen schmücken würde. Eine Frau hat einen kleinen Mechanismus vorgeschlagen, der beim Wasserziehen das Abspulen einer Minikassette auslöst: »Stellt euch nur mal diese Breitenwirkung vor! Jede Frau, die sich erleichtert hat, hört beim Verlassen der Kabine Slogans wie *Frauen gemeinsam sind stark.*«

Warum ist es peinlich, Klofrau zu sein? habe ich mich gefragt. Ist das Abrechnen von Englisch-Kursen wirklich eine viel anspruchsvollere Tätigkeit als das Abwischen von Klobrillen? Merkwürdig, nach welchen Kriterien in unserer Gesellschaft die Prestigeeinheiten verteilt werden!

Welche Bedürfnisse habe ich ? Ich habe das Bedürfnis, die Versorgung meiner Kinder sicherzustellen, und ich habe das Bedürfnis, eine Spur zu hinterlassen. Beides kann ich auch als Klofrau.

Nachdem ich mir im Gespräch mit den Frauen bewußt geworden war, daß ich erstens immer irgendeinen die Familie ernährenden Job finden würde und zweitens keinen Grund habe, mich vor körperlicher Arbeit zu fürchten, fühlte ich mich ungemein sicher: Im Grunde genommen kann mir überhaupt nichts mehr passieren. Warum habe ich mich an den Job Sachbearbeiterin geklammert? Doch nur wegen des sicheren Einkommens. Ein sicheres Einkommen aber werde ich jederzeit – unter der Bedingung, daß ich mir gewisse Vorurteile abschminke – kriegen können.

Frei von Angst bin ich in das Fernsehteam meines Bekannten eingetreten. Wie sich die Sache auch entwickeln wird – untergehen wirst du nicht.

Meine innere Sicherheit hat sich auf die Kinder übertragen. Seitdem wir in dem Zweizimmer-Gartenhaus wohnten, seitdem ich wieder Optimismus ausstrahlte und frei war von Herzschmerzen, Erstickungsanfällen und Schlafstörungen, seitdem ich mich rundum gesund fühlte, haben die Kinder fast nie mehr von Mittelstadt gesprochen. Sie hatten eine zufriedene Mutter, sie hatten eine Wiese zum Toben, es ging ihnen gut.

Als Sachbearbeiterin war ich pflichtversichert gewesen, als freie Mitarbeiterin beim Fernsehen konnte ich weiterhin freiwillig in die Krankenkasse einzahlen. Ich habe darauf verzichtet.

Elisabeth Dessai hat mich damals scharf angegriffen wegen meines »kriminellen Leichtsinns«. Ich weiß, daß sie es gut mit mir gemeint hat, aber sie hat meine Entscheidung, ohne Krankenversicherungsschutz zu leben, rein oberflächlich als Maßnahme zur Erhöhung des momentan verfügbaren Einkommens interpretiert. Natürlich habe ich mir auch ausgerechnet, daß die Kinder von dem Geld, das ich nicht an die Krankenkasse abführe, eine Skiurlaub haben können. Aber ich hätte den

Kindern den Verzicht auf Skiferien gewiß zugemutet, wenn ich mich irgendwie unsicher und kränklich gefühlt hätte. Meine »leichtsinnige Entscheidung« war nicht eine Entscheidung meines Kopfes – ich habe auf die Stimme meines Bauches gehört. In meinem tiefsten Inneren habe ich gewußt, daß das Kranksein hinter mir lag.

Tatsächlich bin ich nie wieder krank geworden. Das ist kein »glücklicher Zufall«, wie Martin und Elisabeth Dessai, die beiden Superrationalen, es sehen. Krankheiten haben Ursachen – ich bin nicht mehr krank geworden, weil ich keinen Grund mehr hatte, krank zu werden. Die Ehe, den Hauptkrankheitsherd meines Lebens, hatte ich verlassen. Der Vaterschaftsprozeß drohte uns nicht mehr. Meine Tochter Pia hatte mir verziehen. Sarah und Maria hatten sich eingewöhnt. Und von meiner Angst, die Kinder eines Tages materiell nicht mehr versorgen zu können, war ich seit der Klofrau-Diskussion im Frauenkurs kuriert.

Als ich zum Fernsehen ging, habe ich die alten Kartons mit gesammelten Zeitungsausschnitten durchgesehen. Bei dieser Aufräumarbeit bin ich auf das Interview gestoßen, das mich in Mittelstadt total erschlagen hatte: Alice Schwarzer fragt Simone de Beauvoir, ob eine Frau mit drei Kindern irgendeine Chance habe, sich zu emanzipieren. Beauvoir antwortet mit einem kategorischen »Nein« – unter den gegenwärtigen gesellschaftlichen Bedingungen habe eine Frau mit drei Kindern absolut *keine* Chance. Ich war erledigt. Das Nein meines Idols Simone de Beauvoir hatte wochenlange Depressionen zur Folge gehabt.

Die nochmalige Lektüre dieses Interviews hat in mir ein eigentümliches Triumphgefühl erzeugt: Du hast geschafft, was Simone de Beauvoir als unmöglich ausgeschlossen hat!

Ich bin ohne Angst in die Anstalt gegangen und habe mich deswegen auch nicht gescheut, meine Meinung frei zu äußern. Mein Bekannter hat mir ein Höchstmaß an Mitbestimmung eingeräumt. Ich habe mich als Mitarbeiterin in seinem Team wohl gefühlt.

Als mein Bekannter ein halbes Jahr nach meinem Engagement die Anstalt verließ, geriet ich in eine schwierige Situation. Man wollte mich weiterbeschäftigen – mit Programmen, die mich nicht interessierten. Man hat mich »sehr geeignet« genannt und mir Aufstiegschancen eingeräumt. Gib deine feministischen Ambitionen auf, haben mir Wohlmeinende geraten, und du machst Karriere in der Anstalt!

Martin, der mich jetzt wieder häufiger besuchte, begann sein eigenes Leben zu rechtfertigen, indem er mir den »langen Marsch durch die Institutionen« ans Herz legte. Ich müsse mich »taktisch« verhalten; denn verändern könne man eine Institution nur, solange man in ihr tätig sei.

Ich fühle mich in dieser Anstalt noch als Fremdkörper. Das Fernsehen ist ein Staat im Staate. Hier kannst du studieren, wie Hierarchien aufgebaut sind. In krassester Deutlichkeit wird dir vorgeführt, wie das System des Buckelns nach oben und Tretens nach unten funktioniert. Die Beziehungslosigkeit der Menschen untereinander, die perfekte Nicht-Kommunikation, ist für mich noch immer erschreckend. Wie die Ameisen in dem katathymen Bild, das meine frühere Untermieterin mit mir gemacht hatte, hasten die Mitarbeiter aneinander vorbei, einem eingebauten Programm folgend, das Erfolg um jeden Preis heißt.

Noch unerträglicher als das Fehlen von Wärme und Freundschaft ist für mich die Dominanz männlicher Inhalte. Von Männern gemachte Politik wird aus männlicher Sicht mit männlichen Methoden von Männern dargestellt. Ich bekomme Bauchschmerzen, wenn ich sehe, daß die Frage, ob ein Politiker beim Kanzler abgeblitzt ist oder nicht, für wichtiger genommen wird als die Frage, ob die Kinder in unseren Städten Entfaltungsräume haben oder verkümmern.

Die Personalfragen interessieren auch dann brennend, wenn vorauszusehen ist, daß der favorisierte Politiker die gleiche Linie verfolgen wird wie der abgeblitzte: denn Personalfragen sind Karrierefragen. Und Karrierefragen sind für die Fernsehmänner »wahnsinnig aufregend«, weil sie selbst keine andere Sorge kennen als die Karriere. Das ihnen eingebaute Programm macht sie blind für die Probleme derer, die außerhalb des Karriererasters stehen.

Es wird der Anspruch auf Objektivität erhoben. Aber da die Programme nicht von objektiven Computern, sondern von Subjekten gemacht werden, sind sie notwendigerweise subjektiv, das heißt, von der persönlichen Geschichte des betreffenden Redakteurs geprägt. Was geht einem Redakteur, der morgens in die Anstalt hetzt, durch den Kopf? Beschäftigt ihn die Frage, wie seine Kinder heute zur Schule kommen, oder beschäftigt ihn die Frage, wie er es schaffen wird, nach Dienstschluß neben dem Kochen und Putzen noch einen Blick in die Schulhefte zu werfen? Beschäftigt ihn das Schuldgefühl, seinen Kindern in den letzten Wochen nicht genügend Zuwendung gegeben zu haben? Nein, diese Fragen beschäftigen *ihn* nicht. Das sind Fragen, die seine Frau etwas angehen, die den Alltag seiner Frau prägen. Aber seine Frau ist nicht Redakteurin. Ihre Anliegen und Sorgen wiegen nicht mit, wenn die Objektivität ausgewogen wird.

Von einem objektiven Fernsehprogramm kann keine Rede sein, solange ausschließlich die männliche Sicht in die Sendungen einfließt und so gut wie nie durch die weibliche Sicht korrigiert und durch das Wissen und die Erfahrung der Mütter ergänzt wird.

In jedem Sender wird der Parteienproporz argwöhnisch überwacht. Da ein Linker andere Schwerpunkte setzt als ein Rechter, wird eine milligrammfeine Rechts-Links-Ausgewogenheit angestrebt. Eine leichte linke Dominanz oder eine rechte Überrepräsentation rufen sofort Skandale hervor.

Viel folgenschwerer als eine leichte Links- oder Rechtslastigkeit ist jedoch die extreme Männerlastigkeit in den Anstalten. Da kein Mensch objektiv sein kann, da jeder Mensch von seinen individuellen Erfahrungen geprägt ist, *können* die Programme nicht ausgewogen sein, solange sie nicht zur Hälfte von Frauen, also zur Hälfte von Repräsentanten der Hälfte der Bevölkerung, bestimmt sind. Ich zum Beispiel würde aufgrund meiner täglichen Sorgen als Mutter die durch Fehlen der Radfahrwege und Spielplätze verursachten Verkehrsunfälle der Kinder regelmäßig ins Hauptprogramm bringen. Der Redakteur aber, dem ich dieses Thema vorschlage, sieht darin, als passiver Vater, ein Problem, das ins Nachmittagsprogramm gehört.

Es war und ist mein täglicher Kampf, Fernsehinhalte durchzusetzen, die für Mütter relevant sind, für angebundene Hausfrauen, für doppelt belastete Berufstätige, für geschlagene Frauen, für Anhängselfrauen, für Millionen also. Während ich weiß, daß ich Millionen vertrete, sind die tonangebenden Herren der Meinung, daß es gar keine spezifischen Frauenanliegen gäbe. Sie weigern sich zu begreifen, daß die Kultur des Menschen geprägt wird durch das, was er tut. Es will ihnen nicht in den Kopf, daß Frauen eine andere Kultur haben als Männer, weil sie alltäglich etwas anderes tun als Männer. Frauen bewegen sich vorwiegend unter Kindern, sie haben mehr Kontakte zu alten und kranken Menschen, sie tun die sogenannte weibliche Arbeit. Sie sind anders geprägt, sie haben eine andere Sicht und würden deswegen andere Schwerpunkte setzen als

Männer, die sich vorwiegend in der Berufswelt bewegen und denen das alltägliche Leben mit Kindern weitgehend fremd ist. Diese starke Geschlechterpolarität, die uns heute so viel zu schaffen macht und die Beziehung zwischen Millionen Ehepaaren vergiftet, kommt im Fernsehen nicht zur Sprache.

Während niemand glaubt, daß ein konservativer Redakteur sozialistische Schwerpunkte setzen wird, sind die Herren sich darin einig, daß ein Mann die Frauensicht mitvertreten kann.

Da es höchst selten ist, daß Frauen beim Fernsehen leitende Positionen bekleiden, kommen sich die wenigen Arrivierten ständig wie von Mannes Gnaden Ernannte vor. In ihrer Angst, den mühsam ergatterten Posten wieder zu verlieren, tendieren sie zu einer Überintegration, das heißt, sie bemühen sich, zu beweisen, daß sie noch mehr Mann sind als ein Mann. Nicht in ihrem äußeren Auftreten: Die reinsten Männer in Frauengestalt sind durchweg elegant und damenhaft gekleidet, kokett und »feminin«. Sie meiden Frauenprobleme. Und wenn sie ins unwichtig erachtete Nachmittagsprogramm abgeschoben worden sind, dann bemühen sie sich, die Sicht der Männer – ihrer Arbeitgeber, ihrer Vorgesetzten – zu vertreten und die weiblichen Zuschauer als Wesen zu betrachten, denen die Segnungen der männlichen Zivilisation noch nicht zuteil geworden sind, die man noch entwickeln muß ...

Während meiner Wochenendseminare auf dem Land, die ich vom Katholischen Bildungswerk in Mittelstadt aus durchgeführt habe, bin ich oft mit Bäuerinnen ins Gespräch gekommen, die sich darüber beklagt haben, daß sich ihre Männer von der Stallarbeit drücken. Stallarbeit bedeutet Angebundensein, zu bestimmten Zeiten anwesend sein müssen. Feldarbeit läßt sich freier organisieren. Das Korn kann man bis Montag stehen lassen, die Kühe aber müssen auch am Sonntag gemolken werden. Also ist Kühemelken wie Kinderbetreuung Frauenarbeit. Ebensowenig wie zu einem Kind, das Zuneigung oder Essen braucht, kann man zu einer Kuh, deren Milch eingeschossen ist, sagen: Montag! An diesem Wochenende habe ich frei.

Angenommen, es gelänge mir, einen Redakteur dazu zu bewegen, über die Arbeitsteilung auf kleinen und mittleren Bauernhöfen einen Film zu drehen – wie würde er das Stall-Feld-Problem behandeln? Er würde den Film, sich mokierend, komisch aufziehen und schon mit dem ersten Bildschnitt klarmachen, daß diese Sendung keine ernste ist, sondern der Erheiterung dient. Er würde einen einzelnen, möglichst dicken

Bauern herausgreifen und in bukolischer Weise zeigen, daß der, weil er am Wochenende einen heben muß, die Kühe nicht melken kann und daß infolgedessen seine Frau »einspringen« muß, »mithelfen«, »dazuverdienen«.

Angenommen, *ich* würde den Beitrag drehen. Ich würde es zunächst einmal nicht komisch finden, daß das Melken Arbeit der Bäuerinnen ist. Ich würde mich als Frau mit den weiblichen Bauern identifizieren. Ich würde eine Parallele zwischen ihrer Situation und meiner früheren als Ehefrau ziehen. Mir wäre sofort klar, daß die Männer Feldarbeit unter dem Vorwand, das sei Maschinenarbeit und Frauen seien technisch weniger begabt, zur Männerarbeit erklärt haben, um samstags und sonntags frei zu sein. Ich würde die bäuerliche Szene nicht für städtische Zuschauer in einer arrogant lächerlich machenden Form darbieten. Ich würde die Frage formulieren: Warum lassen sich die Bäuerinnen an den Stall binden? Warum bestehen sie nicht darauf, daß abwechselnd gemolken wird, damit auch sie einmal am Wochenende etwas unternehmen können? Ich würde die Zuschauerinnen dazu motivieren, aus der Arbeitsteilung auf den gezeigten Bauernhöfen Schlußfolgerungen zu ziehen auf die Arbeitsteilung in ihrer eigenen Ehe in der Stadt.

Aber das wäre »feministische Agitation« gewesen, ein »subjektiver« Beitrag. Ein Film aber, der sich über die urigen Bauern belustigt hätte, wäre keine Agitation gewesen, sondern ein humorvoller, ausgewogener Beitrag zu den Problemen unserer ländlichen Bevölkerung.

Wenn du im Fernsehen das Lob »ausgewogen« erhalten willst, mußt du konsequent die Probleme der Frauen ignorieren. Denn sobald du sie aufgreifst, bist du »einseitig« oder »aggressiv« und machst Programme »für eine Minderheit«. Du wirst als radikal diffamiert, weil du denjenigen, die darüber entscheiden, was ausgewogen, was tendenziös ist, auf die Füße trittst, weil du das formulierst, was sie von ihren Ehefrauen dauernd als Vorwurf zu hören kriegen und nicht mehr hören mögen.

Seitdem ich meine Scham, eine geschlagene Frau zu sein, überwunden und in Kreisen des Mittelstands offen von den Ereignissen in meiner Ehe berichtet habe, weiß ich, daß Prügelszenen in den sogenannten besseren Kreisen gar nicht selten sind. Kannst du dir vorstellen, daß ein Intendant, der seine Frau geschlagen hat, einen Beitrag über geschlagene Mittelstandsfrauen billigen, fördern oder gar als »ausgewogen«

loben wird? Es ist ihm aufgrund seiner persönlichen Geschichte völlig unmöglich, sich dafür einzusezen, daß dieser objektive Tatbestand öffentlich zur Sprache kommt; denn seine eigene Frau könnte ja die Sendung sehen und sich in der geschlagenen Frau erkennen. Als Gefangener seiner individuellen Situation entscheidet nun dieser Intendant subjektiv, daß ein Film, in dem geschlagene Ehefrauen zu Wort kommen, kein objektiver, sondern ein unausgewogener wäre.

Ich mache zur Zeit hauptsächlich Sendungen, die ich unwichtig finde und mit deren Inhalten und Zielsetzungen ich mich kaum identifizieren kann. Wenn ich mich dazu durchringen könnte, nur noch im Sinne der herrschenden Herren zu arbeiten, könnte ich mich finanziell schnell verbessern. Für mein hartnäckiges Beharren darauf, daß wenigstens gelegentlich die Ansichten von Frauen berücksichtigt werden, zahle ich den Preis, daß ich im Schnitt nur 1.300 bis 1.400 Mark im Monat verdiene und über 1.600 Mark fast nie hinauskomme. Obwohl ich mich nun nicht gerade bereichere, fühle ich mich korrupt.

Ich habe es mir mühsam erkämpfen müssen, daß man mich anhört, meine Meinung ab und zu berücksichtigt und mir eine gewisse Selbständigkeit einräumt. Einmal habe ich in unserer Redaktion eine Sendung über den Schmerz vorbereitet. Für meine Meinung hat sich der Chefredakteur überhaupt nicht interessiert. Er hat mir lediglich Ausführungsanweisungen gegeben. Ich wollte mit ihm reden, etwas dazu sagen, aber er hat demonstrativ nicht zugehört, sondern dauernd auf seine Quarzuhr gesehen und betont, daß er nur ein paar Minuten Zeit habe. Damit sollte mir meine Unwichtigkeit bedeutet, damit sollte die »Frauenrechtlerin« verunsichert werden.

Ich habe mir diese Behandlung nicht gefallen lassen. Seitdem ich mir die Vorstellung, daß es überhaupt keine Katastrophe wäre, die Kinder als Klofrau ernähren zu müssen, zu eigen gemacht hatte, war ich frei von der Angst, meinen Job zu verlieren. Ich bin auf den Chefredakteur zugegangen und habe ihn geradeaus angesehen: »Da ich Ihnen jetzt etwas sagen möchte, werden Sie mir zuhören.« Ich habe ihm erklärt, daß ich es für unhöflich halte, dauernd auf die Uhr zu sehen. »Warum schauen sie an mir vorbei?« habe ich ihn gefragt, »schauen Sie mich doch an!« Daraufhin hat er den Kopf gehoben und verlegen gegrinst.

»Ist es möglich«, habe ich ihn gefragt, »ist es möglich, daß ich als einundvierzigjährige Frau über gewisse Dinge etwas weiß, von denen Sie nichts wissen *können?* Ist es möglich, daß Sie in Ihrer Seele einen blinden Fleck haben, den ich beleuchten könnte?«

Er hat mir irritiert, aber aufmerksam zugehört und auch nicht mehr auf seine Armbanduhr gesehen.

»Unser Thema ist der Schmerz«, bin ich fortgefahren, »welche Erfahrungen haben Sie mit dem Schmerz?«

Da er nur verwirrt herumgedruckst hat, habe ich ihm von meinen Erfahrungen erzählt. Ich habe über die schmerzvolle erste Schwangerschaft und Entbindung berichtet und über die leichte Geburt des zweiten – gewollten – Kindes. Ich habe ihn gefragt, ob er schon jemals nachts von kreisenden Ringen verfolgt worden sei, von Ringen, die immer enger werdend sich ins Fleisch einschneiden und einem die Luft wegdrücken. Ich habe ihn gefragt, ob er meine Ansicht, daß Wissen aus eigener Erfahrung eine gute Basis für eine Sendung sei, teile. Ich habe ihn dazu gebracht, seinen angeblich eiligen Termin zu vergessen und sich mit vollem Interesse dem Konzept meiner Sendung zu widmen.

Immer wieder bin ich ohne Umschweife und ohne Taktiererei direkt auf die Kollegen zugegangen und habe auf mein Recht, zur Kenntnis genommen zu werden, beharrt. Dieser tägliche Kampf um mehr *wirkliche* Ausgewogenheit war und ist äußerst nervenaufreibend, denn kein männliches Subjekt hat ein echtes Interesse daran, objektivere Sendungen zu produzieren, Sendungen, in die die Männer- *und* die Frauensicht eingeflossen sind.

Durch meinen beharrlichen Kampf habe ich René kennengelernt, einen »topman« in seinem Metier, der in der Anstalt hohes Ansehen genießt, einen »Star«, der wie ich seine Situation zunehmend unerträglich als korrupt empfindet und daran denkt, aus der Anstalt auszusteigen.

René hat an mir studiert, was mit Leuten geschieht, die keine Maske tragen. Da er sich selbst danach sehnte, ehrlich aufzutreten, hat er sich innerlich mit mir verbündet und keine Gelegenheit ausgelassen, mich zu loben und zu ermutigen. Nach Niederlagen hat er mich in sein Büro gebeten: »Komm, trinken wir erst einmal eine Tasse Tee.« Bei ihm habe ich meine Wut abgelassen. Zu ihm bin ich geflüchtet, wenn ich den Tränen nahe war.

Nachdem er Vertrauen zu mir gewonnen hatte, hat er mir von seinen inneren Konflikten als »Star« erzählt. Er könne die

Verlogenheit und die Volksverdummung, die in der Anstalt betrieben werde, nicht mehr aushalten. Er schaffe es nicht mehr, die ihm zugewiesene Rolle zu spielen. Er wisse noch nicht, wie er sein zukünftiges Leben gestalten werde. Er wisse nur, daß er das Leben, das er momentan führte, nicht mehr wolle.

Da er in meiner Nähe wohnt, hat es sich allmählich eingebürgert, daß René morgens bei mir frühstückte. Er fühlte sich auch erotisch von mir angezogen, aber er hatte Angst davor, mit mir zu schlafen. Wenn ich ihn umarmen wollte, hat er sich hastig entzogen.

Diese Männerreaktion war für mich keine neue Erfahrung. Nachdem Martin sich von der scheinbar Ertrinkenden zurückgezogen hatte, fehlte mir der Partner, mit dem ich meine mit ihm entwickelte Sexualität ausleben konnte. Natürlich hatte ich jede Menge Angebote, und gelegentlich habe ich mich, um mir einen Entspannungszustand zu verschaffen, auch einfach bedienen lassen. Aber diese Nur-Sexualität war mir zuwider. Meine Beziehung zu Martin hatte ich als ganzheitlich empfunden, als intellektuelle, emotionale und körperliche Begegnung.

Auf der Suche nach einem Partner, mit dem ich mich wie mit Martin auf allen Ebenen verstehen konnte, bin ich immer wieder auf diese eigentümliche Angst intellektueller Männer, mit mir auch sexuell zu verkehren, gestoßen. Ich sei so »unheimlich stark«, ich sei so »vereinnahmend«, ich mache Angst, ich sei so »ungewohnt«.

Nachdem René und ich miteinander vertraut geworden waren, nachdem auch er sich geöffnet hatte, nachdem wir seit Wochen miteinander frühstückten, nachdem er mir gezeigt hatte, daß er sich von mir erotisch angesprochen fühlte, nachdem er mich seine »wichtigste Bezugsperson« genannt hatte, mußte ich meine ganze Zuneigung aufbringen, um seine sexuelle Verweigerung hinnehmen zu können.

Ich hatte einen ungeheuren Stau und habe René immer wieder bedrängt. Aber er hat gemeint, sich »schützen« zu müssen: »Ich habe Angst davor, mich noch mehr an dich zu verlieren. Ich habe Angst vor Bindungen. Du vereinnahmst mich. Ich will mich nicht vereinnahmen lassen!«

René hat sich immer wieder die Aufgabe gestellt, mich »morgen« nicht zu besuchen, und ist dann pünktlich zum Frühstück erschienen. Als ich ihn wieder einmal bedrängt habe, hat er mir unvermittelt erklärt: »Außerdem habe ich Angst, plötzlich impotent zu sein.«

Renés widersprüchliches Verhalten mir gegenüber ist mir nach meiner ersten lesbischen Erfahrung begreiflich geworden.

Über meine Frauenkurse an der Volkshochschule, die ich trotz meiner Tätigkeit beim Fernsehen ohne Unterbrechung weitergeführt und ausgebaut habe, bin ich mit einer Schauspielerin zusammengekommen. Marianne hat mich auf ihren »Landsitz« – ein verlassenes Forsthaus – eingeladen, wo sie den Sommer über ein »Probematriarchat« lebte und mit anderen Frauen versuchte, Frauenbeziehungen zu klären und zu festigen.

Marianne hat sich in mich verliebt, und ihr Gefühl hat mich zunächst mit Schrecken erfüllt. Sie hat mir gezeigt, daß sie nicht nur gerne mit mir redet, sondern mich auch gerne berührt. Wir sind zusammen tanzen gegangen. Wir haben in der Dorfkneipe wie die Wilden getanzt: ausgelassen, ekstatisch – zum Entsetzen der ländlichen Dorfjugend vermutlich. Sie hat auf dem Tanzboden mit mir geschmust, und ich habe mir ihre Zärtlichkeiten nicht nur gefallen lassen, sondern sie auch erwidert. Ich habe ihre Leidenschaftlichkeit genossen, aber zugleich habe ich Angst gehabt, sie könnte die Wünsche, die sie mir durch ihre Körpersprache angedeutet hatte, befriedigen wollen.

Ich habe ihr meine Gespaltenheit offen gestanden: »Marianne, du machst mir Angst. Ich habe Angst davor, mit dir zu schlafen. Ich habe Angst, lesbisch zu werden. Ich will das nicht.«

»Du mußt ja nicht«, hat sie mir geantwortet, »du mußt ja nicht. Aber du kannst es ja mal probieren, wenn du Lust hast...«

Ich habe Lust gehabt. Ich habe gespürt, daß es etwas anderes ist, von Frauenhänden angefaßt zu werden. Ich habe mir nicht vorgenommen, mit ihr zu schlafen oder mit ihr nicht zu schlafen. Ich habe zu mir gesagt: Warum soll das, was es gibt, nicht für mich möglich sein? *Zulassen*. Ich muß an mir zulassen, was es gibt. Mir hat ja niemand mehr etwas zu verbieten, und ich kann Erfahrungen nur machen, indem ich sie mache. Indem ich es ausprobiere, erfahre ich, was es mir bedeutet. Ich kann nicht über Erfahrungen reden, die ich mir nur in meiner Phantasie vorgestellt habe.

Einige Tage später hat Marianne mich in Großstadt besucht und, mangels eines anderen Schlafplatzes, wie jeder Gast neben mir auf dem Doppelbett übernachtet. Das war normale Gastfreundschaft und hatte »eigentlich« nichts zu bedeuten.

Marianne hat neben mir gelegen, und wir haben leise miteinander geredet. Wir haben über die belasteten Mann-Frau-Beziehungen gesprochen, wir haben über die Männer gesprochen, von denen wir so enttäuscht sind, weil sie so unheimlich kaputt sind. Wir haben über die irrsinnige Angst der verunsicherten Männer vor uns bösen feministischen Hexen gelacht. Wir haben sie bemitleidet wegen ihrer Unfähigkeit, sich der neuen Frau anzupassen: Wie stark könnten sie ihre verschütteten Begabungen wieder entfalten, wenn sie es schafften, sich der neuen Frau als neuer Mann zu nähern.

Ich habe ihr von meinen Schwierigkeiten in der Anstalt erzählt, von den Mitarbeiterinnen, die die Frauenanliegen verraten und sich überanpassen, um sich ja nicht bei den männlichen Arbeitgebern unbeliebt zu machen. Ich habe von René erzählt, der seinen Ruhm nicht mehr zu genießen vermag. Ich habe ihr von Martin erzählt, der mich in meinem Befreiungskampf entscheidend unterstützt, in der Not jedoch im Stich gelassen hat und der nun wieder von unserem gemeinsamen Altern in einem Haus in Südengland träumt. Ich habe ihr von den guten Frauenbeziehungen in meinen Kursen erzählt und von meiner Hoffnung, eines Tages ein eigenes Frauenbildungszentrum zu eröffnen...

Irgendwann gegen Morgen habe ich leichte Kopfschmerzen bekommen. Sie hat sich über mich gebeugt: »Ich massier' dir den Schmerz weg.«

Sie hat angefangen, meine Stirn ganz liebevoll zu streicheln, ganz zart ist sie mir durch die Haare gefahren. Sie hat mir die Kopfhaut massiert, sie hat mich erotisiert. *Zulassen,* habe ich gedacht. Nur zulassen, hat mir die Stimme meines Bauches gesagt, nichts abblocken, nichts unterdrücken. Was kann dir schon passieren?

Aber als sie angefangen hat, meinen Hals und meine Brust zu streicheln, hat mich das Entsetzen gepackt: Eine Frau berührt die Brüste einer anderen Frau – Todsünde!

Aber es ist kein Blitz vom Himmel gefahren, es hat kein Donner gekracht, die Erde hat sich nicht aufgetan, kein Schwefelgestank ist über uns gekommen, es ist überhaupt nichts passiert. Es gab nur Wohlbehagen.

Sie hat mich weiter gestreichelt, ich habe sie auch gestreichelt. Sie hat sich auf mich gelegt, ich habe meine Arme um sie gelegt und erfahren, wie schön es ist, Frauenbrüste auf sich zu spüren und von Frauenhänden gestreichelt zu werden. Als sie ihre langen Haare über mich gebreitet hat, ist mir das Gebet gekommen, das ich als Heimkind so geliebt und so oft gesprochen hatte: Maria breit den Mantel aus, mach einen Schutz und Schirm daraus... Diese Geborgenheit, dieses Eingehülltsein war für mich ein ganz neues und überwältigendes Erlebnis.

Am Morgen habe ich mit Marianne ohne Schuldgefühle gefrühstückt. Wir haben über Borneman gelacht, der mich nach meinem Aufbruch davor gewarnt hatte, in lesbische Beziehung »abzugleiten«.

Nein, einen Orgasmus habe ich nicht gehabt. Auch mit Martin war ich nie allein durch klitorale Reizung zum Höhepunkt gelangt. Den Zustand des Aus-mir-Hinaustretens mit therapeutischem Effekt habe ich immer nur durch die Vereinigung erreicht.

Nach meinem Erlebnis mit Marianne habe ich Renés Gespaltenheit und seine Berührungsscheu nachempfinden können. Er fürchtet sich vor dem Unbekannten, habe ich mir gesagt, so wie ich mich vor der lesbischen Beziehung gefürchtet habe. Er ist bei Frauen ein anderes Verhalten als das meine gewohnt, das typisch »weibliche«, das kokett abwartende, das heuchlerisch widerstrebende, masochistische...

Unsere erste körperliche Begegnung hat seine Verwirrung noch verstärkt. Er ist zwar nicht impotent geworden, aber er hat meine Aktivität als schockierend empfunden: »Warum läßt du dir keine Zeit? Hast du es denn nicht gern, vorher gestreichelt zu werden? Warum bist du so fordernd, so drängend?«

Ich bin explodiert: »Wochenlang habe ich mich geduldet. Pausenlos hast du mir erzählt, daß du mich liebst, aber dich nie anfassen lassen. Endlich sind wir soweit – und da willst du mir einen Exkurs halten über die Bedeutung des vorbereitenden Liebesspiels!«

Unsere sexuellen Schwierigkeiten haben mich ein wenig traurig gestimmt. Ich mochte nicht mit anderen Männern schlafen, zu denen ich kein so uneingeschränktes Vertrauen hatte wie zu René. Nur bei René hätte ich mich wie früher bei Martin ungehemmt ausschreien, meine Orgasmusserien voll ausleben können. Wenn das Vertrauen auf allen Ebenen fehlte, habe ich mir immer Zwang angetan: Ich mochte mich nicht vor einem »Fremden« entblößen und mich meiner Ekstase frei hingeben.

Ich habe mich geduldet. Ich habe mir keinen anderen Sexualpartner gesucht. Ich habe meine körperlichen Bedürfnisse unterdrückt und René Zeit gegeben. Warten kann ich, habe ich mir gesagt, aber nie wieder werde ich eine Rolle spielen. Ich werde mich immer ehrlich geben, auch auf die Gefahr hin, ihn zu schockieren und zu verlieren.

»Tu doch ruhig ein bißchen kokett!« hat mir eine Freundin geraten, »was kostet es dich denn, ein bißchen die Widerstrebende zu spielen, dich ein bißchen zu ›zieren‹? Er braucht das vielleicht. Schließlich hat er Eroberer gelernt!«

»Solange René das braucht, brauche ich ihn nicht.« Ich habe meine Bedürfnisse im Tagebuch analysiert und bin zu dem Ergebnis gekommen, daß es mir leichter möglich wäre, jahrelang abstinent zu leben, als eine Rolle zu spielen, als ein Verhalten zu zeigen, das meinen Empfindungen nicht entspricht.

Während unsere körperliche Verständigung für mich frustrierend, für ihn »beängstigend« blieb, hat sich unsere geistige Freundschaft immer mehr verfestigt. Wir haben den Wunsch entwickelt, in der Anstalt einmal etwas Gemeinsames zu machen. Als ich den Auftrag erhielt, über den Autor eines emanzipatorischen Buches einen Filmbeitrag zu drehen, habe ich René gebeten, mitzumachen und mit mir eine männlich-weibliche Koproduktion zu versuchen. Ich hatte das Bedürfnis, den Kollegen einmal konkret vorzuführen, was ich unter Komplettheit und Ausgewogenheit verstehe, nämlich das Einbringen der männlichen *und* der weiblichen Sicht, die Erörterung eines Problems aus dem Interesse des Mannes und dem Interesse der Frau heraus.

Wir sind in die Wohnung des Autors gefahren und haben mit ihm über seine Thesen diskutiert. Wir haben kritische Fragen gestellt und ihm Gelegenheit gegeben, sich zu verteidigen. Damit wäre aus Renés Sicht unsere Arbeit geleistet gewesen. Aus meiner Sicht war die Vorstellung des Buches bestenfalls eine Einführung in die Diskussion. Mein Argument war: Jeder, der ein bißchen intelligent ist und gut schreiben kann, kann eine emanzipatorische Theorie verbreiten. In den Bibliotheken findet man kilometerweise progressive Theorie. Dieser Mann ist nicht großartig, weil er ein gutes Buch geschrieben hat. Großartig wäre er, wenn er es geschafft hätte, seine Theorie in die eigene Praxis umzusetzen.

Ich habe seine Frau interviewt: Wie leben Sie? Wovon leben Sie? Konnte Ihr Mann wissenschaftlich arbeiten, weil Sie für ihn die Dreckarbeit gemacht haben? Ich habe auch Fragen nach ihrer Sexualität gestellt, ich war in einem Wort das, was man in männlichen Journalistenkreisen »unsachlich« nennt.

In der hausinternen Kritik ist unsere Gemeinschaftsproduktion auch prompt durchgefallen. Aber die Zuschauerinnen haben zustimmend und zum Teil begeistert geschrieben. Einer der wenigen Kollegen, der unsere Sendung positiv beurteilt hatte, sagte. »Das war kein steriles Frage-Antwort-Spiel, das war ein warmer und lebendiger Beitrag.«

In unserer Anstalt gibt es kaum einen Menschen, der sich Wärme und Herzlichkeit hat erhalten können. Wer beim Fernsehen in der Hierarchie aufsteigen oder auch nur in diesem Kälteklima, in diesem mörderischen Konkurrenzkampf, bestehen will, muß seine Menschlichkeit abtöten, seine Wärme und Herzlichkeit verdrängen.

Ich sehe in unserer Anstalt Menschen, die, wächsern geworden und verkrustet, überhaupt nicht mehr in der Lage sind, auf liebevolle Weise miteinander umzugehen. Jeder hat Angst vor jedem. Deswegen heißt das erste Gebot: »Strenge Trennung von privat und öffentlich.« Man gewährt dem anderen keinen Einblick in seine Gefühle und Konflikte. Man veranstaltet Trinkgelage außer Hause, die zu keiner menschlichen Begegnung führen. Manchmal findet auf dem Gang ein kleines Geplänkel statt, eine unverbindliche Flirterei, aber ich habe eigentlich nie das Gefühl, daß dort Menschen auf Menschen treffen.

Wenn ich einmal in ausgelassener Laune trällernd über den Gang eile, wenn ich gar auf dem Weg zur Kantine eine Opernarie anstimme, werde ich angestarrt wie ein Wesen von einem fremden Planeten; denn eine Person, die spontane Regungen zeigt, eine Person, die ihre Stimmung nicht hinter einer Maske verbirgt, ist ein Störfaktor in dieser Anstalt.

Seitdem ich weiß, daß mir »im Grunde nichts passieren« kann, seitdem ich mir bewußt bin, daß ich die Versorgung meiner Kinder jederzeit durch körperliche Arbeit sicherstellen kann und deswegen nicht an einer bestimmten Stelle kleben muß, seitdem ich begriffen habe, daß ich in der Anstalt nie Karriere machen werde, ohne mich zu korrumpieren, bin ich im Umgang mit Vorgesetzten frei von Angst, locker.

Ich spüre, wie mein respektloses Verhalten die Autoritäten irritiert, aber ich spüre auch ihre Sehnsucht, sich menschlich zu öffnen. Sie sagen: »Mein Gott, was hat die für eine Art!« Sie bekunden ihren Ärger über meine Offenheit und suchen doch gleichzeitig immer wieder Vorwände für ein persönliches Gespräch.

Indirekt geben mir viele zu verstehen, daß meine »verdammte Art« etwas aufgerührt hat in ihnen: Diese Frau, die mich eben einfach angetappt hat – »Sie sehen so bedrückt aus. Erzählen Sie mir von sich!« – erinnert mich an etwas, was auch einmal in mir war. Da *war* doch etwas in mir früher einmal vor Jahren, bevor ich Chef geworden bin ... Einer dieser verkrusteten Roboter hat mir einmal unvermittelt gesagt: »Sie haben angefangen, das Kind aus mir herauszulocken.«

Vor einem halben Jahr habe ich einen Filmbeitrag über Schulprobleme gedreht. Mitten in der Arbeit erscheint einer meiner höheren Vorgesetzten per Taxi. Er kommt zu mir die Rampe herauf – der Taxichauffeur wartet bei laufendem Motor – und weist mich wegen meiner »Eigenmächtigkeit« zurecht: »Sie haben auch *mir* den Kameraeinsatz persönlich zu melden!«

Ich danke ihm für die Information: »Ich habe geglaubt, daß es genügt, Herrn Braun Bescheid zu sagen. Aber nun weiß ich, daß ich Sie persönlich fragen muß. Ich werde es in Zukunft nicht versäumen.«

Damit hätte das Gespräch beendet sein können. Aber der große Chef, den ich bisher nur als Supertechnokraten erlebt hatte, als einen Menschen, der nur *funktioniert,* als einen Menschen, der die Karriere über alles stellt und immer besorgt ist, ja nie ein privates Wort zu verlieren, der pikierte Chef, der mit dem Taxi gekommen ist, um mir persönlich eine Rüge zu erteilen, geht nicht weg.

Er steht herum, ignoriert das wartende Taxi, zündet sich verlegen eine Zigarette an, macht ein paar Schritte in keine Richtung – und bleibt.

Es ist heiß. Die Hitze wird von den Betonwänden zurückgeworfen. Wir schwitzen alle. Ich spüre seinen Blick in meinem Rücken und frage mich, was er noch will.

Wie das denn so gewesen sei mit den Kindern? Ob mir die Arbeit Spaß gemacht habe? Ob es nicht zu heiß gewesen sei? Wie sich die Schüler bei der Befragung gegeben hätten? Ob ich schon dazu gekommen sei, eine Kleinigkeit zu essen. Ob man den Kindern nicht einen Kasten Getränke schicken solle ...

Ich spüre, daß er diese Fragen nur vorschiebt, daß er einen Kontakt herzustellen versucht, daß etwas aus ihm herausdrängt, daß er mir etwas mitteilen möchte, etwas über mich oder ihn.

Ich erzähle, daß es lustig gewesen sei mit den Kindern, sehr leicht, die Schüler aus der Reserve zu locken, daß mich die Spontaneität der Kinder angerührt habe, daß es eine Freude gewesen sei, mit jungen Menschen einen Film zu drehen, mit lebendigen, noch nicht verstümmelten Menschen ein Gespräch zu führen...

Er hört mir zu, das Taxi wartet mit laufenden Motor, er steht herum, er schaut mir suchend nach und weicht immer wieder meinem geraden Blick aus. Sein Interesse ist nicht das Interesse des Mannes für Frauen. Ich erlebe täglich, daß mir Männer mit sexuellem Interesse nachblicken. Ich kenne diesen Jägerblick und kann ihn gut einschätzen. Das ist es nicht.

In dem Nichtweggehenkönnen des Karrieremannes äußert sich etwas anderes. Ich spüre bei ihm, was ich auch schon bei anderen gespürt und zu orten versucht habe: die Äußerung von Sehnsucht.

Seitdem ich bei mehreren Kollegen dieses eigenartige Verhalten eines Sehnsüchtigen entdeckt habe, bin ich bewußt noch »lockerer« im Umgang mit versteinerten Figuren. Es macht mir Spaß, ihre Verkrustungen anzukratzen. Jedesmal, wenn mir ein Amtsroboter zeigt, daß in ihm mehr steckt als die Fähigkeit, reibungslos zu funktionieren, empfinde ich eine tiefe innere Befriedigung.

Wenn ich wirklich vertraut auch nur mit René bin, so habe ich doch inzwischen zu mehreren Kollegen eine Beziehung hergestellt, die über das Berufsinteresse hinausgeht. Mitunter gelingt es mir, über die Sympathie für meine Person eine wohlwollende Haltung gegenüber meinen Zielen als Programmgestalterin zu wecken. Ich kann die Kälte des Klimas in der Anstalt jetzt einigermaßen verkraften, aber ich fühle mich nach wie vor unbehaglich.

Ich möchte sie in absehbarer Zeit verlassen. Ich möchte nicht noch jahrelang meine Kräfte im Kampf für eine ausgewogene Produktion verschleißen.

Von den weiblichen Mitarbeitern erhalte ich nur selten und meist nur heimlich Unterstützung. Sie fühlen sich wie Alibi-Schwarze in einem weißen Sender. Als machtlose Mini-Minderheit können sie ihren Posten nur halten, wenn sie durch Überanpassung kundtun, daß sie nicht die böse Absicht hegen, die Anliegen der weiblichen Bevölkerungshälfte zu vertreten.

Aufgrund meiner persönlichen Beobachtungen stehe ich der Parole »Langer Marsch durch die Institutionen« zunehmend skeptisch gegenüber. Für die meisten ist dieser Slogan nur eine Ausrede, nur der schöne Spruch, mit dem sie ihr unbezähmbares Bedürfnis nach einem hohen materiellen Lebensstandard rechtfertigen.

Mit ihrem Sehnsuchtsverhalten zeigen mir die arrivierten Fernsehmänner, daß auch sie einmal mit Idealen angetreten sind (mit welchen auch immer), daß sie mit Vorstellungen und Bedürfnissen angefangen haben, die sie während des »langen Marsches« nicht durchgesetzt, sondern abgetötet haben.

Ich befinde mich zwar noch in der Anstalt, aber den langen Marsch durch diese Institution bin ich nicht angetreten. Warum sollte mir gelingen, was anderen mißlang? Selbst wenn man bereit wäre, mich trotz meines Bemühens um Ausgewogenheit auf Dauer zu dulden – mir wäre der Preis, den ich für das sporadische Einbringen der weiblichen Sicht zu zahlen hätte, zu hoch. Ich glaube, daß ich außerhalb etablierter Institutionen mehr bewirken kann. Der Zulauf zu meinen Kursen zeigt mir, daß es eine große Nachfrage nach alternativen Projekten gibt.

In den letzten Monaten habe ich eine Menge Zeit mit »sehnsüchtigen« Fernseharrivierten vergeudet.

Ja, *vergeudet*. Ich war schon, wie Elisabeth Dessai zutreffend angemerkt hat, dabei, die »Freundin großer Männer« zu werden.

Da ich als »unkonventionell« gelte, ist es üblich geworden, daß man schnell mal bei mir für eine Tasse Tee oder auf ein Glas Bier vorbeischaut, wenn man sich irgendeines Ärgers entledigen will. Wer Wärme sucht, kommt zu mir und läßt sich unangemeldet an meinem Küchenherd nieder.

Anfangs hat es mir wohlgetan, für so viele die wichtigste Vertrauensperson zu sein. Aber inzwischen bin ich mir bewußt geworden, daß ich nur als Krankenschwester aufgesucht werde, daß sich diejenigen, die sich in meiner Küche erwärmen, für mich und meine Arbeit nicht ernsthaft interessieren.

Warum sollte ich meine Zeit damit vertun, leidende Männer zu trösten, sie wieder fit zu machen, sie aufzupäppeln, damit sie am nächsten Tag in der Anstalt wieder reibungslos – frauenfeindlich! – funktionieren?

Als mir ein Spitzenmann unserer Anstalt eines Tages erklärt hat, daß meine »Schönheit«, die Ausdruck meiner »reichen Seele« sei, ihn heile und inspiriere, ist es mir wie Schuppen von den Augen gefallen.

Er hat jetzt zwei Frauen, habe ich plötzlich begriffen: die Alte zu Hause fürs Putzen und fürs Bett und mich fürs Geistige und fürs Gefühl.

Er hat sich wohl gelegentlich nach meiner Arbeit erkundigt und auch mißbilligend den Kopf geschüttelt über den »rückständigen Redakteur«, der das Konzept meiner Sendung zum Thema *Geschlagene Frauen* nicht akzeptieren wollte, aber er hat sich nicht angeboten, seine Macht in der Anstalt dafür geltend zu machen, daß dieser Beitrag doch noch gedreht würde. Statt dessen hat er »zum Ausgleich« eine Sendung angeboten, bei der ich das Dreifache verdienen konnte. Diese Reaktion hat mir bewußt gemacht, daß er mich überhaupt nicht verstand: Wie kann ein Mensch, der mich seit Wochen fast täglich besucht, *nicht wissen*, daß es mir um die Sendung *Geschlagene Frauen* geht und nicht darum, einen Sendeauftrag zu erhalten, der ein Ersatzhonorar einbringt? Ich habe kapiert, daß er sich für mich nur als Hetäre interessierte.

Um ihm zu zeigen, daß ich die Rolle der Ehefrau fürs Feine verweigere, habe ich ihm eine Lektion erteilt. Als er wieder einmal unangemeldet in meiner Küche stand, habe ich ihm für sein Kommen im rechten Moment gedankt. Ich habe ihm eine Schüssel Kartoffeln in die Hand gedrückt, ihm das noch zu spülende Geschirr gezeigt und ihm mit den liebenswürdigsten Worten gesagt, daß er als echter »Freund in der Not« erschienen sei, um mich zu entlasten. Entlasten für meine Arbeit: »Ich muß nämlich dringend noch einmal in die Anstalt wegen dieses wichtigen Beitrags über die Leichtlohntarife für Frauenarbeit, und ich bin noch gar nicht dazu gekommen, das Abendessen vorzubereiten. Die Kinder sind bei einer Freundin. Ich freue mich, daß einer da ist, wenn sie nach Hause kommen. Die Rommékarten liegen in der linken oberen Schublade.«

Als ich von der Anstalt nach Hause kam, war das Geschirr gespült, die Kartoffeln dampften auf dem Herd. Ich habe ihn kurz gelobt und dann sofort angefangen, von *meinen* Problemen und Programmen zu sprechen.

Seit diesem Abend hat er mich nur noch selten in meiner Küche überfallen. Er zieht es jetzt vor, sich von meiner »Schönheit« in einem Restaurant inspirieren zu lassen. Meistens schlage ich seine Einladungen aus mit der Begründung, ich müsse zu meinen Kindern, ich habe ein wichtiges Frauentreffen, ich sei mit jemandem verabredet, der mit mir das neue Konzept einer Sendung durchgehen wolle. Wenn ich annehme, dann »weil ich jetzt sowieso essen gehen muß«.

Ich opfere keine Zeit mehr für ihn. Weder für ihn noch für andere Männer, denen es eine Selbstverständlichkeit ist, daß Frauen zur Verfügung zu stehen haben und daß sich die

Bedeutung einer Frau von dem Anklang ableitet, den sie bei Männern, vor allem bei »großen Männern«, findet.

Ich bin wählerisch geworden. Ich treffe eine Auswahl. Ich habe Zeit für Männer, die sich mit meinen Zielen identifizieren und sich dafür einsetzen wollen, daß die Fernsehproduktionen ausgewogener werden, daß in den Programmen auch die weibliche Sicht zum Ausdruck kommt.

Ich habe Zeit für Männer, die sich bei einer Ehekrise selbst in Frage stellen und die Bemühung zeigen, ihre verkorkste Beziehung auf eine partnerschaftliche Ebene zu heben.

Ich habe Zeit für Männer, die sich für mich nicht wegen meines Gesichts, sondern wegen meines Lebensstils interessieren und zum Beispiel von mir wissen wollen, wie man *arm* leben kann, *ohne zu leiden*.

Warum ich mich nur noch mit denen abgeben will, die sich bereits im Aufbruch befinden? Warum ich keine Anstrengungen unternehmen will, Reaktionäre wie den Spitzenmann, der bei mir Geschirr gespült hat, ideologisch zu bearbeiten?

Diese Frage von Elisabeth Dessai kann ich mit einem einzigen Satz beantworten: Ich habe dazu keine Lust.

Ich bin diese Form der Agitation leid. Es ist mir einfach zu lästig, auf Lernunwillige einzureden. Das magere Ergebnis steht in keinem vernünftigen Verhältnis zum großen Kraft- und Zeitaufwand.

Die meisten Frauen in meinen Kursen empfinden inzwischen ähnlich. Wir wollen auf Tagungen unsere Zeit nicht mehr damit vergeuden, eine Diskussion mit Männern zu führen, die nicht zum Lernen gekommen sind, sondern in der Absicht, sich als Redner zu profilieren.

Die Frauen meiner Kurse veranstalten in regelmäßigen Abständen Wochenendseminare, an denen auch Männer teilnehmen können. Zu diesen Seminaren kommen nicht nur betroffene Ehemänner, die willens sind, den Entwicklungsprozeß ihrer Frauen nachzuvollziehen, sondern auch alle möglichen Herren, die sich als links, progressiv oder systemfeindlich in Pose setzen wollen.

Unsere ersten Wochenendtagungen haben wir uns von diesen profilierungssüchtigen Herren vermasseln lassen. Ein typischer Verlauf:

Ein *moderner* Mann reißt das Wort an sich und ergeht sich lang und breit über die historischen Ursachen der Frauenunterdrückung und über die zukünftige emanzipatorische Gesellschaft. Er redet und redet und kommt sich ungemein wichtig vor wegen seines Detailwissens über die bürgerlichen Frauen in Nordfrankreich in der zweiten Hälfte des 18. Jahrhunderts.

Was soll das? fragen sich die Frauen. Das haben wir doch schon lange abgehakt. Haben wir uns dafür mühselig ein freies Wochenende verschafft?

Dem Redner geht es gar nicht um Veränderungen. Es geht ihm um seine Dissertation oder Habilitation. Er ist erschienen, um die Thesen, die er in seiner wissenschaftlichen Arbeit vertreten will, vor Publikum zu formulieren. Wir werden von ihm als Zuhörer à la Kleist (»Die Gedanken entwickeln sich beim Sprechen«) benutzt.

Die Frauen erwarten von mir als Diskussionsleiterin, daß ich ihm den Mund stopfe und die Tagung in die von uns geplante Richtung führe. Also unterbreche ich ihn: »Herr Meier, wir wissen das alles. Was wir von Ihnen wissen möchten ist: Wie leben Sie selber? Ja, *Sie,* nicht *die Männer.* Erzählen Sie uns bitte, wie der Alltag Ihrer Ehe funktioniert!«

Überrumpelt versucht er, sich in einen Diskurs über die Ehe als solche zu retten. Aber ich unterbreche ihn wieder: »Das wissen wir alles. Uns interessiert nur Ihre Ehe. Wir haben uns über die Vergangenheit informiert, wir haben Hoffnungen für die Zukunft, aber wir leben *jetzt.* Erzählen Sie uns, wie Sie Ihre progressiven Theorien in die eigene Lebenspraxis umgesetzt haben!«

Diese Methode, die Schönredner von ihrem Podest zu holen, hat mir Nicole beigebracht, als sie mit mir die Reden meines früheren Mannes nicht nur auf logische Fehler, sondern auch im Hinblick auf ihre Anwendung durchgegangen ist. Nicoles Methode hat sich auf allen Tagungen bestens bewährt.

Die Teilnehmerinnen und auch einzelne Teilnehmer bombardieren Herrn Meier nun mit so ordinären Fragen wie: »Wer staubsaugt bei Ihnen den Teppich?« oder »Was verdient Ihre Frau?« oder »Wieviele Jahre haben Sie wegen Vaterpflichten beruflich pausiert?«

Da er zwischen uns sitzt und die Frauen nicht locker lassen, muß er sich als Ausbeuter entlarven. Herr Meier, der damit kokettiert hat, daß er links von links wählt, muß bekennen, daß er seine Frau zu einem putzenden Anhängsel degradiert hat. Seine brillante Laune ist dahin. Er ist eine ziemlich belanglose Person geworden.

Herr Meier hält nun zwar seinen Mund, aber es hat uns zwei oder drei Stunden gekostet, ihn zum Schweigen zu bringen. Weil wir uns mit ihm abgeben mußten, fehlt uns nun die Zeit, das zu tun, was wir uns vorgenommen hatten.

Diese Störung ließe sich ja noch verwinden, aber es bleibt nicht dabei. Herr Meier muß noch einmal unsere Arbeit behindern. Über Nacht hat er nämlich über seine Blamage nachgedacht und einen Rachefeldzug ausgebrütet. Am Sonntag morgen – wir wollen gerade mit unserer Gruppenarbeit weitermachen – meldet er sich wieder zu Wort und ich begehe den Fehler, sein Handzeichen nicht einfach zu ignorieren.

Er erzählt uns von den »ungeheuerlichen Verstümmelungen« der Frauen in Afrika und von der »Ausbeutung« unserer Frauen am Fließband und schließt diesen Ausführungen die Frage an, ob ich denn überhaupt berechtigt sei, mich als Feministin zu betätigen: »Sie sind doch total privilegiert!«

»In welcher Hinsicht?« frage ich zurück. Ich kenne diese Taktik »linker« Männer schon.

»Erstens in puncto Herkunft.«

»Mein Vater war Arbeiter, meine Mutter Kellnerin.«

»Okay, aber sie haben eine höhere Ausbildung erhalten!«

»Ich habe die Hauptschule besucht und anschließend den Beruf einer Erzieherin gelernt.«

»Na, wenn schon, Ihr Mann ist Professor!«

»Ich habe ihn verlassen.«

»Sie haben Karriere beim Fernsehen gemacht!«

»Ich mache gelegentlich eine brauchbare Sendung und komme auf monatlich 1 200 bis 1 500 Mark. Diese Summe dürften Fließbandarbeiterinnen wohl auch etwa haben.«

Herr Meier denkt an sein vielfach höheres Gehalt und ist für einen Moment verdattert. Dann besinnt er sich auf ein Männerargument: »Ich sehe, daß Sie eine schöne Frau sind. Können sie mir einmal verraten, was eine Frau in unserer Gesellschaft, wenn sie weder eine Ausbildung genossen hat noch attraktiv ist, machen soll?!«

Mit dieser Frage will Herr Meier mir Schuldgefühle einimpfen und den Neid »häßlicher« Frauen anheizen.

»Während meiner Ehezeit habe ich mich die meisten Jahre unattraktiv gefunden. Wenn ich mich auch heute nicht mehr häßlich fühle, so weiß ich doch, daß ich mittlerweile zweiundvierzig bin und den angeblichen Vorteil wohl nicht mehr lange einsetzen kann.«

Herr Meier ist am Ende seiner Weisheit und schießt seinen letzten Pfeil ab: »Was Sie von der großen Masse der Frauen unterscheidet, das ist, daß Sie ein Bewußtsein haben und reden können!«

Er will mir doch tatsächlich mein mühsam erkämpftes und in einem äußerst schmerzhaften Prozeß entwickeltes »Bewußtsein« als Minuspunkt ankreiden! Er will mir mit allen Mitteln nachweisen, daß ich eine »Privilegierte« bin; denn privilegierte Frauen haben seiner Theorie nach kein Recht, sich emanzipatorisch zu engagieren.

Bei mir hat er eine Bauchlandung erlebt, aber bei anderen Frauen auf anderen Kongressen, bei Frauen, die der Mittelschicht entstammen und mit einem Akademiker verheiratet sind, dürfte diese pseudoprogressive Taktik oft verfangen.

Wir haben längst durchschaut, was hinter dem triefenden Männermitleid mit den armen Frauen im Iran und den ausgebeuteten Frauen am Fließband steht, nämlich der Wunsch, die Feministinnen zu verunsichern. Die bürgerlichen Frauen sollen von ihren eigenen Problemen abgelenkt werden. Sie sollen dazu verleitet werden, sich abstrakt zu engagieren. Eine bürgerliche Frau, die ohne materielle Sorgen lebt, soll sich schuldig fühlen, wenn sie statt für die Frauen der Dritten Welt, »denen es wirklich schlecht geht«, für ihre eigenen Interessen kämpft. Denn wenn es ihr um die Veränderung ihrer Lage geht, wird sie den Schönrednern unbequem und gefährlich. Natürlich unterschreiben die Meiers gern jede Resolution gegen die Klitorisbeschneidung in Afrika, denn *ihre* Privilegien werden von der Abschaffung dieser Praxis nicht tangiert. Was Progressive wie Herr Meier jedoch überhaupt nicht leiden können, das ist die an sie gerichtete Forderung, ihre Berufstätigkeit zu unterbrechen, damit ihre Ehefrauen, die bereits wegen der Kinder pausiert haben, wieder Fuß fassen können im Beruf.

Der »linke« Akademiker ist mit uns hundertprozentig einer Meinung, wenn wir bessere Arbeitsbedingungen für Fabrikarbeiterinnen fordern, aber er fühlt sich in die Enge getrieben, wenn wir von ihm wissen wollen, wie oft er zu Hause spült. Die Not der durch niedrige Löhne ausgebeuteten Frauen, die ihm im Grunde schnurzegal ist, schiebt er nur deswegen in den Vordergrund, weil er die Frauen, die sich in derselben Lage wie seine Ehefrau befinden, mit der Methode »Erzeuge Schuldgefühle« lähmen möchte. Er hat nichts dagegen, daß es »den Unternehmern« an den Kragen geht, er ist ganz dafür, daß die »islamischen Patriarchen« gebrandmarkt werden, er ist für alle möglichen Resolutionen gegen »Ausbeutung« zu gewinnen, solange er nur selbst unbemängelt die Ausbeutung seiner eigenen Frau fortsetzen darf.

Wir haben auf vielen Wochenendseminaren unendlich viel

Zeit mit diversen Meiers vergeudet. Wir haben uns von diesen unredlichen Typen am Fortgang unserer Arbeit hindern lassen. Wir sind auf ihre Thesen über »privilegierte« Frauen eingegangen und haben uns umständlich gerechtfertigt.

Warum tun wir das? haben wir uns spät gefragt. Warum opfern wir unsere Zeit für die Meiers, die sich nur als Redner profilieren wollen? Warum werten wir sie auf, indem wir sie ernst nehmen?

Ich bin diese Art Kampf leid. Wenn sich heute ein Meier meldet, dann teile ich ihm müde mit, daß mir die Zeit fehlt, mich mit Argumentation auseinanderzusetzen, die ich bereits vor Jahren abgehakt habe, daß wir, die wir uns unter erheblichem organisatorischen Aufwand ein freies Wochenende verschafft haben, es uns zeitlich einfach nicht leisten können, Vorträge anzuhören, die nur Informationen und Meinungen bringen, die uns längst bekannt sind.

Ich kämpfe auch nicht mehr mit Martin. Er fühlt sich mir gegenüber schuldig, weil er es nicht geschafft hat, seine Privilegien aufzugeben, um mit sich selbst in Einklang zu leben. Er hat seine Liebe verraten.

Er hat geirrt. Ich bin nicht ertrunken. Im Gegenteil. Es geht mir, wenn man Wohlergehen nicht materiell betrachtet, weitaus besser als ihm. Er nennt mich bewundernswert und schwärmt von meiner Schönheit, die von innen käme, er beneidet mich darum, einen Lebenssinn gefunden zu haben. Und ich habe oft den Eindruck, daß er von mir einen konkreten Anstoß erwartet. Vielleicht erwartet er von mir, daß ich Druck auf ihn ausübe, ihn attackiere, ihn auffordere, das zu tun, was er eigentlich für das Notwendige hält.

Aber ich habe diese Art des Kämpfens und Missionierens hinter mir gelassen. Und Elisabeth Dessais immer wiederkehrende Frage, warum ich es so lange in meiner Ehe ausgehalten habe, lehrt mich, daß jedem seine Zeit gegeben werden muß.

Elisabeth Dessai behauptet, sie wäre spätestens nach den ersten Prügeln gegangen. Ich glaube das. Ihre Kindheit war nicht meine Kindheit. Aus der Erkenntnis, daß ich viele Jahre mehr gebraucht habe als sie und andere Frauen vermutlich gebraucht hätten, habe ich für mich die Konsequenz gezogen, Martin nicht mehr zu drängen.

Ich sehe, daß er momentan zu schwach ist, um sein Leben, das er als »korrupt« empfindet, zu ändern. Ich mache ihm daraus keinen Vorwurf mehr. Ich bin selbst siebzehn Jahre lang bei einem Mann geblieben, der mich gedemütigt und geschlagen hat. Ich lasse Martin in Ruhe.

Mit Wolfgang habe ich jetzt nichts mehr zu tun. Wir sind inzwischen auch formal geschieden. Er zahlt für Sarah und Maria gut vierhundert Mark, für mich zahlt er nichts.

Nein, ich habe weder auf Elisabeth Dessai noch auf andere gute Freunde gehört. Ich habe keinen Kampf um das Geld geführt. Mein Kopf findet es zwar ärgerlich, daß ein Mann, der so viel verdient, so billig davonkommt. Mein Kopf gibt denen recht, die sagen, daß einer, der sich nie um seine Kinder gekümmert hat, für die Kinder wenigstens kräftig zur Kasse gebeten werden sollte, aber mein Bauch hat rebelliert bei dem Gedanken, unterstützungsbedürftig zu sein.

Ich habe mich endlich – viel zu spät – befreit, ich stehe fest auf beiden Füßen, ich bin frei von Angst, ich habe gute Freunde, ich fühle mich wohl, ich brauche keine finanzielle Unterstützung. Mein Kopf will, daß ich mich darüber ärgere, daß er sich eine tolle Villa baut, während wir zu dritt zwei Zimmer, Wohnküche und Minibad haben, aber ich kann mich einfach nicht darüber ärgern. Ich bin glücklich, und ich weiß, daß Wolfgang nicht glücklich ist. Wenn ich heute für einen von uns beiden Bedauern empfinde, dann für ihn.

Mein letzter Kampf zwischen meinem früheren Ehemann und mir fand während der Vorbereitungen für die Scheidung statt. Ich wollte mich nicht damit begnügen, unsere Ehe juristisch zu Ende zu bringen. Ich wollte ein abklärendes Gespräch mit ihm führen, auch emotional einen Schlußstrich ziehen und Frieden herstellen zwischen uns.

Immer wieder habe ich Wolfgang ein Gespräch angeboten. »Wir sind jetzt seit siebzehn, achtzehn Jahren verheiratet. Was ist passiert mit uns? Willst du nicht mit mir darüber reden?« Während er daran interessiert war, den Formalkram glatt über die Bühne zu bringen, war ich besessen von der Idee, unsere Ehe in Frieden zu beenden. Es muß doch möglich sein, habe ich gedacht, es muß doch möglich sein, das zwei erwachsene Menschen die Ursachen ihres Auseinanderlebens herausfinden und friedfertig sagen: Es hat Konflikte gegeben, die unlösbar waren. Wir gehen jetzt ruhig auseinander, weil es für alle am besten ist.

Wolfgang wollte kein Gespräch über Persönliches. Aber schließlich habe ich den Einstieg doch noch geschafft. Wir sind uns auf einer Tagung über die sogenannte *Midlife crisis* begegnet, an der ich im Auftrag des Fernsehens teilgenommen habe.

Der Hauptredner sagte, daß es in der Mitte des Lebens bei vielen Menschen zu einer größeren Krise komme, weil das Leben plötzlich als sinnentleert empfunden werde. Der Mann hat beruflich etwas erreicht, aber das bedeutet ihm plötzlich nicht mehr so viel. Die Frau hat die Kinder großgezogen und steht plötzlich mit leeren Händen da: Was bin *ich* jetzt? War das alles?

Aus dieser Sinnfrage heraus gerate einer der beiden Partner in Bewegung: Er versucht, sich zu verändern. Dieser Versuch berührt zwangsläufig den anderen Partner. Es kommt zu Konflikten. Wie werden nun die Paare mit ihrer *Midlife crisis* fertig?

Der Referent hat inzwischen drei Hauptgruppen unterschieden. Gruppe I: Die Partner versuchen, ihre Beziehung auf eine neue Basis zu stellen und die Ehe in veränderter Form weiterzuführen: Gruppe II: Die Partner kehren den Konflikt unter den Teppich und führen resigniert ihre Ehe als Fassadenehe weiter. Gruppe III: Die Partner trennen sich.

Die dritte Gruppe hat der Referent untergliedert in die Gruppe der Wechsler und die Gruppe der Aussteiger. Die Wechsler (IIIa) suchen sich einfach einen neuen Partner, mit dem das alte Spiel von vorne beginnt. Die Aussteiger (IIIb) aber treten in eine tiefe Selbstreflexion ein. Sie ergründen die Ursachen ihrer Krise und streben eine Beziehung an, die ganz anders gestaltet ist als die aufgegebene.

Ich habe, wie man sich denken kann, interessiert zugehört. Mich selbst habe ich der Gruppe IIIb zugerechnet: Du bist eine Aussteigerin. Du machst kein Bäumchen-wechsle-dich-Spiel, du bindest dich nicht eilig an einen anderen Mann. Du versuchst erst einmal, mit dir selbst ins reine zu kommen. Deine jetzigen Männerbeziehungen haben nicht die geringste Ähnlichkeit mit deiner Ehe.

Der Redner hat durchblicken lassen, daß er die Mitglieder der Gruppe I beneidenswert findet, die der Gruppe IIIb achtet und die der Gruppen II und IIIa als schwach geringschätzt. Ich habe dieser Bewertung innerlich zugestimmt. Ich habe an die Frauen in meinen Kursen gedacht und sie einzuordnen versucht. Sie gehören fast alle in die Gruppen I und IIIb, habe ich festgestellt und mir gesagt, daß ich mich wohl vor allem deswegen so gut mit ihnen verständigen kann, weil sie zunächst versuchen, ihre kaputte Ehe auf eine neue, partnerschaftliche Grundlage zu stellen; wenn ihnen das mißlingt, werden sie nach der Scheidung keine Wechslerinnen.

In der Pause habe ich Wolfgang gesprochen: »Welcher

Gruppe ordnest du dich selbst zu?«

Wolfgang sagte, daß er sich einer Gruppe zurechne, der viele Politikerkollegen angehörten, die der Referent jedoch vergessen habe: »Mir ist inzwischen klar geworden, daß die Frauen nur bis etwa fünfunddreißig brauchbar sind. Seitdem du spinnert geworden bist, habe ich mich in meinem Bekanntenkreis umgesehen und bemerkt, daß du nicht die einzige bist, daß es vielmehr üblich ist, daß Ehefrauen so um die fünfunddreißig anfangen zu spinnen. Der Mann muß sich damit abfinden. Und er findet sich damit ab. Wenn sie geht, läßt er sie gehen. Seine Eitelkeit ist ein bißchen verletzt, aber er kann das Ereignis verkraften. Er ist dann in der Regel so um die vierzig. Er steht auf dem Höhepunkt seiner Karriere. Er ist noch kein alter Knacker, er ist noch attraktiv für Frauen, er ist eine gute Partie.

Nachdem er sich damit abgefunden hat, daß seine Frau weggelaufen ist, sucht er sich eine neue. Da er inzwischen weiß, daß Frauen mit fünfunddreißig normalerweise spinnert werden, wählt er eine möglichst junge. Er nimmt sich ein achtzehn- oder einundzwanzigjähriges Mädchen, das noch gesund ist, das noch weiblich empfindet und willens ist, ganz Ehefrau und Mutter zu sein. Er macht ihr ein Kind, damit sie für die nächsten Jahre als Frau ausgelastet ist. Und wenn diese zweite Ehefrau dann um die fünfunddreißig spinnert wird, ist er selbst schon ein älterer Herr. Er wird dann kein junges Mädchen mehr finden und auch kein Kind mehr zeugen wollen. Er wird sich irgend etwas anderes einfallen lassen. Auf jeden Fall hat er noch einmal runde fünfzehn Jahre so gelebt, wie er leben wollte.«

Nicht daß er mich mit dieser Theorie veräppeln oder provozieren wollte, nein, es war ihm ganz ernst. Nach siebzehnjähriger Ehe mit ihm weiß ich seine Stimme und seine Mimik zu deuten. Er hat mir die Kollegen aus der Politik, die diese »Lösung« bereits praktizierten, aufgezählt, und meine Tochter Pia glaubt, daß er die sehr junge Frau, mit der er momentan zusammenlebt, heiraten will.

Nach diesem Gepräch habe ich meinen Wunsch, mit ihm zu einer vernünftigen Klärung unserer Beziehung zu kommen, zunächst einmal auf Eis gelegt.

Gelungen ist mir, ihn dazu zu bringen, den Scheidungstag in äußerer Harmonie zu begehen. Da ich mich ungemein erleichtert fühlte, endlich »richtig« geschieden zu werden, hatte ich ein paar gute Freunde, darunter meine Tochter Pia, zu einem »Scheidungsessen« in ein kleines Waldlokal eingeladen.

Beim Hinuntergehen der Gerichtstreppen habe ich Wolfgang gebeten, an unserer Scheidungsfeier teilzunehmen. Er hat das zunächst »pervers« gefunden, dann aber doch zugestimmt.

Das Essen verlief in so lustiger Atmosphäre, daß ein Paar aus Mittelstadt, das sich zufällig in unser Restaurant verirrt hatte, spontan an unseren Tisch trat, um uns zu unserer »Wiederverheiratung« zu gratulieren.

Ich habe die beiden lachend aufgeklärt: »Nein, wir feiern unsere Scheidung. Setzt euch ruhig zu uns. Ihr braucht nicht zu erschrecken. Wir haben uns geeinigt, daß die Scheidung etwas Erfreuliches sein kann. Für uns beide ist sie erfreulich. Deswegen machen wir ein kleines Fest.«

Ich bin ich

Schon mit dreizehn habe ich eine gewisse Neigung entwickelt, bei Versagen auf Heimkindtheorien zurückzugreifen: Kann man in Mathe gut sein, wenn man geschädigt ist, weil man Mutterliebe entbehren mußte?

Die ganze Welt schien sich darin einig zu sein, daß Heimkinder armselige Geschöpfe sind. Ich war von dieser Theorie so überzeugt, daß ich mir beim besten Willen nicht vorstellen konnte, anderen Mitschülern könne es schlechter gehen als mir. Von mehreren wußte ich, daß sie von ihren Eltern regelmäßig halbtot geprügelt wurden, aber es wäre mir nie eingefallen, diesen Kindern das Heim zu wünschen. Wohin ich auch ging und welches Buch ich auch aufschlug – überall schlug mir die Überzeugung entgegen, daß die schlechteste Familie immer noch besser sei als das beste Heim.

Heute weiß ich, daß das Heim, in dem ich aufgewachsen bin, für mehrere Familienkinder meiner Klasse eine Verbesserung gewesen wäre. Sie wären nicht länger mißhandelt worden, sie hätten oft ein anerkennendes Wort und gelegentlich Zuwendung erhalten, sie wären schulisch gefördert worden und hätten in der Kindergruppe eine gewisse Geborgenheit gefunden.

Ich fragte mich heute, wie gut wir »verhaltensgestörten« Kinder uns wohl entwickelt hätten, wenn wir nie mit der Meinung der Umwelt über Heime konfrontiert worden wären. Man braucht nur an Summerhill zu denken oder einfach an die konventionellen Internate, in die man in England und anderen Ländern kam, weil man aus einer *Elite*familie stammte: Wie viele von uns hätten vielleicht überhaupt nicht gelitten, wenn sie nicht täglich gehört hätten, daß Kinder, die in einem Heim aufwachsen müssen, arm dran sind?

Wie viele kleine Delikte sind uns wohl nur deswegen passiert, weil von uns als Heimkindern erwartet wurde, daß wir stehlen, zerstören, randalieren usw.? Sicher ist manch einer von uns – nachdem man ihn mehrmals unschuldig des Diebstahls bezichtigt hatte – aus verzweifelter Resignation Dieb geworden. Wie oft habe ich im Schwimmverein die Ermahnungen besorgter Mütter gehört: »Schließ deine Sachen gut weg. In der Leistungsgruppe sollen auch Heimkinder sein!«

Ich habe mich immer bedauert und geschämt, weil ich der gesellschaftsunfähigen Kaste »Heimkinder« angehörte.

In der öffentlichen Schule haben mich die Familienkinder zur Klassensprecherin gewählt, in den verschiedenen Sportklubs mich die Jugendlichen aus »ordentlichen Familien« zur Anführerin gemacht – aber es wäre mir nie eingefallen, diese persönlichen Erfolge auf eine *gute Heimerziehung* zurückzuführen! Das Heim kam nur als Erklärung für Mißerfolge in Frage.

Ich habe die ordentliche Familie idealisiert, weil ich sie nicht kannte.

Wir Heimkinder kannten (wenn überhaupt) nur unsere eigene Familie und das Heim. Wir hatten keine privaten Kontakte zu Kindern »von draußen«. Wir kannten die *normale* Familie nur aus Illustriertenstorys und Fernsehfilmen. Selbst ich, die Klassensprecherin und Klassenbeste, bin während meiner Schulzeit nie von einer Mitschülerin nach Hause eingeladen worden.

Dieses Informationsdefizit erklärt sicher zum Teil mein so langes Ausharren in der Ehe, das sich Elisabeth Dessai nur schwer erklären konnte.

Wir Heimkinder sind ohne Kenntnisse in Ehen geschlittert. Wir haben einfach nicht gewußt, daß die »normale« Familie ganz anders aussieht als die typische Filmfamilie.

Wenn ich als Schülerin Einblick gehabt hätte in die Familien meiner Klassenkameradinnen, wenn ich als Verheiratete gewußt hätte, daß mehr Familien kaputt als intakt sind, dann hätte ich mich vermutlich einige Grade weniger schuldig gefühlt bei der Erwägung, den Mann zu verlassen und den Kindern eine »unvollständige« Familie zuzumuten.

Nach meinem Aufbruch ist mir durch die vielen Gespräche, die ich mit Menschen aus *ordentlichen* Familien geführt habe, klar geworden, daß auch die Familie Verkrüppelungen erzeugt, *familienspezifische* Verkrüppelungen.

Ich habe aus meiner Kindheit Verlassenheitsängste davongetragen und werde es vermutlich nie leicht verkraften können, von jemandem betrogen oder im Stich gelassen zu werden. Möglicherweise werde ich mein Leben lang an meinen heimspezifischen Schäden zu knabbern haben. Aber das ist für mich heute kein Grund mehr, mich als »armes Heimkind« zu bedauern. Denn inzwischen sind mir außer meinen Verlassenheitsängsten auch die Ängste bewußt geworden, von denen ich frei bin, weil ich keine Familie hatte.

Während ich, von keiner Mutter beaufsichtigt, frei herumtoben konnte, ist Martin von morgens bis abends gegängelt worden, ermahnt, sich seine Schuhe ordentlich abzustreifen, bei Tisch aufrecht zu sitzen und die linke Hand nicht auf den Schoß, sondern neben den Teller zu legen, in der Schule Einsen zu schreiben, die Tanten und Onkel artig zu grüßen, dem Vater mit Ehrfurcht zu begegnen und der Mutter zu Gefallen zu sein. Während man ihm schon als Kleinkind nicht nur die Zehn Gebote Gottes, sondern auch die tausend Gebote des Staates eingehämmert hat, durfte ich mir die Nase am Pulloverärmel abputzen und unbehindert durch Wälder streifen, Feuerstellen anlegen, wild sein, erfinderisch. Ich war verwahrlost, aber er war verwahrt.

Ich war schon als Kind selbständig. Mit sechs Jahren habe ich gewußt, wie man für seinen kleinen Bruder aus irgendwelchen spärlichen Vorräten eine nahrhafte Mahlzeit zubereitet. Ich konnte in der Wohnung konzentriert spielen, während Martin dauernd unterbrochen wurde, weil seine Spielsachen *Unordnung* bedeuteten. Wie oft hat Martin mir schaudernd von dem Ritual des *gepflegten Mittagessens en famille* erzählt! Der leer zu essende Teller verfolgt ihn noch heute. »Ich verhau' dich nicht«, scherzt Sarah manchmal mit ihm, »ehrlich, du darfst ruhig etwas stehenlassen! Ich straf dich nicht mit Liebesentzug!«

Ich glaube, daß Martins Furcht vor der Freiheit auch eine Furcht vor der Unordnung ist und aus der Unterordnung resultiert, die ihm als Kleinkind andressiert worden ist. So wie er widerwillig immer seinen Teller leer gegessen hat, frißt er heute die korrumpierenden Einschränkungen, die ihm die Zugehörigkeit zu einem gesellschaftlich anerkannten Verband abverlangt.

Ich richte heute keine Erwartungen mehr an ihn. Seine Zuneigung tut mir wohl, aber ich fühle mich innerlich nicht mehr abhängig von ihm. Ich stoße ihn nicht mehr an: Er wird das, was er sich vorgenommen hat, tun, sobald er es tun *muß*.

Auch in meinen Kursen habe ich es mir rigoros abgewöhnt, Richtlinien festzusetzen und Ratschläge zu erteilen. Viele Frauen erwarten von mir die Aufforderung, sich scheiden zu lassen. Aber ich weigere mich, jemandem Entscheidungen abzunehmen. Wenn wir Angstbewältigung üben, üben wir angstfreies Verhalten: Die Auswirkungen dieses angstfreien Verhaltens sind nicht vorprogrammiert. Ich nehme mir nicht vor, Ehen zu erhalten. Ich nehme mir nicht vor, Ehen aufzulösen. Ich bemühe mich, den Frauen zu helfen, ihre Angst abzubauen.

Wenn wir in den Frauenkursen Angstbewältigung üben, denn heißt der erste Schritt: Ich gebe zu, daß ich Angst habe. Viele Frauen schämen sich ihrer Angst, viele haben Angst davor, ihre Angst zu analysieren, viele erklären, permanent Angstgefühle zu haben, aber keinen Grund dafür zu wissen.

Ob meine Kurse nicht »zu subjektiv« seien, hat Elisabeth Dessai mich gefragt. Sie *sind* subjektiv, nicht *zu* subjektiv, sondern *radikal* subjektiv. Ich strebe keine Objektivität – was immer man darunter verstehen mag – an, ich bin ich, das Subjekt Judith Jannberg. Ich bin kein Neutrum, ich bin keine Maschine, ich bekenne mich zu meiner individuellen Geschichte, zu *meinen* Lebenserfahrungen, ich kann nicht abgelöst von meinem persönlichen Hintergrund arbeiten, und ich glaube auch nicht, daß irgendein anderer Mensch das kann.

Elisabeth Dessai hat mich einmal mit einem Lehrer verglichen, der radikal nur die Themen durchnimmt, die ihm persönlich am Herzen liegen. Der Vergleich ist nicht ganz falsch: aber Elisabeth Dessai hatte vielleicht übersehen, daß ich keinen Unterricht mache und keinem von einer Behörde erstellten Lehrplan verpflichtet bin.

Das Verhältnis der Teilnehmerinnen zu mir ist weder eine Schüler-Lehrer-Beziehung noch ein Patient-Arzt-Verhältnis. Ich lehre nicht, wir lernen gemeinsam. Ich heile nicht, wir praktizieren gemeinsam Selbstheilung. Ich koordiniere, aber ich führe nicht; denn ich bin selbst betroffen.

Ich habe meine ersten Gruppenabende in Mittelstadt mit der Absicht organisiert, *mir selbst* zu helfen. Die Frauenkurse sind ein fester Bestandteil meines Lebens geworden. Sie sind auch heute noch das stabile und lebendige Fundament meines Selbstheilungsprozesses.

Was heißt denn objektiv? Wenn ich von meinen subjektiven Erfahrungen und Empfindungen aus meiner subjektiven Sicht heraus berichte, dann nicken die Frauen: »Ja, das habe ich auch erfahren! Ja, diese Empfindung ist auch mir bekannt!«

Der große Zulauf zu meinen Kursen zeigt mir, daß die Probleme des Subjekts Judith Jannberg keine ausgefallenen, sondern die Probleme vieler, sehr vieler Frauen sind: Welche Frau wäre von ihrem Ehemann noch nie gedemütigt worden? Welche Ehefrau litte nicht an dem Verlust ihrer eigenen Identität? Welche Frau wäre frei von Angstzuständen?

Ich habe meine Angst selbst nur stückweise bewältigen können. Wenn wir in der Gruppe über unsere Ängste sprechen, zeichnen wir eine lange, dicke Salami auf ein Blatt Papier und teilen diese Angstsalami in unterschiedlich große Portionen ein. Wir wollen unsere Angst bewältigen. Da es aber unmöglich ist, die riesenlange Salami in einem Angriff aufzufressen, gehen wir Schritt für Schritt in unsere Angst hinein. Wir beginnen mit dem kleinsten Stück. Ich will ein Beispiel erzählen:

Angelas Angst war es, an Krebs zu sterben. Ihre Befürchtungen waren durchaus real; denn sie hatte bereits eine Krebsoperation hinter sich. Angela hat ihre Angstsalami so aufgeteilt: Das größte Stück hieß: »In einem *Hospital* sterben.« Angela hatte als Kind längere Zeit mit einem Hüftleiden in Krankenhäusern gelegen und seitdem einen Horror vor Hospitälern.

Das Sterben »an sich« war nur das zweitgrößte Stück ihrer Angstsalami.

Das nächste kleinere Stück war die Angst vor der Gewißheit, wirklich Krebs zu haben. Das nächst kleinere die Angst, einen Arzt aufzusuchen, das kleinste, den Arzt anzurufen und einen Untersuchungstermin zu vereinbaren.

Wir haben uns gemeinsam Angelas Angstsalami vorgenommen. »Willst du hineingehen in deine Angst?« haben wir sie gefragt.

Angela wollte. Sie hat sich die Aufgabe gestellt, bis zur nächsten Gruppensitzung das kleinste Stück ihrer Angstsalami aufgefressen zu haben.

Beim nächsten Treffen haben wir sie gefragt, ob sie ihre selbstauferlegte »Schulaufgabe« gemacht habe. Ja, sie hatte bei ihrem Arzt angerufen und einen Termin vereinbart.

Aber einen Termin vereinbaren heißt noch lange nicht, auch wirklich hingehen zur Untersuchung. Wir haben Angela gefragt, ob sie nun bereit sei, das nächstgrößere Stück ihrer Angstsalami zu fressen. Sie wollte. Angela hat sich vor der Gruppe die Aufgabe gestellt, den Untersuchungstermin einzuhalten. Aber sie hat *die* anderen Frauen um Unterstützung gebeten. Allein schaffe sie es nicht.

Daraufhin haben sich zwei Frauen der Gruppe angeboten, sie zu Hause abzuholen und zum Arzt zu begleiten.

An dem Gruppenabend nach der Untersuchung haben wir sie gefragt: »Bist du jetzt stark genug, das nächste Stück deiner Angstsalami zu fressen? Wirst du hingehen und das Untersuchungsergebnis abholen?«

Wieder haben sich Frauen angeboten, sie zu begleiten, aber Angela wollte es schaffen, allein hinzugehen.

Das Untersuchungsergebnis war negativ. Angela war von ihrer Krebsangst für einige Jahre befreit. Indem sie Schritt für Schritt das getan hatte, was ihr Angst machte, indem sie hineingegangen ist in ihre Angst, hat sie ihre Angst bewältigt.

Wenn das Untersuchungsergebnis positiv gewesen wäre, dann wäre die Gruppenarbeit etwa so weiter gelaufen: Wir hätten Angela gebeten, das Angststück Hospital zu verschlingen und sich der vielleicht lebensrettenden Operation zu unterziehen. Wir hätten ihr angeboten, sie zu begleiten und ihr tägliche Besuche zugesichert. Wir hätten alles mögliche unternommen, um ihr zu helfen, mit ihrer Krankheit fertig zu werden.

Im Falle der Unheilbarkeit hätten wir uns auf dem nächsten Gruppenabend noch einmal ihre Angstsalami angesehen: »Das Sterben, das wir dir nicht nehmen können, war nur das zweitgrößte Stück. Das größte Stück deiner Angstsalami war das Sterben im Hospital. Was können wir für dich tun?«

Angela hätte vermutlich den Wunsch geäußert, in Ruhe auf der Südseeinsel, auf der sie als Kind einige Jahre mit ihrem Vater gelebt hatte, zu sterben. Wir hätten ihr bei den Vorbereitungen geholfen und gegebenenfalls Geld für den Flug gesammelt.

Wir bemühen uns immer, einander auch ganz konkret zu helfen. Wenn es notwendig ist, *tun* wir etwas. Zu einer spontanen Programmänderung kam es einmal, als eine Teilnehmerin zu Beginn der Sitzung erklärte, sie hätte Angst, am Abend in die Wohnung zu ihrem Mann zurückzukehren. Er hatte sie geschlagen, und sie hatte Angst, wieder geschlagen zu werden.

Nach dieser Erklärung ist die Teilnehmerin, deren Tochter-Problem eigentlich behandelt werden sollte, spontan aufgestanden: »Meine Angelegenheit ist nicht so dringlich. Über mein Problem können wir das nächste Mal sprechen. Ich bin bereit, mit Beate nach Hause zu fahren. Kommt noch wer mit?«

Auf Beates Wunsch hin sind wir alle mit ihr gefahren, um sie vor ihrem Mann zu schützen. Wir haben den Sitzungsraum abgeschlossen und unsere Kursarbeit in Beates Wohnung fortgesetzt.

Als wir ankamen, war der Mann gerade Zigaretten holen. So konnten wir unbemerkt eintreten. Da wir ihn nicht vorwarnen wollten, haben wir unsere Mäntel im Schlafzimmer abgelegt und leise auf Beates Ehemann gewartet.

Er kommt, tritt nichtsahnend ins Wohnzimmer – und flippt aus. Da saßen in *seinem* Wohnzimmer bei *seiner* Frau Beate, die in den sieben Jahren ihrer Ehe nie eigenen Besuch hatte, die *wilden Weiber der Jannberg-Gruppe* und schauten ihn an.

Er hat angefangen zu toben: »Ich ruf' die Polizei! Das ist Hausfriedensbruch! Was wollen die Weiber hier? Unerhört!«

Als er Beate packen wollte, sind wir aufgestanden, um einen schützenden Kreis um sie herum zu bilden: »Wir sind mitgekommen, weil Sie Ihre Frau geschlagen haben und weil wir Sie bitten möchten, das nicht wieder zu tun.«

Er ist von Beate zurückgetreten, hat mich erkannt und sich auf mich gestürzt: »Du bist also diese Judith! Diese Ehezerstörerin! Du bist eine Verbrecherin! Du gehörst eingesperrt! Weißt du überhaupt, was du auf dem Gewissen hast? Eine funktionierende Ehe! Seitdem meine Frau in deiner Gruppe ist, funktioniert nichts mehr bei uns. Sie vernachlässigt den Haushalt, sie hat spinnerte Ideen und belabert mich obendrein noch mit eurem Quatsch. Statt daß sie Geschirr spült, liest sie Bücher. Statt daß sie staubsaugt, schreibt sie Tagebuch. Ich spiel' nicht mit. Ich lass' mir das nicht gefallen. Ich zeig' dich an!« Wütend packt er mich an den Oberarmen, aber da drängen sich die Frauen heran, und erschreckt läßt er mich los.

Ruhig warten wir ab, bis er sich müde getobt hat. Als er still wird, bittet ihn eine Frau, sich zu uns auf den Teppich zu setzen: »Wir möchten mit Ihnen reden.« Er setzt sich tatsächlich.

»Wir möchten Sie bitten, zur Kenntnis zu nehmen, daß die Wohnung zur Hälfte Ihrer Frau gehört und daß deswegen von Hausfriedensbruch keine Rede sein kann«, sagt eine von uns. »Wir sind Gäste der Wohnungsmitinhaberin Beate.«

Eine andere fährt fort: »Und nehmen Sie auch bitte zur Kenntnis, daß Körperverletzung strafbar ist und daß *Sie* derjenige sind, der von uns allen angezeigt werden könnte.«

»Wir sind gekommen, um im guten mit Ihnen zu reden«, erklären wir ihm, »aber Sie sollen wissen, daß wir immer wieder auftauchen werden, wenn es notwendig ist, und daß wir im Wiederholungsfall etwas tun werden, was Ihnen höchst unangenehm sein dürfte: Wir werden alle Ihre Freunde aufsuchen, wir werden zu Ihren Arbeitskollegen gehen, zu Ihrem Chef, in Ihre Kneipen, wir werden alle Leute, bei denen Sie angesehen sein möchten, über das, was in Ihrer Ehe vorgefallen ist, informieren. Und davon abgesehen, werden wir natürlich Anzeige erstatten. Wir möchten Sie heute deswegen in aller Güte bitten, zu begreifen, daß Ihre Frau nicht *Ihr Eigentum* ist.«

Wir haben Beate nach Hause begleitet, um sie davor zu schützen, von ihrem Mann geschlagen zu werden, um sie von einer Angst zu befreien, von der sie sich ohne Hilfe nicht befreien konnte. Unsere gemeinsame Aufgabe lautete: Beate wird nie wieder geschlagen. Die Konsequenzen unserer Maßnahme waren nicht vorprogrammiert: Der Mann konnte einsichtig werden und versuchen, eine partnerschaftliche Beziehung aufzubauen. Der Mann konnte stur bleiben und Beate durch sein Verhalten dazu zwingen, sich von ihm zu trennen.

Wir wollten die Ehe weder zerstören noch retten, wir wollten Beate lediglich die Angst vor Körper- und Seelenverletzungen nehmen. Wir haben ihr nicht geraten, sich scheiden zu lassen, und wir haben ihr nicht geraten, bei ihrem Mann zu bleiben. Und wir wären, wenn sie uns nicht ausdrücklich darum gebeten hätte, nicht mit ihr gefahren, um sie zu schützen.

Der Vorwurf, eine »Ehezerstörerin« zu sein, trifft mich nicht. Niemand kann eine gute Beziehung dadurch zerstören, daß er einem der beiden Partner hilft, seine Angst zu bewältigen.

Durch das stückweise Hineingehen in die Angst erfährt die Frau allerdings mehr oder weniger automatisch einen Zuwachs an Selbstvertrauen. Und dieses neue Selbstwertgefühl kann dazu führen, daß sie ihren bisher aus Angst unterdrückten Wunsch, sich scheiden zu lassen, nun verwirklicht.

Wenn eine Frau ihren Mann verlassen will und keine Bleibe weiß, dann finden die anderen Frauen der Gruppe eine Möglichkeit. Sie kann dann zum Beisiel, so wie ich nach meinem Umzug von Mittelstadt nach Großstadt, bei einer mit einem Mitglied der Gruppe befreundeten Familie für kurze Zeit zur Untermiete wohnen. Niemand hat ihr zu der Trennung geraten, aber jede ist bereit, alles zu tun, um ihr die von *ihr gewünschte* Trennung faktisch zu ermöglichen.

»Ich bin ich!« Das ist der erste Satz, den eine Frau, die neu in die Gruppe kommt, zu sagen lernt. In diesem Kreis kann ich mich sicher fühlen; denn niemand wird mich maßregeln, mich dumm oder lächerlich finden. Niemand wird sich anmaßen, mich zu bevormunden. Ich kann mich auch weigern, meine Angst zu benennen. Ich brauche an keinem Rollenspiel teilzunehmen, ich kann ein ganzes Jahr stumm dabeisitzen, wenn mir danach ist. Niemand wird mich drängen; denn jeder weiß, daß ich ich bin und selbst am besten entscheiden kann, was ich wann zu tun habe.

Wir haben in jeder Gruppe ein oder zwei Frauen, die sich überhaupt nicht beteiligen, aber regelmäßig kommen. Wenn ich sie frage, was sie von den Abenden mitnehmen, dann sagen sie: »Ein ungemein wohliges Gefühl der Geborgenheit.« Auch diese Frauen, die scheinbar völlig passiv sind, praktizieren Selbstheilung. Aus Gründen, die wir nicht wissen, aus Gründen, die sie vielleicht eines Tages von sich aus nennen werden, benötigen sie die Wärme und Zuneigung der Gruppe, um weiterbestehen zu können.

Bei mir hat sich das Freisein von Angst unter anderem dahingehend ausgewirkt, daß ich in mancher Hinsicht wieder so *leichtsinnig* lebe wie vor zwanzig, fünfundzwanzig Jahren, als ich sorglos allein in Heuschobern übernachtet habe und leichten Sinnes allein durch halb Europa getrampt bin, gelebt habe.

Wohlmeinende Frauen ermahnen mich regelmäßig, nachts unsere Haustür abzuschließen. Aber ich vergesse es immer wieder. Meine Freunde sorgen sich nicht um Diebstahl (bei mir gibt es nichts zu stehlen!), sie denken an die Rachsucht der Ehemänner von Kursteilnehmerinnen. Verlassene Ehemänner neigen dazu, ihre frühere Frau als »Verführte« zu sehen. Sie wollen nicht erkennen, daß ihre Frau in den Kurs gekommen ist, weil sie sich kaputt fühlte, weil sie Anerkennung, weil sie ihr Selbst suchte. Statt über ihr Versagen als Ehemann nachzudenken, reden sie sich ein, daß ihre Frau, die jahrelang *funktioniert* hatte, in der Gruppe, und speziell von mir, aufgehetzt worden sei. Ich bekomme immer wieder Drohbriefe, in denen ich als »Ehezerstörerin« oder »Sektenführerin« beschimpft werde.

Die Reaktion dieser Männer erinnert mich an meinen früheren Eigentümer: Hüte dich davor, selbstkritisch zu sein! Stell jeden in Frage, nur nicht dich selbst! Setz deine Machtmittel ein! Erzeuge Angst! Herrsche, indem du Angst erzeugst...

Eines Nachts ist tatsächlich ein Mann bei mir eingedrungen. Ich bin aufgewacht, weil ich draußen ein Auto gehört habe.

Es ist gegen ein Uhr. Dem Motorengeräusch nach handelt es sich weder um Renés noch um Martins Wagen. Die Autotür wird zugeschlagen. Ich höre das Gartentor quietschen. Der Eindringling öffnet meine unverschlossene Wohnungstür. Ich höre seine Schritte in der Küche. Jetzt ist es soweit, denke ich. Jetzt geschieht, wovor dich deine Freunde immer wieder gewarnt haben. Ich sehe mich in meinem Wohnschlafzimmer nach Gegenständen um, die sich als Waffe eignen könnten. Du bist ganz ruhig, sage ich mir, du wirst den Angreifer überwältigen. Ich sitze aufrecht in meinem Bett und erwarte einen ausgerasteten Ehemann.

Der Mann, der leise eintritt ist Vincent. Er sagt mir auf seine bestimmte, sanfte Art, daß ich nicht erschrecken soll: »Ich habe eine solche Freude gekriegt über dich. Ich bin schon im Bett gewesen, aber ich habe es nicht mehr ausgehalten. Ich muß dir diese Freude auf der Stelle zeigen. Laß mich da auf dem Teppich sitzen. Ich bleib' die Nacht bei dir. Schlaf du ruhig weiter.« Er habe ein Taxi genommen, sagte Vincent, so dringend sei es ihm gewesen.

Da ich einen anstrengenden Tag hinter mir hatte, habe ich mich müde wieder hingelegt. Beruhigt bin ich in einen Halbschlaf gesunken.

Nach einer Weile werde ich wieder wach. Mein Blick fällt auf Vincent, der still in der anderen Ecke des Zimmers auf dem Boden kauert. Die Situation kommt mir absurd vor. Ich fordere ihn auf, sich neben mich auf die Gästehälfte zu legen: »Bei mir braucht niemand auf dem Fußboden herumzufrieren. Komm, das Bett hat Platz für zwei.«

Ich hatte erwartet, daß er sich, so wie er war, hinlegen würde. Aber Vincent zieht sich splitternackt aus und kriecht so unter meine Decke.

»Na ja«, denke ich. »Dichter haben halt so ihre Eigenarten.« Ich bin zu erschöpft, eine Unterhaltung anzufangen, ich drehe mich auf die andere Seite. Nicht gerade verschämt, denke ich noch, eigentlich ziemlich unverschämt, was der sich herausnimmt. Automatisch habe ich den Gedanken, daß er mir morgen früh irgendeinen Kummer beichten wird. Ich werde mir das kurz anhören und ihn dann abwimmeln. Als Krankenschwester für leidende Männer betätige ich mich nicht mehr. Meine Zeit gehört den Frauengruppen.

Halb eingeschlafen spüre ich, wie Vincent mich behutsam streichelt. Fast unmerklich küßt er meine Hände und mein Haar und redet dabei ganz leise und leidenschaftlich auf mich ein. Er sagt mir wundersame Dinge ins Ohr, die mich tief innen berühren.

Nach dieser Nacht schrieb ich in mein Tagebuch: »Er hat mich in seine Dichtersprache eingehüllt. Ich bin wie in eine mystische Wirklichkeit geführt.« Ich konnte und kann nicht mehr wiedergeben, was er gesagt hat. Ich wußte und weiß nur noch, daß er mir unentwegt Visionäres über mich und unsere Begegnung gesagt hat, und daß ich dabei nie das Gefühl der Übertreibung, der Verlogenheit oder der Anbeterei gehabt habe.

Trotzdem war da neben meiner Faszination eine Spur von Mißtrauen: Bin ich vielleicht einem ganz ausgekochten Routinier in die Hände gefallen? Einem der durch die Ausgefallenheit der Kontaktaufnahme imponieren will?

Als René wie üblich gegen halb neun zum Frühstück erscheint, liegen wir noch im Bett. Er sieht, daß wir beide nackt sind und will sich mit einer verlegenen Entschuldigung zurückziehen. Ich bitte ihn zu bleiben, und wir frühstücken zu dritt. Die Situation ist spannend und leicht beunruhigend für mich. Ich sehe, wie René sich einkapselt, ein Lächeln aufsetzt und sich ungerührt gibt (»keine Besitzansprüche!«). Ihm gegenüber sehe ich einen Vincent, der unbefangen bleibt und fragt: »Sag, René, bist du denn überhaupt nicht verletzt? Ich an deiner Stelle wäre es.« In diesem Moment krieg' ich eine Ahnung, daß Vincent mir näher sein könnte als René.

Dieses gemeinsame Frühstück war der Beginn einer tiefen Beziehung, einer Liebesbeziehung, die, wie ich es mir immer vorgestellt hatte, auf allen Ebenen erlebbar ist.

Kennengelernt hatte ich Vincent als Interviewerin. Für eine Sendung über »Etikette« suchte ich eine Person, die sich um die üblichen Umgangsformen nicht schert. Jemand hat mir Vincent genannt, ich habe ihn angerufen und zur Teilnahme bewogen. Aus unserem intensiven Vorgespräch, das ich verdrängt hatte, hat er ein vierzehn Seiten langes Gedicht gemacht.

Vincent führt ein Leben in materieller Armut. Er hat sich nie an den literarisch-modischen Geschmack verkauft. Da er mit sehr wenig auskommt, ist er frei, Aufträge, mit denen er sich nicht identifizieren kann, abzulehnen. So wie ich heute das Tauschgeschäft der patriarchalischen Ehe – Frau spendet ihr Selbst und bekommt dafür materielle Sicherheit – verweigere, verweigert er das Tauschgeschäft des herrschenden Kulturbetriebs: Dichter spendet sein Selbst und bekommt dafür Geld und öffentliche Anerkennung.

Für die konsequente Hinwendung an *seine* Themen und Werte – das Magische, das Prophetische und die »Emanzipation der Seele« – nimmt er freiwillig die äußere Armut in Kauf. Er hat eine Miniwohnung mit Gemeinschaftsklo auf halber Treppe. Er ißt ein paar Margarinebrote und holt sich gelegentlich etwas preiswertes Warmes von einer Imbißstube. Während mein Klamottenbestand auf einen Kleiderständer paßt, paßt seine Garderobe auf einen einzigen Haken. Da er sich nichts Unnötiges kauft, ist er nicht käuflich. Die Kompromisse, zu denen ich noch gezwungen bin, braucht er als Kinderloser nicht einzugehen. Er führt fast ohne Abstriche das Leben, das ich mir für mich selbst vorgenommen habe, aber erst ansatzweise lebe.

Wir wohnen nicht zusammen. Ganz abgesehen davon, daß in unserem Zweizimmerhaus kein Platz für eine weitere Person wäre, will ich nicht mit ihm zusammen wohnen. Er will das auch nicht. Er hat seinen Platz, ich habe meinen Platz, wir besuchen einander. Wenn er bei mir ist, koche ich für ihn Kaffee; wenn ich bei ihm bin, bedient er mich.

Wir haben einen Sinn füreinander: Ich mache gerade eine Tagebucheintragung über ihn, da läutet das Telefon. »Hallo, Vincent!« sage ich, bevor er sich meldet. Er ist es, ich habe ihn hergezaubert. Oder: Ich komme unangemeldet an seine Tür. Obwohl er nicht angezogen ist, reißt er sie auf und zieht mich hinein: »Ich hab' gewußt, daß du es bist.«

Wir haben einen spielerischen Umgang miteinander. Wir werden uns nicht zur Gewohnheit. Ich will nie wieder mit einem Mann zusammenwohnen. Für Martin ist der Traum vom gemeinsamen Altern in Südengland noch nicht ausgeträumt, und auch mir gefällt diese Vorstellung. Aber heute und in den nächsten Jahren möchte ich allein leben.

In Vincent habe ich den Mann gefunden, den ich seit Martins Rückzug unbewußt gesucht habe. Unsere Beziehung ist eine der Ebenbürtigkeit. Wir sind nicht nur voneinander unabhängig – finanziell, köperlich, spirituell – wir haben auch die gleiche Lebenshaltung. Da er stark ist, empfindet er mich nicht als vereinnahmend. Da er in Übereinstimmung mit seinen Überzeugungen lebt, empfindet er mich nicht als »Bedrohung«. Da er selbst ein auf Unterdrückung basierendes Verhältnis unerträglich finden würde, fühlt er sich von mir gerade deswegen, *weil* ich eine feministisch eigenmächtige Frau bin, angezogen.

Vincent kann spontan und impulsiv sein wie ein Kind. Dasselbe Kind kann aber auch launisch und quälerisch sein. Er hat überhaupt nichts gemein mit den verkrusteten Typen, denen ich in der Anstalt begegne. Ich war ja nie kokett. Aber wenn ich mich ihm gegenüber in dieser sogenannten weiblichen Art geben würde – ich glaube, das wäre die sicherste Methode, ihn wegzugraulen. Er paßt in keine der drei Männerkategorien, mit denen ich es bisher immer zu tun hatte.

Mit den typisch männlichen Männern, zu denen Wolfgang gehört, habe ich mich seit meinem Fortgehen von Mittelstadt nie wieder privat abgegeben. Interessiert haben mich die sogenannten Softies und die Aussteiger. Die Softies waren mir schon bald unangenehm. Dieses der mächtigen Ur-Mutter Unter-den-Rock-Kriechen, dieses Ihr-auf-den-Schoß-Hüpfen und sich ansaugen an ihre Brust – behüte, beschütze und nähre mich, o du starke Mutter! – hat in mir eine verächtliche, mit Mitleid vermischte Abneigung erzeugt.

Was die Aussteiger anbetrifft, so mußte ich schon bald feststellen, daß es kaum echte gibt. Diejenigen, die sich lauthals als Aussteiger priesen, waren nach näherem Hinschauen fast immer verhinderte Aufsteiger. Jemand, der mit sich selbst nicht zurechtgekommen ist, jemand, der den Aufstieg wollte und ihn bloß nicht geschafft hat, jemand, der sich wild als Systemstürzer gebärdet, weil er in dem System, das er, solange er Hoffnung auf Aufstieg hatte, vergöttlicht hat, gescheitert ist, ist für mich nicht mehr glaubwürdig. Jemand, dessen Unkäuflichkeit vor allem darauf beruht, daß ihn niemand kaufen will, ist mir äußerst verdächtig: Wird er sich nicht sofort, wenn sich eine lukrative Gelegenheit bietet, korrumpieren lassen?

Was den Vincent ausmacht, ist, daß er zu seiner eigenen Weiblichkeit einen natürlichen Zugang hat. Er kann sich Schmerzen hingeben, er kann Schmerzen zugeben, aber er geht damit nicht trostheischerisch hausieren. Er kommt nicht gekrochen, um sich sein Elend wegstreicheln zu lassen. Ich erinnere mich seiner Verwirrung, als Elisabeth Dessai ihn wegen dieses Berichts aufgesucht hat, um ihn zu befragen. Er hat seine Verwirrung nicht versteckt. Mit seiner Offenheit hat er meine Freundin an die Grenze der Unbehaglichkeit gebracht, aber er selbst hat dadurch gewonnen. Das ist genau die Stärke, die ich an ihm liebe.

Vincent bekommt laufend Angebote, und er muß laufend ablehnen. Es befriedigt ihn nicht, wenn er als Kunsthandwerker Anerkennung findet. Er versteckt sich nicht hinter seinen Gedichten. Er zeigt und entblößt sich mit ihnen. Er ist kein Kunstbeflissener, der seinen blutleeren Arsch in Ästhetik badet und sich raffinierte Formulierungen ausdenkt, um die Depression zu beschreiben, die ihn beim Anblick einer schief ausgedrückten Zahnpastatube befällt. Du kannst seine Worte anfassen, beknutschen, in den Mund nehmen und dran lutschen, bis sie auf der Zunge zergehen und als Feuchtigkeit in der Vagina wieder auftauchen.

Für kurze Zeit hat er gemeint, er könnte als Dichter – ähnlich wie Bornemann als Sachbuchautor – den Weg der aufbrechenden Frauen mitgehen. Aber er hat schon bald begriffen, daß er kein Feminist sein kann (und will), weil er als Mann den Leidensdruck der Frauen nicht haben *kann*. Er will nicht den Kampf der Frauen führen und gar noch Wegweiser spielen – er bleibt bei sich und kümmert sich um seine eigenen weiblichen Anteile.

Als einer, der Literatur als Energie der Geschichte versteht, weiß er, daß die Zeit der Frauen gekommen ist. Er beneidet etwas wehmütig die schreibenden Frauen: »Eine Feministin kann noch so schlampig in die Tasten hauen, was sie produziert, ist immer *notwendig*. Sie hat ein Anliegen, sie hat eine Botschaft, sie ist die Zukunft, sie ist die Kraft, sie ist das Leid, sie ist die Bewegung. Welche Botschaft hat die Geschichte heute für mich als Mann?«

Martin und René haben akzeptiert, daß ich zur Zeit nur mit Vincent schlafe. Wir sind alle miteinander befreundet. Wir gehen auch manchmal miteinander aus. Es würde mir nicht einfallen, Martin, der auf der Durchreise vom Großstädter Bahnhof bei mir anruft, um bei mir vorbeizuschauen, zu sagen, es passe jetzt nicht, weil ich Besuch habe. Wir verbringen dann halt den Abend zu dritt.

Es ist für mich ein neues und schönes Erlebnis, mit Männern umzugehen, die nicht rivalisieren und auf die bekannte buhlerische Art versuchen, sich gegenseitig auszustechen. Vincent, Martin und René bringen sogar so etwas wie eine leise Zärtlichkeit füreinander auf. Martin weiß alles über Vincent, Vincent alles über René, sie schätzen sich gegenseitig. Vincent spricht mit Martin über unsere anfänglichen sexuellen Schwierigkeiten, René erzählt von seinen Schwierigkeiten als Vater, die Atmosphäre ist entspannt.

Ich weiß nicht, wie lange Vincent meine Hauptbeziehung bleiben wird. Wir haben uns nichts vorgenommen. Momentan sind wir zwei Gleiche. Wenn sich zwischen uns das Gleichmaß verschieben sollte, könnte unsere Intimität verloren gehen. Aber unsere Beziehung wird freundschaftlich liebevoll bleiben, davon bin ich überzeugt.

Ich glaube nicht, daß ich in Zukunft Beziehungen in der Form abbrechen werde, wie ich meine Ehe verlassen habe. Und ich hoffe, daß auch Wolfgang und ich uns eines Tages frei und offen verständigen können.

Im Moment bin ich Vincent sexuell treu. Wir verstehen uns auf allen Ebenen, und ich habe kein Bedürfnis, zusätzlich mit anderen Männern zu schlafen. Den Vorwurf *Besitzanspruch* ignoriere ich gleichmütig.

Ich habe einige Zeit gebraucht, um zu kapieren, daß der Slogan »Wer zweimal mit derselben pennt, gehört schon zum Establishment« in erster Linie liebesunfähigen Männnern als

Rechtfertigung dienen soll für ihre rein körperliche Gier und ihre Promiskuität.

Aus Neugier auf neue Lebensformen habe ich auch eine Woche in einer Wiener AA-Kommune verbracht. Dort war der Partnerwechsel nicht nur empfohlen, sondern quasi verordnet. Schwer vorstellbar, welchen Diskussionen ich mich ausgesetzt habe, nur weil ich nicht mittun wollte. Rückständig sei ich, sexuell verklemmt, von Tabus dirigiert, hieß es, die ganze Bürgerlichkeit stecke mir tief in den Knochen. Wenn einer an mich herangetreten ist (»Mir ist so flott heute abend, wir müssen zusammen schlafen«), habe ich mich schuldig gefühlt, weil es mir innerlich unmöglich war, so frei über meinen Körper zu verfügen.

Es hat mich einiges gekostet, mich selbst als einen »treuen Menschen« zu bezeichnen. Heute antworte ich den scheinbar Progressiven: »Treue ist für mich kein verinnerlichter Moralkodex, sondern eine Bedürfnisentscheidung. Ich halte es für ein Zeichen von Reife und Liebesfähigkeit, treu zu sein. Ich bekenne mich zu meiner augenblicklichen Treue zu Vincent. Und was ihr unter sexueller Freiheit versteht, das ist nur eine neue Form der Ausbeutung, für die ich mich nicht zur Verfügung stellen mag.«

Bei Vincent habe ich keine Hemmungen, mich gehenzulassen. Den Zustand der Hingabe an mich selbst kann ich nur erreichen, wenn ich zu dem Mann, mit dem ich schlafe, eine absolute Vertrauensbeziehung habe. Im Zustand der Hingabe bin ich ein Vulkan. Was aus mir herausbricht, das ist kein gewöhnliches Weinen und Schreien, das ist ein Erdbeben. Es bricht ganz von innen, ganz tief aus mir heraus. Ich brülle wie ein verwundetes Tier. Vincent war das erste Mal ganz erschrocken. Er hat mich hellwach und fasziniert angesehen. »Das hat aber nichts mit mir zu tun«, hat er gestammelt, »das bin ich nicht. Ich bin nicht schuld daran.«

Mein haltloses, nicht nachlassendes Weinen hat ihn aufgerührt: »Mit wem hast du eben geschlafen?«

»Nein, mit dir hat das nichts zu tun«, habe ich zu ihm gesagt, »ich weine nicht, weil es mir *jetzt* schlecht geht. *Du* hast mir keinen Schmerz zugefügt.

In der sogenannten »Urschrei-Therapie« werden die Menschen von ihren Neurosen geheilt, indem man sie dazu bringt, die traumatischen Erlebnisse ihrer Geburt und ihrer Kindheit hinauszubrüllen. Meine Orgasmusschreie haben therapeutische Wirkung: Ich fühle mich nach meinem Ausbruch entspannt, getröstet, ruhig, zufrieden, glücklich – geheilt.

Sarah und Maria äußern sich gern negativ über Vincent, den sie als Konkurrenten empfinden. Mit dem Kopf billigen sie, daß ich mit Männern auch sexuell verkehre, aber »eigentlich« meinen sie doch, daß das nicht nötig sei. Sie sehen in Vincent, wie vorher in René und Martin, einen Räuber, eine zusätzliche Person, die ihnen etwas nimmt. Sie wollen, daß ich ganz nur für sie da bin.

Den Freundinnen des Vaters stehen sie gleichgültig gegenüber. Die nehmen ihnen ja auch nichts.

Wenn meine Kinder gelegentlich nach Mittelstadt fahren, wohnen sie bei Nicole und besuchen von deren Familie aus die Oma und den Vater. Auch Wolfgang verheimlicht seine Beziehungen nicht vor ihnen. Er holt sie in Begleitung seiner jeweiligen Freundin zum Eisessen ab. »Ganz nett«, kommentiert Sarah mir gegenüber anschließend, »ein bißchen rückständig, aber auszuhalten.«

Es ist ihnen im Grunde egal, ob der Vater Freundinnen hat und wie diese beschaffen sind. Wolfgangs Freundinnen sind für Maria und Sarah keine Konkurrentinnen: denn vom Vater erwarten sie ohnehin keine Zuwendung. Seine Aufgabe ist es, ihnen zu Weihnachten einen Plattenspieler zu kaufen. Da Sarah sich auch intellektuell mit dem »hoffnungslos reaktionären« Vater nicht versteht, haben sie meistens schon nach einer Stunde Streit.

»Ich fürchte, du wirst noch genau so wie deine Mutter!« hat Wolfgang der Aufsässigen beim letzten Mal prophezeit. Und Sarah hat zu Marias Vergnügen trocken gekontert, daß sie es *hoffe*.

Sarah wird dem Vater zunehmend lästig mit ihren logischkritischen Überlegungen: »Wenn du deine Kinder lieb hättest, würdest du mehr für sie bezahlen.« Während die Kinder Wolfgang nur den Vorwurf machen, sich finanziell zu drücken – »Du lebst im Luxus, und wir können uns keine Wrangler-Jeans leisten!« –, verübeln sie mir, daß ich nicht nur sie liebe.

In der ersten Zeit haben meine beiden »Kleinen« bittere Tränen vergossen über das Desinteresse des Vaters an ihnen. Es hat sie gekränkt, daß er ihre Geburtstage vergessen hat; es hat sie verletzt, daß er in Großstadt zu einem Vortrag war – was sie der Zeitung entnehmen konnten – und nicht daran gedacht hat, sie kurz einmal anzurufen oder zu einem Stück Sahnetorte auszuführen. Inzwischen haben sie eine nüchterne Haltung ihm gegenüber angenommen. Sie sehen ihn heute vorrangig oder vielleicht sogar ausschließlich als einen Geldhabenden. Als Elisabeth Dessai das letzte Mal bei uns war und er gerade anrief, hat sie sich darüber gewundert, daß Maria, nur drei Schritte vom Telefonapparat entfernt, nicht »extra aufstehen« wollte vom Schachspiel, um Sarah »abzulösen« und auch noch ein paar Worte mit dem Vater zu wechseln. Ich weiß nicht, was Wolfgang empfindet, wenn Sarah ihm ausrichtet, daß Maria nicht an den Apparat kommen kann, weil sie gerade mitten in einem Schachturnier mit Elisabeth Dessai ist. Aber ich glaube zu wissen, wie Maria empfindet. Rache und Trotz spielen sicher mit, aber es ist vor allem Gleichgültigkeit: Der Vater spielt keine Rolle mehr in ihrem Leben. Vielleicht spricht Wolfgang deswegen am liebsten mit ihnen über die Geschenke, die er ihnen zu Weihnachten oder zum Geburtstag machen will? Denn wenn es um die Elemente ihrer im Aufbau befindlichen Musikanlage geht, werden die Kinder natürlich munter und wetteifern darum, an den Telefonhörer zu kommen, um ihre jeweiligen Vorstellungen zu erläutern.

Sarah und Maria finden heute die Vorstellung, noch einmal in Mittelstadt zu leben, grauenhaft. Sie haben zu meinen vielen Bekannten ein kumpelhaft-freundschaftliches Verhältnis. Meinen Gästen gelten die Anstandsregeln, die in Mittelstadt bei den Gästen des Vaters zu beachten waren, als überflüssiges Getue. Den Gästen des Vaters wurden sie immer nur vorgeführt – Begrüßung, eine kurze Frage nach den Schulnoten, ein lobendes Wort (»Bist du aber gewachsen!«), Ende der Vorführung. Mit meinen Freunden balgen sie sich herum, mit meinen Freunden machen sie Quatsch, bei meinen Freunden können sie heulen, wenn sie wütend sind, frech sein, dazwischen lachen, wenn sie etwas komisch finden. Von meinen Freunden fühlen sie sich für voll genommen, weil sie tatsächlich ernstgenommen werden.

Elisabeth Dessai hat mir das Kompliment gemacht, daß Sarah, obwohl jünger, ihrem Sohn, der auch nicht gerade auf den Mund gefallen ist, in der Diskussion deutlich überlegen gewesen sei. Ihr Sohn hätte in Sarahs Ferienwochen bei ihr zum erstenmal ernsthafte Schwierigkeiten gehabt, sich gegenüber einem anderen Kind zu behaupten. Wenn sie Sarah mit einem einzigen Wort charakterisieren müßte, dann würde sie sagen: Sie ist eine Persönlichkeit. Ich empfinde allmählich auch Maria so. Und ich führe ihre Stärke nicht allein darauf zurück, daß sie Schweres verkraften mußten – Millionen Kinder müssen zerrüttete Ehen und Scheidungen verkraften –, sondern auch und vor allem darauf, daß ich fast nur Umgang pflege mit Leuten, die Kinder nicht als Dummerchen abtun. Sie sind dabei, sie reden mit, sie nehmen Anteil an meiner Entwicklung und an meinen (finanziellen) Sorgen, sie erlauben sich auch, meine Freunde kritisch zu kommentieren.

Als ich, nachdem ich Vincent kennengelernt hatte, Elisabeth Dessai meinen neuen Freund telefonisch schildern wollte, hat sie mich lachend unterbrochen: »Nicht nötig, Sarah bürgt für Qualität.« Sie hat recht, ein schwacher Typ könnte meine beiden »Kleinen« nicht verkraften. Da sie auf Vincent, der ihr einen Teil meiner geringen freien Zeit nimmt, eifersüchtig ist, bombardiert Sarah ihn regelmäßig mit ihren »Unverschämtheiten«, Beispiel: »Wir haben dich heute im Deutschunterricht durchgenommen. Die ganze Klasse fand deine Gedichte bekloppt. Und mit so was gibt sich deine Mutter ab, haben meine Freundinnen gesagt. War mir richtig peinlich!«

Vielleicht ist sie gar nicht so eifersüchtig und negativ eingestellt gegenüber Vincent, wie es mir scheint, vielleicht ist sie vor allem ein kampflustiges Mädchen. Wenn Frauen aus den Kursen bei mir privat zu Besuch sind, verkündet Sarah in meiner Anwesenheit: »Das wichtigste für meine Mutter sind Männerbeziehungen!« Aber ich habe mittlerweile erfahren, daß sie sich hinter meinem Rücken lobend über Vincent äußert.

Sarah und Maria wissen, daß sie mich mit der Bemerkung, mir seien Beziehungen zu Männern wichtiger als die Kinder, zutiefst treffen und bis zu einem gewissen Grad erpressen können. Sie spüren, daß der Mutterkomplex meine Achillesferse ist, und sie nutzen meine Schwäche bei passenden Gelegenheiten aus. Wenn ich mir auch fest vorgenommen habe, mich ihnen gegenüber diesbezüglich zu behaupten, zucke ich nach wie vor innerlich immer noch sofort zusammen, sobald sie einen Vorwurf äußern, der sich auf meinen Status *Mutter* bezieht.

Vor zwei Wochen habe ich meine Mutter besucht. Wir haben miteinander Frieden geschlossen. Sie ist jetzt über siebzig und lebt noch immer von ihrer eigenen Arbeit. Manchmal arbeitet sie auf der Kirmes, das heißt, sie gibt an einer Schießbude die Gewehre aus. Ihr Haupteinkommen aber bezieht sie aus künstlerischen Nadelarbeiten, die sie an private Abnehmer oder Spezialgeschäfte verkauft. Da sie nie für eine Rente geklebt hat, hat sie keine Altersversorgung. Meinen Vorschlag, sich vom Sozialamt Geld zu holen, hat sie als »merkwürdiges Ansinnen« abgewiesen. Betteln habe sie nicht nötig. Solange sie arbeiten könne, werde sie keine Unterstützung, von wem auch immer, annehmen.

Meine Mutter hat sich immer und immer wieder zu rechtfertigen versucht für ihr »Versagen« den Kindern gegenüber. Sie habe es einfach nicht ausgehalten bei ihrem Mann, der sie auch geprügelt habe aus unbegründeter sexueller Eifersucht. Es sei ihr sehr hart gefallen, mich ins Heim stecken zu lassen, aber eine andere Lösung habe es damals nicht gegeben. Sie habe eigenes Geld verdienen müssen, denn abhängig hätte sie durchgedreht.

»Lassen wir die Vergangenheit ruhen«, habe ich sie ermahnt, »schau mich an. Es geht mir gut. Ich bin glücklich. Deine Tochter ist glücklich, was viele Frauen meines Alters, die in sogenannten ordentlichen Familien aufgewachsen sind, nicht von sich sagen können!«

Wir haben von unserer Gegenwart gesprochen und über unsere Gemeinsamkeiten gelacht: »Ich bin auch nicht krankenversichert. Aber das muß ich demnächst ändern.« Ich habe ihr von meinem Buchprojekt mit Elisabeth Dessai erzählt: »Die Elisabeth, meine Freundin, der ich meine Lebensgeschichte auf Band gesprochen habe, ist da ganz stur. Sie erpreßt mich einfach: dein Vorschußanteil liegt sicher bei mir. Ich überweise ihn an dich weiter, sobald du krankenversichert bist.«

Ohne Vorwurf hat meine Mutter sich an den »tödlichen Schmerz« erinnert, den sie gespürt hat, als sie zum Heim gekommen ist und ich den Sonntagsspaziergang mit ihr verweigert und sie als »lockere Person, die gar keine richtige Mutter ist«, beschimpft habe.

Und ich habe ihr von meiner Ehe mit einem Mann, der wie der ihre ein Schläger war, erzählt, von meinen Depressionen als Ehefrau, von *meinen* Schwierigkeiten, Abhängigkeit auszuhalten. Ich habe ihr von der gräßlichen Polizeiszene mit Pia erzählt: »Damals habe auch ich gedacht: Du hast eine Tochter verloren.«

Meine Tochter Pia ist jetzt nach Großstadt gekommen. Pia ist von ihrem Vater materiell verwöhnt worden. Er hat ihr schicke Modesachen gekauft, er hat auf Veranstaltungen mit seiner »bildschönen Tochter« brilliert und auch schon mal mit seinem Status »alleinerziehender Vater« kokettiert, aber die Beziehung ist eine Nicht-Beziehung geblieben.

Während ich jetzt bei Elisabeth Dessai sitze und mit ihr die Korrekturen unseres Buches durchgehe, wohnt Pia bei mir und kümmert sich um die beiden jüngeren Schwestern. Sie will in

Kürze nach Großstadt umziehen. Als sie vor einigen Wochen kam, um mir ihren Entschluß mitzuteilen, hat sie mich herzlich umarmt: »Du bist mein Entwicklungsvorbild.«

Nachwort von Judith Jannberg

Wenn ich das Manuskript dieses Buches lese, stellt sich zuerst einmal Erleichterung, eine Art Zufriedenheit ein. Ähnlich dem Gefühl, das entsteht, wenn ich endlich Ordnung gemacht habe und die einzelnen Papiere – lose herumflatternde Zettel, Notizen, Dokumente, Briefe – einen ständigen Aufenthaltsort, einen Ruheplatz bekommen haben und nunmehr in Ordnern abgeheftet, sauber beschriftet für alle Zeiten abgelegt sind. Erledigt!

Ein bißchen geht es mir auch so, als hätte ich monatelang, trotz heftiger Zahnschmerzen, den Zahnarztbesuch aufgeschoben und dann endlich die Prozedur der Zahnsanierung auf mich genommen.

Tatsächlich war das Erzählen und Wiedererleben des bisherigen Teils meiner Geschichte eine streckenweise schmerzliche Angelegenheit. Die Begegnung mit den verstümmelten, gedemütigten, kleinmütigen und mickrigen Teilen meiner Person, das Hervorholen meiner angstbesetzten Vergangenheit, die Erkenntnis der verlorenen Jahre und der verpaßten Chancen, das Wissen, daß ich an meinen Kindern Fehler gemacht habe, die nicht wieder gutzumachen sind, haben mich tief erschüttert. Ich habe beim Erzählen mehr als einmal heftig geweint – vor Schmerz, vor Wut, vielleicht auch aus Selbstmitleid.

Aber Elisabeth Dessai und ich haben oft miteinander herzlich gelacht. Wenn wir mit dem Tonband zusammengehockt und bis zum Morgengrauen erzählt haben, dann hat sich eine Freude breitgemacht über das Wissen, daß die Frauen wachsen.

Eine Fabel erzählt: Zwei Frösche fallen in einen tiefen Milchtopf. Eine Weile schlürfen sie begeistert von dem ungewohnt-köstlichen Naß. Aber dann wird ihnen klar, daß sie da nicht mehr herauskommen. Resigniert streckt der eine alle viere von sich – und ersäuft. Der andere jedoch strampelt und strampelt die ganze Nacht. Und als am Morgen die Sonne aufgeht, springt er von einem Klumpen Butter hinaus in das Leben und in die Freiheit. – An diese Fabel sollten alle Frauen denken, wenn Mut und Geduld sie verlassen.

Mein Bericht ist ein subjektiver Bericht. Ich höre die Kritiker schon schimpfen, aber – wer soll denn sonst meine Partei ergreifen, wenn nicht ich selbst?

Alles Private ist politisch, sagen die Feministinnen und tragen ihren Alltag, die alltägliche Gewalt gegen Frauen mit ihren vielen Gesichtern, an die Öffentlichkeit. Sie erreichen damit, daß die Isolation der Frau durch andere Erfahrungen von Frauen aufgehoben und daß die Trennung der Frauen- und Kinderangelegenheiten von der »hohen« Politik aufgezeigt wird.

Wenn eine Frau in der Frauengruppe erzählt, daß sie gerade von ihrem Mann geschlagen worden ist, dann handelt sie politisch. Und wenn wir dann geschlossen dem Herrn Schläger einen Besuch abstatten, um ihm ganz konkrete Maßnahmen anzudrohen, dann ist auch das Politik.

Zu allen Zeiten war das Öffentlichmachen von Unterdrückung ein wirksames und oft das einzige politische Kampfmittel der Geschlagenen und Gedemütigten. Heute kann man die Vergewaltigung von Frauen durch ihre Ehemänner nicht länger als vereinzelte Vorkommnisse abtun. Die Häuser für geschlagene Frauen wurden möglich, weil Frauen das Tabu »Privates gehört nicht an die Öffentlichkeit« durchbrochen haben.

Die vielen, vielen weiblichen Subjekte, die in Variationen das Grundmuster der Ehe, die ich ausgehalten habe, durchleben, bestätigen mir, daß mein subjektiver Bericht ein objektives Buch ist.

Ich bin Elisabeth Dessai sehr dankbar für die Geduld und die Anteilnahme, mit der sie mir Stunde für Stunde zugehört hat, ohne auch nur ein einziges Mal wertend einzugreifen oder mich für eine Meinung, die sich nicht mit der ihren deckt, zu »bestrafen«. Nie hat sie auch nur ansatzweise versucht, mich zu manipulieren. Damit war sie mir absichtslos eine liebevolle Therapeutin.

Heute weiß ich, daß es kein Zufall war, daß ich auf sie getroffen bin und daß wir diese Frauen-Arbeitskooperative eingegangen sind. Wir sind Gegensätze in fast jeder Hinsicht – in unserem Temperament, nach unseren individuellen Neigungen und vor allem nach unseren persönlichen Lebenserfahrungen –, aber wir haben ähnliche Ziele und Zukunftsvorstellungen. Deswegen konnten wir uns so gut verstehen und ergänzen.

Meine »Schreibphobie« habe ich noch immer nicht ganz überwunden. In Anwesenheit von aktiv zuhörenden Menschen fühle ich mich inspiriert, und was ich sagen will, sage ich ohne Hemmungen. Ein totes Blatt Papier aber lähmt mich.

Vielleicht hat mir auch nur die nötige Muße gefehlt angesichts meiner Umstände, die von mir verlangen, daß ich Geld verdiene, Haushalt führe, unzähligen Kleinkram erledige, Zeit finde für meine Kinder und mich in der Frauenbewegung engagiere.

Frauen – die schweigende Mehrheit. Ich wünsche allen bewußten, aber vielfach belasteten Frauen, daß sie wie ich eine Kooperateurin finden, die ihnen hilft, aus dem Dunkel des Verschwiegenwerdens hinauszutreten. Wenn immer mehr Mütter ihr Wissen aus eigener Erfahrung mitteilen und ihr verschüttetes Kreativitätspotential mobilisieren, dann werden wir lernen, den Fortschritt der Kultur an der Zahl gesunder, beziehungs- und liebesfähiger Menschen zu messen.

April 1980, Judith Jannberg

Nachwort von Elisabeth Dessai

»Du solltest deine Geschichte zu Papier bringen!« Vor mir hatten viele andere Judith Jannberg aufgefordert, sich an die Schreibmaschine zu setzen. Aber sie meinte, nicht schreiben, sondern nur erzählen zu können: »Ich brauche das lebendige Gegenüber. Vor dem nackten Papier bin ich sprachlos.« So sind wir zu der Entscheidung gelangt, eine Gemeinschaftsarbeit zu versuchen.

Ich war nicht Ghostwriter für eine Person, die selbst ausdrucksunfähig ist, ich war nicht die Schriftstellerin, die eine Lebensgeschichte als Vorlage verwertet und literarisch bearbeitet, ich habe mich im wesentlichen darauf beschränken können, die Tonbandaufzeichnungen äußerlich zu ordnen.

Beim Korrekturlesen der ersten Grobniederschrift ist mir etwas Seltsames widerfahren: Schon nach wenigen Seiten habe ich meinen Arbeitsansatz – Lücken und Fehler zu notieren – vergessen und »gespannt« Kapitel für Kapitel verschlungen. Wie ist es möglich, habe ich mich anschließend gefragt, daß du einen Bericht, den du in- und auswendig kennst und zudem selbst niedergeschrieben hast, gefesselt, wie einen neuen Text wiederliest. Meinem Mann, der wie ich mit Judith seit langem vertraut ist, ist es ähnlich ergangen. Wir vermuten, daß unser merkwürdig gespannt-erregtes Lesen einer uns gründlich bekannten Geschichte etwas mit der Wahrhaftigkeit der Erzählerin zu tun hat.

Bevor ich mit dem Manuskript an Verlage herangetreten bin, habe ich es über dreißig Frauen und Männern zum Lesen gegeben. Während die Frauen sich in dem Bericht wiedererkannten, reagierten die Männer eher abweisend. Sie vermuteten »Einseitigkeit« und hielten »vieles« für »übertrieben« und »unglaubwürdig«. Nicht so die Testleserinnen: »Ja, so habe ich auch empfunden. Ein durch und durch ehrlicher Bericht, das spürt man sofort.« Am aufschlußreichsten war für mich, wie verschieden die einzelnen auf das Geständnis der jungen Mutter reagierten, sie hätte für ihr Baby keine Liebe empfunden und es nur rein mechanisch aus Pflichtgefühl versorgt. »Absolut widernatürlich«, meinten die männlichen Testleser. Zwei sind förmlich ausgerastet: »Eine Frau, die so etwas äußert, ist pervers. So etwas gibt es doch gar nicht.« Frauen hingegen fanden oft gerade diese Passage »so echt« und »bewundernswert offen«.

Judith Jannberg hat lange für den Titel »Ich bin ein Erdbebengebiet« gekämpft, der jedoch nicht nur von unserer Lektorin, Traut Felgentreff, der ich für ihr Engagement und für ihre konstruktive Kritik besonders zu danken habe, sondern auch von allen Testlesern verworfen wurde: »Jannbergs Bericht endet mit dem Abschluß eines schwierigen Befreiungsprozesses. Sie hat zu sich selbst gefunden und fühlt sich jetzt gut und stark. ›Erdbeben‹ paßt nicht zum Inhalt.«

Mir haben die Argumente der Testleser eingeleuchtet, aber ich bin gespalten geblieben; denn Judith Jannberg *ist* ein Erdbebengebiet, ein Vulkan. Ihre Freunde sagen: »Man kann das Brodeln und Gären körperlich spüren. Da drängt etwas hinaus, eine geballte kreative Kraft, die explosionsartig produktiv werden wird.«

Befreit hat sie in dem Jahr nach unserer ersten Tonbandaufzeichnung eine ungeheure geistig-seelische Dynamik entwikkelt. Ich selbst, wenngleich nicht zu Visionen neigend, sehe heute auch voraus, daß Judith Jannberg noch mehr als einen Stein ins Rollen bringen wird. Mit diesem Bericht hat sie einen Schlußstrich gezogen und zugleich einen Doppelpunkt gesetzt: So, und jetzt fange ich an...

April 1980, Elisabeth Dessai

Zum Thema Vergewaltigung

Band 3712

In diesem bereits als Standardwerk der Frauenbewegung bezeichneten Buch schildern zahlreiche Vergewaltigungsopfer auf erschütternde Weise ihre Leiden und traumatischen Erlebnisse. Die Autorin kommt zu dem Schluß, daß die Drohung, Anwendung und kulturelle Billigung sexueller Gewalt ein allgegenwärtiger Einschüchterungsprozeß ist, von dem alle Frauen, nicht nur die tatsächlichen Opfer einer Vergewaltigung, betroffen sind.

Band 3781

Zeigt eine Frau eine Vergewaltigung an, sieht sie sich nicht nur mit den psychischen Folgen der Tat und deren Bewältigung konfrontiert, sondern stößt im Kontakt mit den staatlichen Institutionen Polizei und Gericht auf eine Behandlung, die oft als zweite Vergewaltigung empfunden wird. Die in diesem Band abgedruckten Gespräche und Sachartikel stellen beide Aspekte der Vergewaltigung dar.

Fischer Taschenbuch Verlag